陕西省哲学社会科学基金资助项目
（项目号：2016F002）

宋代民事法律研究

社会变革视野下的宋代民事法律嬗变及其现代法治价值研究

杜路 著

中国社会科学出版社

图书在版编目(CIP)数据

宋代民事法律研究：社会变革视野下的宋代民事法律嬗变及其现代法治价值研究／杜路著 .—北京：中国社会科学出版社，2017.12（2019.3 重印）
　ISBN 978-7-5203-1815-0

　Ⅰ.①宋… Ⅱ.①杜… Ⅲ.①民法-法制史-研究-中国-宋代 Ⅳ.①D923.02

中国版本图书馆 CIP 数据核字（2017）第 324922 号

出 版 人	赵剑英
责任编辑	许　琳
责任校对	鲁　明
责任印制	李寡寡

出　　版	中国社会科学出版社
社　　址	北京鼓楼西大街甲 158 号
邮　　编	100720
网　　址	http：//www.csspw.cn
发 行 部	010-84083685
门 市 部	010-84029450
经　　销	新华书店及其他书店
印　　刷	北京明恒达印务有限公司
装　　订	廊坊市广阳区广增装订厂
版　　次	2017 年 12 月第 1 版
印　　次	2019 年 3 月第 2 次印刷
开　　本	710×1000　1/16
印　　张	15.75
插　　页	2
字　　数	266 千字
定　　价	65.00 元

凡购买中国社会科学出版社图书，如有质量问题请与本社营销中心联系调换
电话：010-84083683
版权所有　侵权必究

序　言

　　宋代是李约瑟心目中"最伟大的时期"，是严复先生眼中"人心政俗之变"的大变革期。史学界流行的"唐宋变革论"则论证了宋代社会在经济社会等各个方面的变革，甚至出现了近代化的倾向。而社会的变革必然会带动民事法律的发展变化。

　　在宋代，随着商品经济和生产方式的变革，财产法领域的物权制度和契约制度都得到了前所未有的发展，物权的行使和契约的订立比以往任何一个朝代都更具有自主性和自由度。而阶级结构的调整，使得从前无法成为民事主体的部曲、奴婢等"贱民"，成为国家的"编户齐民"，而女性的权利也有所增多。这反映在民事法律人身关系上，就是各民事主体的法律地位有了一种更趋向于平等的趋势。

　　同时，社会经济的变迁也带动了思想领域的变革，整个社会变得更为功利，传统"重义轻利"的"义利观"，在宋代则变成了"义利相合"的社会思潮。在这一"义利观"的带动下，民间大众的思想得以"解放"，开始公开追逐"私利""私财"，并萌发了朴素的维权意识，从而掀起了有宋一代的"好讼"之风。这样，我们的确依稀"嗅到"了如经济社会其他领域的那种趋向于近代的"气息"。因为，近代民法的理念和制度基础，就是建立在诸如财产权绝对、契约自由、人格平等、私权神圣不可侵犯等伦理价值要求之上的。因此，宋代民事法律所显现出的这些进步，已经有了近代化的倾向和萌芽。

　　但是，不管是宋代还是其后的中国传统社会，以及我们所讨论的民事法律，都没有从自身"进化"出类似于西方的近代性或现代性，而是出现了停滞甚至是倒退的现象。就民事法律而言，近代民法是建立在财产权绝对、契约自由、人格平等和私权神圣不可侵犯等伦理价值要求之上，这才使其具备了与近代社会相适应的近代性。但是，恰恰就是在这一点上，宋代民事法律所萌发出的近代因素并没有得以延续和发展壮大。这是因为自宋代以来民间宗族组织与家族法所奉行的儒家宗法伦理对人的"身份"逐步强化和对人的主体性和价值的漠视，以及理学"尚公"的经济伦理对民众私权意识的不断弱化，使得尚处于"襁褓"之中的宋代民事法律的近代因素被"扼杀"，并成为宋代以后中国民事法律的核心价值，从而最终使中国古代民事法律走上了一条与近代民法宗旨完全相背离的路径。

因此，对于同样处在社会转型期的当代中国，要实现民法的良性发展和法治现代化，就必须使中国的民事法律蕴涵现代法治的伦理价值根基——私法精神。否则，正如伯尔曼所说的那样："法律必须被信仰，否则它将形同虚设。"而且基于现实中国的国情，也不适合像现代西方社会那样，对私法精神的核心内容——私法自治进行过多的限制，反而应该限制那些经常借"公共利益"之名不当干预私人权利和私人空间的公权力。同时，这一论断完全契合党的十八届三中全会以来所提出的"把权力关进制度的笼子里""市场在资源配置中起决定性作用"等提法，也与近期一系列诸如"自贸区"的建立、户籍制度的改革等政策措施具有一脉相承的价值追求。

目 录

第一章 绪论 ……………………………………………………………（1）
　第一节　研究背景及意义 ……………………………………………（1）
　第二节　国内外研究现状 ……………………………………………（6）
　第三节　研究思路与研究方法 ………………………………………（18）
　　一　研究思路 ………………………………………………………（18）
　　二　研究方法 ………………………………………………………（23）
　　三　研究的难点与创新 ……………………………………………（24）

第二章 宋代经济结构的革新对民事法律的促进及其近代因素的分析 ………………………………………………………………（27）
　第一节　宋代经济结构的革新 ………………………………………（28）
　　一　宋代土地制度的变革 …………………………………………（28）
　　二　宋代农业与手工业的发展 ……………………………………（29）
　　三　宋代商业的空前繁荣 …………………………………………（31）
　　四　宋代阶级结构的调整 …………………………………………（32）
　第二节　宋代的土地制度与商品经济促进了民事法律财产关系的发展 ………………………………………………………………（34）
　　一　宋代土地制度的变革对所有权制度的深化与担保物权制度的促进 ……………………………………………………………（34）
　　二　宋代租佃制的普及对土地用益物权制度的推动 ……………（35）
　　三　宋代商品经济的发展促进了社会契约化的倾向 ……………（36）
　　四　宋代民事财产权进步的综合反映——宋代土地交易中对财产权的保护 …………………………………………………（38）

第三节　宋代阶级结构的调整推动了民事法律人身
　　　　关系的改善 ································ (44)
　　一　宋代佃农法律地位的提高 ························ (44)
　　二　宋代奴婢法律地位的提高 ························ (50)
　　三　宋代女性民事法律地位的改善 ···················· (57)
第四节　宋代民事法律近代因素的分析 ···················· (71)
　　一　宋代民事法律财产关系近代因素的分析 ············ (71)
　　二　宋代民事法律人身关系近代因素的分析 ············ (76)
第五节　小结 ··· (78)

第三章　宋代"义利观"的转变对民事维权意识的推动及其近代
　　　　因素的分析 ································ (81)

第一节　宋代"义利观"的转变 ·························· (81)
　　一　宋代之前的"义利观" ·························· (81)
　　二　宋代庶族士大夫阶层的崛起 ······················ (83)
　　三　宋代的"三冗"问题 ···························· (85)
　　四　宋代反传统的"义利观" ························ (87)
　　五　宋代统治者对财利的重视 ························ (89)
　　六　宋代民间的逐利之风 ···························· (92)
第二节　宋代民众民事维权意识的兴起——宋代民间的
　　　　"好讼"之风 ································ (94)
　　一　宋代民间"好讼"之风的广度、深度与核心内容 ···· (96)
　　二　宋代民间讼学的兴起和讼师群体的出现 ··········· (105)
第三节　宋代民风"好讼"近代因素的分析 ··············· (109)
第四节　小结 ·· (112)

第四章　宋代新型宗族组织的家族法及宗法伦理对民事法律
　　　　近代化的阻碍 ······························ (115)

第一节　宋代新型宗族组织的重构 ······················· (118)
　　一　宋代宗族组织的"前形态" ····················· (118)
　　二　宋代新型的宗族组织形态 ······················· (121)
第二节　宋代宗族组织的家族法对国家民事制定法的逐步取代 ··· (126)
　　一　宋代家族法与国家制定法之间的关系 ············· (126)

二　宋代家族法的主要类型 ………………………………… (127)
　　三　宋代家族法中的民事规范 ……………………………… (129)
　　四　宋代家族法的"准司法权" …………………………… (133)
　第三节　新型宗族组织与家族法的宗法伦理对人"身份"的
　　　　　逐渐强化 ……………………………………………… (136)
　　一　宋代家族法对族长权的维护 …………………………… (136)
　　二　宋代宗族与家族法所奉行的宗法伦理对身份等级的要求 …… (137)
　　三　家族本位传统对个人权益的漠视与压制 ……………… (139)
　第四节　小结 ………………………………………………………… (142)

第五章　宋代"新儒学"——理学的"公利"思想与"尚公"伦理
　　　　对民事法律近代化的阻碍 ………………………………… (144)
　第一节　宋代理学"公利"思想的兴起 …………………………… (144)
　　一　"新儒学"与"理学"的界定 ………………………… (144)
　　二　宋代"新儒学"——理学的形成 ……………………… (145)
　　三　宋代理学的"公利"主义思想 ………………………… (147)
　第二节　宋代"法律名流"——"息讼"理念及其对民众民事
　　　　　维权意识的打压 ……………………………………… (152)
　　一　宋代对士大夫法律素质的培养 ………………………… (152)
　　二　宋代士大夫"公利"思想下对民间的劝诫息讼 ……… (154)
　　三　宋代士大夫对讼师群体的打压 ………………………… (156)
　第三节　理学"尚公"的经济伦理对民众私权意识的
　　　　　不断弱化 ……………………………………………… (159)
　第四节　小结 ………………………………………………………… (163)

第六章　宋代民事法律嬗变的现代法治价值：培育近现代民法的核心
　　　　伦理——私法精神 ………………………………………… (165)
　第一节　民事法律的伦理性 ………………………………………… (165)
　　一　对中国传统法律"伦理法"提法的评述 ……………… (165)
　　二　法律与伦理的关系 ……………………………………… (167)
　　三　民事法律的伦理性分析 ………………………………… (169)
　第二节　私法精神的含义 …………………………………………… (173)
　　一　私法精神的界定 ………………………………………… (173)

二　公私法的划分及其意义 ………………………………（175）
　　三　私法精神的成长与内涵的形成 ………………………（178）
　　四　私法精神的基本内涵——自由与平等 ………………（181）
　　五　私法精神的基本内涵——人文主义 …………………（188）
　　六　私法精神的基本内涵——权利本位 …………………（193）
　　七　宋代民事法律私法精神的缺失 ………………………（196）
第三节　私法精神的现实图景——限制私法自治的妥当性分析与
　　　　私法精神的培育 ……………………………………（200）
　　一　私法自治的内涵及其主要表现形式 …………………（200）
　　二　对私法自治的限制 ……………………………………（204）
　　三　限制私法自治的妥当性分析 …………………………（209）
　　四　私法精神在中国的培育——对未来《中国民法典》的
　　　　期许 …………………………………………………（216）
第四节　小结 …………………………………………………（217）

第七章　结论与展望 …………………………………………（221）

参考文献 …………………………………………………………（224）

第一章

绪　　论

第一节　研究背景及意义

为什么要用社会变革的视野去重新审视和研究宋代的民事法律呢？这需要从史学界最近的热门话题——"唐宋变革论"说起。"唐宋变革论"早在20世纪初就由日本学者内藤湖南先生在其《概括的唐宋时代观》中首次创立，起初被称为"宋代近世说"。他认为唐朝和宋朝在文化上有着显著差异，唐朝是中国中世的尾声，而宋朝则是中国近世的开端，即中国中世和近世的大转变出现在唐宋之际。[①] 这里的近世就是指近代或近代早期，也有学者称其为前近代时期，即西欧社会从封建时代向王政时代过渡的时期，代表性的事件就是所谓的3R运动，即文艺复兴、罗马法复兴和宗教改革。可见这主要是从以基佐《欧洲文明史》为代表的西方史学观的视角出发，对中国历史的一次创新性的认识。而将这一理论最终推向成熟的是内藤湖南的弟子——宫崎市定。他通过《东洋的近世》《从部曲走向佃户》等作品，对内藤湖南的宋代近世说进行了发扬光大，并正式将这一理论定名为"唐宋变革论"。[②] 这一论断重点认为宋代的中国社会在社会经济的各个方面都发生了巨大的变化，笔者将其概括为以下几个方面：

在经济上，实物经济开始向货币经济转变，铜钱使用盛行，纸币、铁币

[①] 张其凡：《关于"唐宋变革期"学说的介绍与思考》，《暨南学报》（哲学社会科学版）2001年第1期。

[②] 李华瑞：《"唐宋变革论"的由来与发展（上）》，《河北学刊》2010年第4期。

和银的使用量也越来越多。随着两税法和"不立田制""不抑兼并"土地政策的实施,农民土地私有权也逐渐为国家所认可,土地可以自由流转交易,农民也可以自由通过契约来租佃地主的土地进行耕种。这样,农民的生产积极性被前所未有地调动起来,带动了宋代农业生产的迅速恢复和发展,以及农业生产工具的革新。工商业高速发展,纺织品、陶瓷、煤、铁和主要有色金属的产量激增,对外贸易空前繁荣,而且城市出现了商业化倾向,坊市结构被打破。农村卷入各种贸易之中,与城市工商业密切关联,草市、镇市等贸易聚集点大量出现。民众可自由出卖劳动力,因此在宋代官私手工业作坊中普遍实行了由契约而形成的雇佣制度。欧美学者所说的"经济革命""农业革命""煤铁革命""商业革命""城市革命""资本主义早期"等称谓,都是对这一历史时期的反映。我国学者漆侠也认为宋代经济是中国古代经济发展"两个马鞍型"中的"最高峰"。而黄仁宇先生则直截了当地认为中国古代的物质文明在宋代已经达到了最高峰,并且是当时世界上"最富裕和最先进的国家"。①

在政治上,由贵族政治进入君主独裁政治。君主独裁在宋代正式兴起,取代了自汉唐以来门阀士族对国家政权的实质控制。宋代的君主不再是豪门大族和门阀士族的政权代表,汉唐以来的世家大族早已式微,国家权力已集中于君主一人,其权力的实施再无须以得到贵族特权的承认为前提了。而且以前主要控制在贵族手中的相权等臣下的权力也完全由帝王来授予,臣子们失去原有的封驳权,而完全臣服于君主的权威之下。这样,被贵族把持的官僚系统,则必然向全社会公开,平民可以通过科举入仕,参与政事,形成了新的士大夫阶层。比起贵族时代的官员,这些来自平民的士大夫们更关注国家的兴亡和民众的疾苦,这从宋代的朋党之争就可见端倪。宋以前的朋党是以贵族为中心,专为权力而展开争斗,而宋代的党争却更类似于近代政党因为不同的政治见解而进行的党争。"庙堂"之上的变革也必然会波及民间的"江湖"。从前受制于豪强贵族压迫的农奴、部曲、奴婢等"贱民",也摆脱了对士族的依附,而成为国家的"编户齐民",农奴或部曲转变成了国家的佃农或客户,奴婢则转变成了人力或女使。在这些"贱民"地位的抬高下,整个民众的平等和自由度都得到了提升。

在文化上,代表儒学复兴的理学在宋代开始兴起,各个学派风起云涌,

---

① 黄仁宇:《赫逊河畔谈中国历史》,生活·读书·新知三联书店1992年版,第178—179页。

思想学术异常活跃。宫崎市定甚至将其与西欧的"宗教改革"运动相提并论。而这一时期兴起的区别于汉晋"经学"的宋学也推动了思想学术的复古运动，学者们摆脱以往的注疏和经传，力求从古籍原文中寻找真理，疑古、以己意解经之风盛行。同时文学上也出现了"唐宋八大家"所倡导的古文复兴运动，诗文在形式上和内容上更为自由，更趋于平民化，而且音乐、艺术等方面莫不如此。造纸术、印刷术、罗盘针和火药等中国的"四大发明"也在这一时期得以成熟。因此宫崎市定将这一时期称为中国的"文艺复兴"时代。李约瑟认为宋代的文化与科学都已经达到了"前所未有的高峰"，并不无感慨地说："谈到十一世纪，我们犹如来到最伟大的时期。"[1] 国内的邓广铭也认为中国古代的文化，到了宋代已达到了"登峰造极的高度"。[2] 而葛兆光更是认为对中国现代影响巨大的中国传统文化，其实不是真正的古代传统，而是宋代的传统。[3]

"唐宋变革论"一经推出，便得到了欧美学者的广泛认可。如法国汉学家谢和耐就认为宋代在政治、社会、文化等诸多方面都发生了剧烈的变化，因此具备了"近代的曙光"[4]。而同为法国汉学家的狄纳·巴拉兹也认为研究宋代历史将有助于解决中国近代开端的一系列重大问题。[5] 英国学者崔瑞德认为内藤湖南的学说对近代的研究是"站得住脚的一家之言"。[6] 而同为英国学者的伊懋可则通过《中国历史的模式》来印证宋代在社会经济领域的"革命"。美国学界也认可这一理论并于20世纪70年代将研究的重点转向了对士大夫和学术思想文化的研究上，代表性的有包弼德的《斯文——唐宋思想转型》、刘子健的《中国转向内在》、余英时的《朱熹的历史世界》等著作，从官僚精英体系和思想文化等领域对这一理论做出了更为深入全面的补充。我国学者对这一理论的继受，基本开始于改革开放以后对国外思想学术的引进，而对于这一理论的研究则是在世纪之交才在国内唐宋史学界引起热议。这样，关于宋代是中国近世的开端、宋代是中国古代的文艺复兴时

---

[1] [英]李约瑟：《李约瑟文集》，天津人民出版社1998年版，第115页。
[2] 陈植锷：《北宋文化史述论》，中国社会科学出版社1992年版，第1页。
[3] 葛兆光：《思想史研究课堂讲录》，生活·读书·新知三联书店2005年版，第212页。
[4] [法]谢和耐：《蒙元入侵前夜的中国日常生活》，刘东译，江苏人民出版社1995年版，第37页。
[5] 关履权：《两宋史论》，中州书画社1983年版，第7页。
[6] [英]崔瑞德：《剑桥中国隋唐史（导言）》，中国社会科学出版社1990年版，第10页。

期，以及宋代经济革命说等观点充斥着各类评价宋代历史地位的论著中。①②而现在，这一理论不仅是唐宋史学界的热门话题，也成为唐宋史学界讨论宋代问题的基础理论。③④

当然，笔者也发现，该理论对法律领域的变革所提甚少，只有内藤湖南关于"人民的地位和拥有私有财产的权利与贵族政治时代迥然不同"的提法，没有进一步的论述。而柳立言先生在《何为"唐宋变革"?》一文中则只是以表格的方式列举性地补充了宫崎市定关于"司法制度成熟，讼学发达，注重个人权利"的提法，但仍然未做出进一步的详述。⑤ 不过柳立言先生却创新性地提出了以法律史的视野去探讨唐宋社会的变革，其在2008年出版的《宋代的家庭和法律》一书中论述了唐宋以来家庭与法律的变革及其对后世的影响。⑥

因此，从法史的角度去观察唐宋社会变革成为近些年的新鲜课题。⑦ 其后，著名宋史学家戴建国教授便以此为视角，申请了以"唐宋变革时期的法律与社会"为题的国家社会科学基金项目，并于2010年12月出版了专著《唐宋变革时期的法律与社会》。⑧ 可以说，这些研究成果的问世使得"唐宋变革论"与法律产生了密切的联系。虽然上述的这些著作已经涉及法律的内容，但是毕竟还是从史学的角度去看待唐宋的社会变革。而我们法律的研究对象，始终应该是法或法律，所以历史和历史研究仅是为研究法或法律提供一个基础或理论前提的。因此，借着以法律史的视野去探讨唐宋社会变革的"东风"，2011年7月，毕巍明在《"唐宋变革论"及其对法律史研究的意义》一文中关于"唐宋变革论"对法律史研究的意义进行了评述。他认

---

① 李华瑞：《"唐宋变革论"的由来与发展（下）》，《河北学刊》2010年第5期。
② 刘欣、吕亚军：《兴讼乎？息讼乎？——对〈袁氏世范〉中有关诉讼内容的分析》，《邢台学院学报》2009年第3期。
③ 李华瑞：《"唐宋变革论"的由来与发展（下）》，《河北学刊》2010年第5期。
④ 陈景良：《讼师与律师：中西司法传统的差异及其意义——立足中英两国12—13世纪的考察》，《中国法学》2001年第3期。
⑤ 柳立言：《何为"唐宋变革"?》，《中华文史论丛》2006年第1期。
⑥ 柳立言：《宋代的家庭和法律》，上海古籍出版社2008年版。
⑦ 陈景良：《释"干照"——从"唐宋变革"视野下的宋代田宅诉讼说起》，《河南财经政法大学学报》2012年第6期。
⑧ 戴建国：《唐宋变革时期的法律与社会》，上海古籍出版社2010年版，第454页。

为历史是法学研究的重要基础与基本方法,史学领域的诸多研究成果对法律的讨论有着直接的影响。"唐宋变革论"所昭示的唐宋社会在政治、经济、文化等诸多领域的变革,为研究这一时期法律的变革提供了非常重要的社会背景。① 因此,以社会变革的视野去考查宋代的法律变革,并对这一时期的法律做深入而详尽的探讨与反思,以求对当今正处在社会转型期的中国法律提供可以借鉴思想和内容,才是法律研究的应有之义和"唐宋变革论"之于法律的真正意义所在。而陈景良教授则成为以社会变革的视野去考查宋代的法律变革的先行者,他于2012年发表的《释"干照"——从"唐宋变革"视野下的宋代田宅诉讼说起》以"唐宋变革"为视野,首先将目光投射于宋代的诉讼领域。② 可以说开始了以宋代社会变革为基础,来研究当时法律的先河。而关于宋代法律在各领域的发展变化,其实学界已经注意到,而且相关的论文和著作也有不少,但是,如陈景良教授这样,以社会变革的视野去讨论法律变革的文章还不多,而且也不够全面和深入。

因此,笔者想借助史学界"唐宋变革"的新理论所提供的宋代社会背景,以及法学界对宋代法律诸方面的研究成果,来全面深入地探讨宋代法律的发展变化,并将视角集中到民事法律领域进行详细的论述,以得到宋代民事法律发展变化的得与失,并对同属社会变革期的当代中国民事法律的良性发展给出历史的经验和借鉴作用,这也是本研究写作的学术意义和现实意义所在。之所以要将研究放在民事法律领域,是因为"唐宋变革论"的基本论断就是宋代已经有类似西方近代前期的社会因素,而近代西方法律的发展,主要是以民法为代表的。所以,如果说宋代有了类似于西方近代前期的社会因素,那么民事法律也必然会出现显著的发展变化。而且正如梅因所说的那样,进步的社会都是民法发达的社会。由此,如果宋代的社会有了向近代社会进步的倾向,其民事法律也自然不会"暗淡"。当然,这里要说明的是,宋代的民事法律是实质意义上的民法,而不是形式意义上的民法,即所谓的中国古代"固有民法"的提法。中国古代的"固有民法"就是中国古代社会里用以调整一切民事法律关系的制度与观念的总和,其包括国家制度

---

① 毕巍明:《"唐宋变革论"及其对法律史研究的意义》,《上海政法学院学报》2011年第4期。
② 陈景良:《释"干照"——从"唐宋变革"视野下的宋代田宅诉讼说起》,《河南财经政法大学学报》2012年第6期。

层面的制定法和民间法中的家族法、义理准则等内容。① 同时，当代中国民事法律的建设自改革开放以来已经取得了较大的进步，基本上形成了较为系统的民事法律的制度体系。但是，现实中我们却看到民法并没有得到很好地落实和执行，而且不管是上至国家政府，还是下到社会民众都没有形成现代民法所追寻和要求的权利意识和私法精神等价值追求，故而民法得不到应有的尊重和遵守，甚至被人们所"淡忘"。正如伯尔曼所说的那样："法律必须被信仰，否则它将形同虚设。"因此，本研究集中在民事法律之上也是因为在我国现阶段社会转型的条件下民事法律发展中还存在着上述这些问题，需要从同属于社会变革期的宋代民事法律那里得到一些历史经验和启迪，为促进中国当代民事法律的良性发展和现代化尽上笔者的一份"绵薄"之力和"拳拳"之心。

第二节　国内外研究现状

本研究欲从宋代民事法律制度内部的两大部分——财产法和人身法在宋代的发展变化，以及外部的民众对民事权利的维护等方面入手，以社会变革为背景进行全面深入的论述。同时，分析宋代民事法律发展变化的得与失，以及对同样身处社会转型期的当代中国民事法律的良性发展给出历史的启迪和研究的现实价值。因此，对国内外相关学术研究的考查和梳理也将从上述这几个层面展开。

首先，是针对宋代民事法律整体性的研究成果的考查与评述。在这些著作中，早期的有赵晓耕的《试论宋代的有关民事法律规范》②、陈景良的《两宋法制历史地位新论》③，在20世纪80年代就开始关注宋代的民事法律规范和民事立法的情况。而对这一问题开始密集研究的阶段是从20世纪90

---

① 关于中国古代具有实质意义上的民法，即"固有民法"的论断，自清末修律提出以来，已经成为法律史学界的基础性的判断。从早期的杨鸿烈、徐道邻、戴炎辉、胡长清、陈顾远到当代的张晋藩、戴建国、郭东旭等都对其持肯定态度，并以此作为其法律史研究的基础。相关的评述参见张晋藩的《从晚清修律官"固有民法论"所想到的》（载《当代法学》2011年第4期）、俞江的《关于"古代中国有无民法"问题的再思考》（载《当代法学》2001年第6期）等。
② 赵晓耕：《试论宋代的有关民事法律规范》，《法学研究》1986年第3期。
③ 陈景良：《两宋法制历史地位新论》，《史学月刊》1989年第3期。

年代到 21 世纪初。1993 年叶孝信主编的《中国民法史》可以说是对宋代民事法律研究的补白之作，其在第五章"两宋民法"中对宋代的婚姻家庭、继承、债、借贷、典卖、所有权等进行了系统且详细的论述。① 1994 年赵晓耕的《宋代法制研究》是一本收录了作者研究宋代法律制度的论文集，其中关于民事法律研究的有"两宋的民事立法""两宋的婚姻继承律法""宋代的民事法律述略""宋代的民事法律述略"等，还应用现代法学的观点来分析和探讨了宋代的民事法律。② 1996 年孔庆明等编著的《中国民法史》的第六章"宋朝民事法律制度"将北宋和南宋分期讨论，显示了两宋民事法律发展的脉络。同时，对宋代继承和债权部分进行了较为详实的论述。③ 1997 年郭东旭的《宋代法制研究》。用大量的史料全面论证了宋代的民事法律制度的发展，并着重对契约制度进行了考证。④ 1999 年张晋藩先生的法律史巨著《中华法制文明的演进》和他与郭成伟先生合著的《中国法制通史》，可以说是宋代法律和民事法律最为全面的专著性文献。两部著作都不约而同地改变了以往法律史著作以刑事法律为主的编纂方式，而且加重了民事法律制度的分量，尤其是对所有权与债权部分进行了重点论证。⑤

进入 21 世纪，2001 年吕志兴的《宋代法律特点研究》比较了前代与宋代民事法律制度的不同特点。⑥ 2002 年薛梅卿、赵晓耕合著的《两宋法制通论》的"民事律法"一章中，讨论了宋代民事法律各个方面出现空前发展的原因，以及对宋代民事关系调整的广泛性和充实性进行了专门探讨。⑦ 2003 年张晋藩先生主编的《中国民法通史》在继承了其上述两部著作精神的基础上，又对宋代的民事法律制度进行了更为深入的阐发。⑧ 2005 年郭尚武的《论宋代民事立法的划时代贡献》通过论证宋代奴婢、佃农、商人、作家等主体权利和地位的提高，说明宋代民事法律在中国古代的地位，并论

---

① 叶孝信主编：《中国民法史》，上海人民出版社 1993 年版，第 249 页。
② 赵晓耕：《宋代法制研究》，中国政法大学出版社 1994 年版。
③ 孔庆明等：《中国民法史》，吉林人民出版社 1996 年版。
④ 郭东旭：《宋代法制研究》，河北大学出版社 1997 年版，第 518 页。
⑤ 张晋藩：《中华法制文明的演进》，中国政法大学出版社 1999 年版。
⑥ 吕志兴：《宋代法律特点研究》，四川大学出版社 2001 年版。
⑦ 薛梅卿、赵晓耕：《两宋法制通论》，法律出版社 2002 年版，第 316 页。
⑧ 张晋藩主编：《中国民法通史》，福建人民出版社 2003 年版。

证了一些法规甚至比当时西欧的民事法律制度还要进步。① 2006 年陈志英的《社会变革与宋代民事法的发展》说明了经济社会的发展变革为宋代民事法律的进步提供了经济基础和思想基础，并论述了宋代阶级结构的变化使得民事关系更为复杂化。② 2008 年魏文超的《宋朝时代变迁与民事法律关系主体变革》也将目光投注于诸如商人、手工业者、奴婢、佃农等主体在身份和地位的提高之上，并认为这一进步具有里程碑式的意义。③ 近年来，随着关于这一问题研究的深入，学者们对上述研究成果进行整理，形成著作。有代表性的著作有上文提到的 2010 年戴建国的《唐宋变革时期的法律与社会》一书，应用丰富的史料对唐宋以来奴婢制度和财产继承制度的发展变化进了非常翔实的研究，并且对契约文书制度在宋代的发展和完善进行了论证。④ 还有就是 2012 年郭东旭等编著的《宋代民间法律生活研究》，可以说是对近些年该问题研究成果的一次"检阅"，并特别论证了宋代民众法律地位的变迁与法定权利的扩大。同时，对宋代民间的好讼之风，讼学、讼师的兴起，以及宋代官府的"息讼"做了全景式的阐述和深入的讨论。

其次，是关于宋代民事法律各个具体部分的研究成果。财产法部分包括：1987 年莫家齐的《南宋土地交易法规述略》，其以《名公书判清明集》所记载的案例为依据，对南宋以土地为代表的不动产交易法律规范进行了分析论证。⑤ 类似的文章还有 1994 年刘春萍的《南宋田宅交易法初探》，也对南宋不动产的交易法规进行了分析和论证。⑥ 1991 年姜锡东的《宋代买卖契约初探》则通过具体分析买卖契约的"点"，来阐发宋代整个契约制度的"面"。⑦ 1997 年郭东旭的《宋代买卖契约制度的发展》也做了类似的考查，并认为宋代的买卖契约从成立到过税离业都已经达到了一定程度的规范化。⑧ 进入 21 世纪，关于宋代交易法的研究也更为深入、全面与翔实。代

---

① 郭尚武：《论宋代民事立法的划时代贡献》，《山西大学学报》2005 年第 3 期。
② 陈志英：《社会变革与宋代民事法的发展》，《河北法学》2006 年第 5 期。
③ 魏文超：《宋朝时代变迁与民事法律关系主体变革》，《安徽农业大学学报》（社会科学版）2008 年第 5 期。
④ 戴建国：《唐宋变革时期的法律与社会》，上海古籍出版社 2010 年版，第 454 页。
⑤ 莫家齐：《南宋土地交易法规述略》，《法学季刊》1987 年第 4 期。
⑥ 刘春萍：《南宋田宅交易法初探》，《求是学刊》1994 年第 6 期。
⑦ 姜锡东：《宋代买卖契约初探》，《中日宋史研讨会中方论文选编》，河北大学出版社 1991 年版。
⑧ 郭东旭：《宋代买卖契约制度的发展》，《河北大学学报》1997 年第 3 期。

表性的有郑定、柴荣的《两宋土地交易中的若干法律问题》，对土地交易一般性程序和法律上要求的各种要件进行了立法和司法两个角度的考查，同时还着重论述了宋代田土交易中的自愿原则。① 杨卉青、崔勇的《宋代土地契约法律制度》非常细致的对土地买卖的条款与订立的程序进行了论述，并阐明了土地买卖契约的要式性。② 岳纯之的《论宋代民间不动产买卖的原因与程序》侧重研究了出卖不动产的各种原因，同时也涉及了不动产交易的程序。③ 随着诸如季怀银的《两宋债法研究》、王永坚的《宋代契约制度研究》、杨卉青的《宋代契约法律制度研究》的博、硕士论文的推出，可以说宋代的债法和契约制度的内容、种类、程序、原则、价值、地位等诸多理论问题都得到了非常系统和全面性的论述，而且对宋代债法和契约制度演变的历史原因和历史价值也进行了深入的分析论证。另外，陈明光、毛蕾的《唐宋以来的牙人与田宅典当买卖》④、杨卉青的《宋代契约中介"牙人"法律制度》⑤ 等文章则论述了"牙人"在宋代不动产典当买卖和其他领域中的中介和担保作用。

在物权制度方面，郦家驹的《两宋时期土地所有权的转移》，通过《名公书判清明集》的史料记载来阐述宋代土地所有权的转移情况。⑥ 赵晓耕的《两宋法律中的田宅细故》分析了宋代田宅等民事关系上的伦理性，并从立法和司法两个维度论证了宋代对财产问题的重视程度。⑦ 穆朝庆的《论宋代土地私有制的特征及其在法律上的体现》从所有权、租佃权、继承等方面出发，论述了宋代土地私有制与物权制度和相关法律制度的关系。⑧ 陆红、陈利根的《简析宋朝土地交易中的物权公示》则将目光投注于土地交易中

---

① 郑定、柴荣：《两宋土地交易中的若干法律问题》，《江海学刊》2002 年第 6 期。
② 杨卉青、崔勇：《宋代土地契约法律制度》，《保定学院学报》2001 年第 9 期。
③ 岳纯之：《论宋代民间不动产买卖的原因与程序》，《烟台大学学报》（哲学社会科学版）2008 年第 3 期。
④ 陈明光、毛蕾：《唐宋以来的牙人与田宅典当买卖》，《中国史研究》2000 年第 4 期。
⑤ 杨卉青：《宋代契约中介"牙人"法律制度》，《河北大学学报》2010 年第 1 期。
⑥ 郦家驹：《两宋时期土地所有权的转移》，《中国史研究》1988 年第 4 期。
⑦ 赵晓耕：《两宋法律中的田宅细故》，《法学研究》2001 年第 1 期。
⑧ 穆朝庆：《论宋代土地私有制的特征及其在法律上的体现》，《中州学刊》1985 年第 3 期。

类似于近代物权公示的内容,并进行了详细的梳理和分析。① 当然,对宋代物权制度研究最为全面的专著当属 2006 年陈志英的《宋代物权关系研究》一书,该书几乎涵盖了宋代物权制度的各个方面,对物权发展的经济社会和思想文化背景、物权的类型、物权的确认、物权的取得、物权的保护,以及宋代物权的特征和历史地位进行了系统而又翔实的论证。② 同时,一些学者还从不同角度、侧面,以及不同的权利类型,对宋代物权制度进行了研究。如魏天安的《宋代户绝条贯考》对两宋户绝田产检估法、户绝继承法、户绝田出卖法和户绝田承佃法做了系统的分析,他认为宋代对户绝土地所有权的明确和详密的规范,说明宋代土地私有制的发展已经达到了一个前所未有的高度。③ 董家骏的《试论宋代的诉讼法与土地所有制形式的关系》则以诉讼法的角度论证了宋代土地私有权得到了法律上的认可与保护。④ 也有学者从女性财产权的角度,来考查宋代所有权的情况。如袁俐的《宋代女性财产权述论》⑤、宋东侠的《简析宋代在室女的财产权》⑥、郭丽冰的《宋代妇女奁产权的探讨》⑦、黄启昌和赵东明的《关于宋代寡妇的财产继承权问题》⑧、张本顺的《宋代妇女奁产所有权探析及其意义》⑨ 等都从不同的层面讨论了女性权利在所有权等权利上的扩大。而李锡厚《宋代私有田宅的亲邻权利》⑩、柳立言《宋代同居制度下的所谓"共财"》⑪ 等文章,则是从家庭和族产的角度,对物权制度的各项权能进行了详细的论述和求证。

在民事人身法方面,研究成果主要集中在对民事主体地位变化的探讨和

---

① 陆红、陈利根:《简析宋朝土地交易中的物权公示》,《南京农业大学学报》(社会科学版) 2008 年第 2 期。
② 陈志英:《宋代物权关系研究》,中国社会科学出版社 2006 年版。
③ 魏天安:《宋代户绝条贯考》,《中国经济史研究》1988 年第 3 期。
④ 董家骏:《试论宋代的诉讼法与土地所有制形式的关系》,邓广铭主编:《宋史研究论文集》,上海古籍出版社 1982 年版。
⑤ 袁俐:《宋代女性财产权述论》,杭州大学历史系宋史研究室编:《宋史研究集刊》,浙江古籍出版社 1988 年版。
⑥ 宋东侠:《简析宋代在室女的财产权》,《青海师范大学学报》2002 年第 1 期。
⑦ 郭丽冰:《宋代妇女奁产权的探讨》,《广东农工商职业技术学院学报》2005 年第 2 期。
⑧ 黄启昌、赵东明:《关于宋代寡妇的财产继承权问题》,《文史博览》2006 年第 9 期。
⑨ 张本顺:《宋代妇女奁产所有权探析及其意义》,《法制与社会发展》2011 年第 5 期。
⑩ 李锡厚:《宋代私有田宅的亲邻权利》,《中国社会科学院研究生院学报》1999 年第 1 期。
⑪ 柳立言:《宋代的家庭和法律》,上海古籍出版社 2008 年版。

论证上。著名史学家朱瑞熙的《宋代佃客法律地位再探索》,通过对涉及佃客法律地位的一系列法律进行翔实的论证后,认为宋代佃客法律地位经历了一个逐渐提高又逐渐降低的历史变化过程。[1] 郭东旭的《试论宋代乡村客户的法律地位》则从财产、身份、人身自由和安全等方面论述了乡村客户法律地位的提高,但他也认为乡村客户的法律地位在南宋逐步发生了逆转。[2] 三年后郭东旭又发表了《论宋代婢仆的社会地位》一文,对宋代的奴婢的法律地位进行了考证,并指出宋代的奴婢在人身的解放上有了很大的进步,已经从以前的"贱民",变为了雇佣契约中的人力和女使了。[3] 王曾瑜的《宋朝阶级结构》中也认为宋代奴婢的法律地位显然不能与前代的奴婢"等量齐观"。[4] 宋东侠的《宋代"女使"简论》一文也给出了相似的见解,[5] 而且宋东侠还发表了关于宋代妇女地位提高的文章《宋代妇女的法律地位论略》[6]。

进入 21 世纪,郑定、闵冬芳的《"良贱之别"与社会演进——略论唐宋明清时期的贱民及其法律地位的演变》,注重论述了唐代部曲等贱民在宋代身份得以提高的各种原因和历史变迁。[7] 郭尚武的《论宋代保护奴婢人身权的划时代特征——据两宋民法看奴婢的人身权》,将研究重点锁定在奴婢的人身权上,并通过立法与实践两个维度对宋代奴婢的生命权、身体权、人身自由权等方面进行了详细的考证。[8] 戴建国的《"主仆名分"与宋代奴婢的法律地位——唐宋变革时期阶级结构研究之一》,对宋代良贱制度存废与奴婢的法律地位变化之间的关系做了深入地探讨,并通过对《天圣令》等有关法规的研究,指出宋代的奴婢与主人之间实际上存在着"主仆名分"

---

[1] 朱瑞熙:《宋代佃客法律地位再探索》,《历史研究》1987 年第 5 期。
[2] 郭东旭:《试论宋代乡村客户的法律地位》,漆侠主编:《宋史研究论丛》,河北大学出版社 1990 年版。
[3] 郭东旭:《论宋代婢仆的社会地位》,《河北大学学报》1993 年第 3 期。
[4] 王曾瑜:《宋朝阶级结构》,河北教育出版社 1996 年版。
[5] 宋东侠:《宋代"女使"简论》,《河北学刊》1994 年第 5 期。
[6] 宋东侠:《宋代妇女的法律地位论略》,《青海师院学报》1997 年第 3 期。
[7] 郑定、闵冬芳:《"良贱之别"与社会演进——略论唐宋明清时期的贱民及其法律地位的演变》,《金陵法律评论》2003 年第 2 期。
[8] 郭尚武:《论宋代保护奴婢人身权的划时代特征——据两宋民法看奴婢的人身权》,《晋阳学刊》2004 年第 3 期。

的制约和依附关系，奴婢被纳入到宗法家族的范围之内。① 陈大为的《从社会法律层面看唐宋女子再嫁问题》，根据对唐宋律法、敕令、案例等内容中关于女性离婚、再嫁等问题的考证，得出唐宋法律并没有禁止女性离婚和再嫁，而且宋代的女性比起唐代来享有更多的自主权。② 讨论类似课题的论文还有初春英的《也论宋代妇女的离婚、再嫁及其地位》③、马莹莹的《宋代妇女的生活及地位考》④、高立迎的《从厚嫁风看婚姻商品化对宋代妇女地位的影响》⑤ 等。

再者，就是关于宋代民众维护民事权利的研究成果，主要表现在对宋代民间"江湖"的"好讼"之风与官府"庙堂"的"息讼"之术的研究上。郭东旭的《宋代的诉讼之学》，通过对讼学在江南的兴起、讼师在江南的出现、代书人队伍的扩大、民间的习律学讼等的详细论述，得出了宋代民间，尤其是在江南，存在着"好讼"的风尚，同时分析了习律学讼的影响和官府对讼学的压制。⑥ 其后，马作武的《古代息讼之术探讨》则从士大夫的角度，说明他们通过不予受理、拖延审理等"拒绝术"和"拖延术"来阻却民众的兴讼之路，还积极打击帮助民众维权的民间"讼师"。⑦ 进入 21 世纪，陈景良先后发表的《讼学与讼师：宋代司法传统的诠释》⑧ 与《讼学、讼师与士大夫——宋代司法传统的转型及其意义》，可以说是在早期"好讼""息讼"的研究上对宋代民间的"好讼"之风、讼学与讼师的兴起、讼师与士大夫之间的关系进行了最为系统和翔实的论证和分析，他还认为宋代的司法传统发生了转变，并将这种转变与宋代社会"义利观"的转变相结合进行论证。其间，陈景良先生在《中国法学》又发表了《讼师与律师：

---

① 戴建国：《"主仆名分"与宋代奴婢的法律地位——唐宋变革时期阶级结构研究之一》，《历史研究》2004 年第 4 期。

② 陈大为：《从社会法律层面看唐宋女子再嫁问题》，《青海师范大学学报》（哲社版）2006 年第 2 期。

③ 初春英：《也论宋代妇女的离婚、再嫁及其地位》，《黑龙江教育学院学报》2002 年第 3 期。

④ 马莹莹：《宋代妇女的生活及地位考》，《黑龙江史志》2009 年第 19 期。

⑤ 高立迎：《从厚嫁风看婚姻商品化对宋代妇女地位的影响》，《太原师范学院学报》（社会科学版）2010 年第 6 期。

⑥ 郭东旭：《宋代的诉讼之学》，《河北学刊》1988 年第 2 期。

⑦ 马作武：《古代息讼之术探讨》，《武汉大学学报》（哲社版）1998 年第 2 期。

⑧ 陈景良：《讼学与讼师：宋代司法传统的诠释》，《中西法律传统》2001 年第 0 期。

中西司法传统的差异及其意义——立足中英两国12—13世纪的考察》一文，从中西两大法系的司法传统的差异，阐述了宋代讼师在传统司法文化中所受到的待遇是无法形成类似于欧美社会的法律名流、法律精英的律师群体的。① 雷家宏的《从民间争讼看宋朝社会》，认为争讼已逐渐成为民众维护自身权利的一种法律途径，并由此以民间争讼的角度来反观宋代社会的变迁，从而得出宋代社会的经济关系与阶级关系已经透射出新的变化，人与人的关系由于利益的驱使，呈现出多元化的倾向。另外，其还谈到了吏治的腐败问题。② 许怀林的《宋代民风"好讼"的成因分析》，则从朝代更替、政治变革、赋役繁重、吏治腐败、民生疾苦、人多地狭、兼并加剧、民众文化水平普遍提高等角度，分析了宋代民间"好讼"的经济社会根源，同时也强调了多数士大夫对民间"好讼"之风所采取的批评态度。③ 施由明的《宋代江西的好讼之风》，则以实证研究的方法考查了宋代江西一地的"好讼"之风和形成原因，并说明了这一风俗对该地在此后明清社会的影响。④ 张本顺的《无讼理想下的宋代讼师》，强调了宋代司法主体的士大夫所秉承的儒家无讼的观念下，对宋代兴起的助人争讼的群体——讼师们的打压。⑤ 刘欣、吕亚军的《兴讼乎？息讼乎？——对〈袁氏世范〉中有关诉讼内容的分析》，则在宋代民间"好讼"之风大兴的社会背景下，通过对士大夫家范《袁氏世范》的考证和分析，得出在儒家伦理指导下，士大夫对易于出现摩擦的家庭琐事采取的往往是劝诫性行为规范，以达到戒争止诉的"息讼"的终极目的。⑥ 刘昕的《宋代讼学与讼师的形成及其影响下的民间好讼风尚》，通过社会和法律二元互动的视角，分析了宋代讼学与讼师的兴起，以及在此影响下的民间"好讼"之风。⑦

---

① 陈景良：《讼师与律师：中西司法传统的差异及其意义——立足中英两国12—13世纪的考察》，《中国法学》2001年第3期。
② 雷家宏：《从民间争讼看宋朝社会》，《贵州师范大学学报》（社会科学版）2001年第3期。
③ 许怀林：《宋代民风"好讼"的成因分析》，《宜春学院学报》2002年第2期。
④ 施由明：《宋代江西的好讼之风》，《文史知识》2008年第11期。
⑤ 张本顺：《无讼理想下的宋代讼师》，《社会科学战线》2009年第5期。
⑥ 刘欣、吕亚军：《兴讼乎？息讼乎？——对〈袁氏世范〉中有关诉讼内容的分析》，《邢台学院学报》2009年第3期。
⑦ 刘昕：《宋代讼学与讼师的形成及其影响下的民间好讼风尚》，《邵阳学院学报》（社会科学版）2011年第6期。

另外，本研究还涉及宋代的家族法与民法的伦理性，因此也进行了这些方面的研读。其中能够反映宋代家族法价值的有刘广安的《家法族规与封建民事法律》。他对家族法中有关民事权利能力、行为能力、所有权、债权、继承等内容进行了翔实的论证，并分析了家法族规形成并起到重要社会作用的原因。① 费成康的《中国的家法族规》，则系统性地论述了家族法的历史沿革和所涉及民事关系的各个方面的内容，并对宗法家族的准司法权和家族法的执行进行了翔实的论证。② 方小芬的《家法族规的发展历史和时代特征》，分析了家法族规从形成、发展、转型、成熟直至衰落的历史进程，并探讨了家族法在不同历史时期的社会背景与发展特征。③ 李交发的《论古代中国家族司法》④ 和他与原美林合作的《传统家族司法价值论》⑤ 分别论述了家族司法存在的依据、主体和客体及运行机制，并对传统家族司法促进社会和谐、弘扬美德、弥补国家司法不足和对现代的价值等方面进行了深入的分析。郑定、马建兴的《论宗族制度与中国传统法律文化》分析了宗族制度的各项功能与特征，并论证了宗族制度与传统法律之间的关系。⑥ 陈志英的《宋代民间物权关系的家族主义特征》，论述了宋代民间物权关系所呈现出的双向发展现象，即小规模家庭成为物权关系的普遍性主体，而与此同时，以族产为代表的家族的物权关系也开始兴起。⑦ 曹智的《论民间的民事习惯法——宗族法》说明了宋代家族法属于初步形成阶段，到了明清两代，各地的家族法才在内容和形式上都有了长足的进步。⑧ 王静雯的《宋代宗法家族制度对诉讼的影响》，着重论述了在宋代宗法家族制度下的诉讼观念与前代的区别，并说明了宋代宗法家族尚处于形成阶段。⑨ 苏洁的《宋代家法族规与基层社会治理》，阐明了宋代家法族规是以生活习惯和儒家伦理为依

---

① 刘广安：《家法族规与封建民事法律》，《法律学习与研究》1988 年第 2 期。
② 费成康：《中国的家法族规》，上海社会科学院出版社 1998 年版。
③ 方小芬：《家法族规的发展历史和时代特征》，《上海社会科学院学术季刊》1998 年第3 期。
④ 李交发：《论古代中国家族司法》，《法商研究》2002 年第 4 期。
⑤ 李交发、原美林：《传统家族司法价值论》，《湘潭大学学报》（哲学社会科学版）2010 年第 6 期。
⑥ 郑定、马建兴：《论宗族制度与中国传统法律文化》，《法学家》2002 年第 2 期。
⑦ 陈志英：《宋代民间物权关系的家族主义特征》，《河北法学》2006 年第 3 期。
⑧ 曹智：《论民间的民事习惯法——宗族法》，《广州大学学报》（社会科学版）2006 年第 1 期。
⑨ 王静雯：《宋代宗法家族制度对诉讼的影响》，《绥化学院学报》2012 年第 3 期。

据，并与国家制定法一起维持着宋代社会的运转，而且因为家族法与基层民众最为接近，因此从本质来说有利于宋代国家对基层社会的控制。① 当然，亨利·梅因的《古代法》(Ancient Law) 也是研究家族法不可或缺的文献资料。② 而关于民法的伦理性，国内主要见诸赵万一先后发表和完成的2003年的《论民法的伦理性价值》③与2011年的《民法的伦理分析》④。尤其是《民法的伦理分析》一书，非常系统和翔实地论述了民法的伦理性，分析了民法各基本原则和基本制度的伦理性，并强调伦理性对于我国现代民法建设的重要性和迫切性。另外，刘云生的《民法与人性》也分析了民法与人性以及伦理道德的关系。⑤ 国外对民法伦理性的分析主要是体现在对法律与道德的关系的论证上，有代表性的就是富勒的《法律的道德性》(The Morality of Law)⑥、罗纳德·德沃金的《自由的法律：美国宪法的道德解读》(Freedom's Law: The Moral Reading of the American Constitution)⑦、《认真对待权利》(Taking Rights Seriously)⑧ 和罗科斯·庞德的《法律与道德》⑨ 等。

最后，在宋代民事法律发展变化对当今中国社会的现实意义中，着重论述了私法精神的内容。关于私法精神，一些著作中虽然提到，但学界对其内涵的界定除了谢怀栻先生在他的《从德国民法百周年说到中国的民法典问题》⑩ 中做过概括性的阐述外，没有非常详细地对这一概念进行过论证。因此，笔者通过对国内外的研究成果的梳理，来详细论证私法精神的内涵。主要从以下几个方面入手：

---

① 苏洁：《宋代家法族规与基层社会治理》，《现代法学》2013年第5期。

② Henry Sumner Maine, *Ancient Law*, Beijing: China Social Sciences Publishing House, 1999, pp. 121-122.

③ 赵万一：《论民法的伦理性价值》，《法商研究》2003年第6期。

④ 赵万一：《民法的伦理分析》，法律出版社2011年版。

⑤ 刘云生：《民法与人性》，中国检察出版社2004年版，第327页。

⑥ Lon L. Fuller, *The Morality of Law* (revised edition), New Haven: Yale University Press, 1969, p. 209.

⑦ Ronald Dworkin, *Freedom's Law: The Moral Reading of the American Constitution*, 1996, p. 3.

⑧ Ronald Dworkin, *Taking Rights Seriously*, Gerald Duckworth & Co. Ltd, 1977 (new impression), 2005, p. 187.

⑨ [美] 罗科斯·庞德：《法律与道德》，陈林林译，中国政法大学出版社2003年版，第121—122页。

⑩ 谢怀栻：《从德国民法百周年说到中国的民法典问题》，《中外法学》2001年第1期。

对公私法划分的研究成果的梳理：哈里森的《雅典的法律》(*The law of Athens*)①、乔罗威茨的《现代法的罗马法基础》(*Roman Foundations of Modern Law*)②和彼德罗·彭梵得的《罗马法教科书》③分别论述了古希腊古罗马时代公私法划分的萌芽状态和起始阶段的"目的说"。卡尔·拉伦茨的《德国民法通论》④提供了关于公私法划分"主体说"的内容。彼得·凯恩的《行政法导论》(*An Introduction to Administrative Law*)⑤提出了英美法中关于公私法划分的观点。道恩·奥利弗的《公私法的内在价值》(*The Underlying Values of Public and Private Law*)⑥则对公私法划分进行了反思。

对私法精神的孕育和内容研究成果的梳理：约翰·梅里曼的《民法传统》(*The Civil Law Tradition*)⑦论述了私法在古罗马时代的萌发。彼得·斯坦的《欧陆历史中的罗马法》(*Roman Law in European History*)⑧与彼得–克鲁兹的《比较法：在一个不断变化的世界》(*Comparative law：In a Changing World*)⑨则论证了早期罗马法的私法精神源自古希腊。阿兰·罗杰的《劳工与不诚的奴隶》(*Labeo and the Fraudulent Slave*)⑩与易继明的《私法精神与制度选择——大陆法私法古典模式的历史含义》⑪承认了私法精神的古希腊起源，但是罗马法使得私法摆脱了狭隘的城邦气息，而具有了巨大的包含性和宽容精神。罗伯特 P. 乔治的《自然法——当代论文集》(*Natural Law-*

---

① A. R. W. Harrison, *The law of Athens*, Oxford：Clarendon Press, 1957, pp. 115–121.
② H. F. Jolowicz, *Roman Foundations of Modern Law*, Oxford：Clarendon Press, 1957, pp. 49–51.
③ ［意］彼德罗·彭梵得：《罗马法教科书》，黄风译，中国政法大学出版社1996年版，第9页。
④ ［德］卡尔·拉伦茨：《德国民法通论》，王晓晔等译，法律出版社2003年版。
⑤ Peter Cane, *An Introduction to Administrative Law*, Oxford：Clarendon Press, 1996, p. 21.
⑥ Dawn Oliver, *The Underlying Values of Public and Private Law*, in Michael Taggart ed. *The Province of Administrative Law*, Hart Publishing, 1997.
⑦ John Henre Merryman, *The Civil Law Tradition*, 2nd edn., Stanford University Press, 1985, pp. 2–6.
⑧ Peter Stein, *Roman Law in European History*, Cambridge：Cambridge University Press, 1999, pre. I.
⑨ Peter de Cruz, *Comparative law：In a Changing World*, 2nd ed., Cavendish Publishing Limited, 1999, p. 11.
⑩ Alan Rodger, *Labeo and the Fraudulent Slave*, in A. D. E. Lewis & D. J. Ilbetson, *Roman Law Tradition*, Cambridge：Cambridge University Press, 1994, pp. 15–31.
⑪ 易继明：《私法精神与制度选择——大陆法私法古典模式的历史含义》，中国政法大学出版社2003年版，第127页。

Contemporary Essays)① 和约翰·菲尼斯的《自然法与自然权利》（*Natural Law and Natural Rights*）②，以及埃德加·博登海默的《法理学：法律哲学与法律方法》③都谈论了私法精神的自然法渊源。安东尼·布兰克的《二十世纪至今的欧洲政治思想中的行会与市民社会》（*Guilds and Civil Society in European Political Thought, from the Twelfth Century to the Present*）④认为基督教给人们自由观念上的改变是革命性的。杰里米·沃尔德伦的《权利理论》（*Theories of Rights*）⑤进一步论述了私法精神在文艺复兴运动和启蒙思想家那里的发展和完善。约翰·洛克的《政府论》（*Two treatises of Government*）⑥、孟德斯鸠的《论法的精神》（*Spirit of the Laws*）⑦和卢梭的《社会契约论》⑧都倡导了自由、平等、权利神圣等私法精神。约翰·罗尔斯的《正义论》（*A Theory of Justice*）⑨、罗纳德·德沃金的《至上的美德》（*Sovereign Virtue*）⑩与以赛亚·柏林的《概念与范畴》（*Concepts and Categories*）⑪都强调了自由的价值，以及在现代社会正确处理自由与平等才能实现实质正义的人文精神的复归。

对私法自治理念限制与反限制的研究成果的梳理：梁慧星的《从近代民法到现代民法——二十世纪民法回顾》，从近代民法对私法自治的追求到现代民法对私法自治的限制进行了历史梳理和论证，探讨了现代民法面临的危机以及对我国民法事业的展望。⑫ 田喜清的《私法公法化问题研究》⑬、

---

① Robert P. George. *Natural Law-Contemporary Essays*, oxford：Clarendon Press, 1992, p. 31.
② John Finis, *Natural Law and Natural Rights*, Oxford University Press, 1980, pp. 125-127.
③ ［美］博登海默：《法理学：法律哲学与法律方法》，邓正来译，中国政法大学出版社1999年版。
④ Antony Black, *Guilds and Civil Society in European Political Thought, from the Twelfth Century to the Present*, Methuen & Co. Ltd, 1984, p. 42.
⑤ J. Waldron, *Theories of Rights*, Oxford：Oxford University Press, 1984, p. 21.
⑥ J. Locke, *Two treatises of Government*, Cambridge：Cambridge University Press, 1960, p. 348.
⑦ Baron De Montesquieu, *Spirit of the Laws*, New York：Hafner Publishing Company, 1966, p. 7.
⑧ ［法］卢梭：《社会契约论》，何兆武等译，商务印书馆1980年版。
⑨ J. Rawls, *A Theory of Justice*, Harvard University Press, 1971.
⑩ Ronald Dnorkin, *Sovereign Virtue*, Harvard University Press, 2000, p. 120.
⑪ I. Berbin, *Concepts and Categories*, London：Hogarth Press, 1978, p. 95.
⑫ 梁慧星：《从近代民法到现代民法——二十世纪民法回顾》，《现代法学》1997年版。
⑬ 田喜清：《私法公法化问题研究》，《政治与法律》2011年第11期。

钟瑞友的《对立与合作——公私法关系的历史展开与现代抉择》①、金自宁的《"公法私法化"诸观念反思——以公共行政改革运动为背景》②，分别论述了私法公法化和公法私法化两个趋势对私法自治理念限制与反限制的价值考量。赵红梅的《私法社会化的反思与批判——社会法学的视角》，给私法自治理念限制与反限制的辨析提供了社会法的"解救方式"，提出对于私法应当固守传统，对社会利益的调整应让位给"第三法域"的社会法部门。③ 赵万一的《中国农民权利的制度重构及其实现途径》，从中国现实的图景出发，说明了私法自治精神在当下中国的现实价值。④ 王利明的《民法的人文关怀》，更是强调未来的民法典，不能仅局限于对具体制度和规则的设计，更应当关注其价值理念。他所强调的价值理念就是一种人文关怀，而这种人文关怀正是私法精神的核心价值和理论根基。⑤ 韩伟的《私法自治研究——基于社会变迁的视角》，不仅对私法自治进行了极为翔实的论述，而且针对私法自治的限制与反限制，提出了在社会转型期的中国不应该强调对私法自治的限制并要求在未来的民法典中必须反映私法自治的价值追求。⑥

第三节 研究思路与研究方法

一 研究思路

学界一般认为民事法律在宋代得到了较大的发展，本研究则是从社会变革的角度入手，来论证宋代民事法律在宋代的发展。首先，笔者从经济社会到意识形态的变革中，选取了与民事法律发展密切相关的社会变革因素来论证民事法律在宋代的发展，并通过深入分析，认为宋代民事法律已经具有了一定的近代因素。这样就有了本书第二、三章的设置。从章节的设置来看，

---

① 钟瑞友：《对立与合作——公私法关系的历史展开与现代抉择》，《公法研究》2009 年第 0 期。
② 金自宁：《"公法私法化"诸观念反思——以公共行政改革运动为背景》，《浙江学刊》2007 年第 5 期。
③ 赵红梅：《私法社会化的反思与批判——社会法学的视角》，《中国法学》2008 年第 6 期。
④ 赵万一：《中国农民权利的制度重构及其实现途径》，《中国法学》2012 年第 3 期。
⑤ 王利明：《民法的人文关怀》，《中国社会科学》2011 年第 4 期。
⑥ 韩伟：《私法自治研究——基于社会变迁的视角》，山东人民出版社 2012 年版。

二者是平行的关系，但是从前后安排上，还是遵循从经济社会到思想领域的顺序进行排列的。

其次，在上述内容的基础上，依然从社会变革的角度入手，进一步解决宋代民事法律在具备了一定的近代因素之后，为何没能进一步发展走上近代化的问题。同上文一样，笔者仍然从经济社会到意识形态的变革中，选取了新型宗族组织的家族法与伦理基础，以及理学"公利"思想支配下士大夫的息讼理念等因素，论证了这些因素对宋代民事法律进步的消极影响。通过分析得出，这些社会因素背后的儒家伦理（包括儒家的宗法伦理与经济伦理）是最终导致民事法律停滞不前的根源。这样就有了第四章和第五章的安排。前后安排上也是遵循从经济社会到思想领域的顺序进行排列的。

再次，在第四、五章的基础上，通过对民事法律伦理性的分析，揭示了伦理价值对于民事法律发展方向和命运的决定性作用。由此得出要使民事法律得到良性的发展并实现现代化，就必须使其具备近现代民法的伦理价值——私法精神。当代中国正处于类似于宋代社会的变革期或转型期，要实现民法的良性发展或现代化，使其不再走向歧途，一定要在社会上培育起支配现代民事法律进步的私法精神。因此有了第六章的设置。

这样，按照上述的思路，本书的布局安排可以大致分为以下几部分内容：

第一部分为绪论，主要是对本研究的背景、研究意义、国内外研究现状、研究思路、研究方法、研究难点及创新点等内容进行阐发和说明，以明确本书的立论宗旨和写作方向。

第二部分即进入了本书的主体部分。这一部分主要是从宋代经济社会领域的变革中找到有利于民事法律发展的因素，并以此论证民事法律自身的发展，及其所具有的近代因素。在经济社会的变革中有利于民事法律发展的便是宋代经济结构（经济基础）的革新，包括土地制度的变革、农业和手工业的全面发展、商业和城市的空前繁荣，以及宋代阶级结构的调整等，都对宋代民事法律制度的发展起到了积极的作用。其中土地制度的变革、农业和手工业的全面发展、商业和城市的空前繁荣等对宋代民事物权制度与契约制度等民事财产关系起到了巨大的促进作用。宋代阶级结构的调整，推动了民事法律人身关系的改善。在这些因素的综合作用下，宋代民事法律在制度层面出现了一定意义上的近代因素。在财产关系中，我们就可以发现，近代主要的财产权利在宋代均已出现，而且还呈现出了体系化的趋势。同时，这些权利在制度层面的供给也催生了宋代产生类似于近代那样对物质最大化利用的制度网络。而在人身关系方面，虽然没有产生体系化的权利结构，但是仍然在制度供给上提供了类似于近代的"物质性人格权"和身份法中对女性权利地位初步的尊重。这些制度层面的进步，表明了宋代民事法律在制度层面是有近代因素存在的。

第三部分，从宋代思想文化领域的变革中找到有利于民事法律发展的因素，并以此论证民事法律自身的发展，及其所具有的近代因素。在思想文化的变革中有利于民事法律发展的便是宋代义利观的转变。宋代商品经济的迅猛发展、生产方式和阶级结构的深刻变化，使得逐利行为越来越普遍，人们的价值观发生了转变，出现了反传统的倾向，使传统的义利观受到了强烈的冲击和挑战。而宋代相较于前代宽松和务实的政治氛围，以及宋代"三冗"问题的严重性，为义利观的转变提供了广阔的思想空间，而日臻崛起的庶族士大夫阶层则成为这场思想变革的主力军。这样，在宋代社会舆论义利观的转变和国家重视理财、追逐财利的政治氛围下，宋代的社会风气发生了巨大改变，民间逐利之风大兴，财利在民众生活中占据了重要角色。在逐利过程中，必然会发生利益的纠纷，这就催生了人们的民事维权意识的兴起。宋代民风"好讼"的现象则正是人们民事维权意识兴起的标志。同时，由于争讼产生的权利基础和主体基础所具备的近代因素，也使宋代的民事维权意识，在法律逻辑上具备了一定的近代因素，民事维权意识兴起本身也在意识形态层面体现了近代民间力量的崛起和民事权利的勃兴。

从第四部分开始，则是要解决宋代民事法律在具备了一定的近代因素之后，为何没能进一步发展走上近代化的问题。本部分主要是从经济社会领域的变革中寻找阻碍宋代民事法律进步的因素，这就是新型宗族组织在宋代的重构。宋代宗法家族组织重建后，其所秉承的儒家宗法等级伦理和其家族法对国家民事法律制度产生了冲击和不良的影响。其中，家族法中的民事内容，可以说涵盖了民事法律关系的各个方面，而且还超出了国家民事法律所能调整的范围。在国家法律对其认可和确认的基础上，家族法可以说完全能够取代了国家法律对民事法律关系的调整。从真正意义上使家族法成为中国古代实质意义上的民事法律进而代替国家制定法的是国家法律赋予家族法以"准司法权"（或"半司法权"）的特权。同时，宗族组织所赖以建立的指导思想仍然是儒家"亲亲""尊尊""不以亲亲害尊尊"的宗法伦理思想。这一伦理思想的核心就是维护一种"上下之分，尊卑之义"的伦常秩序、等级服从和权力崇拜,从根本上否认社会是整齐平一的。换算成法律语言,就是要维护人与人之间的身份地位。个人主要依靠身份关系,而不是契约关系来分配自己的权利和义务。所以,是不存在近代意义上的平等和个人权利本位的,人们总是互相依附着而没有自由。在这样的思想氛围下,家族本位、家族利益至上的原则被时刻奉行着。个人只能完全淹没在社会核心地位的宗法家族中,成为其中的一个成员,并将自己置身于一个高度系统化的身份等级体系之中。[1]

第五部分则是从思想文化的领域中寻找阻碍宋代民事法律发展进步的因素,即宋代理学倡导的"公利"思想和"尚公"的经济伦理。本部分以宋代理学集大成者朱熹的思想为例,从其"存天理,灭人欲"的理欲观和"贵义贱利"义利观中,得出了朱熹的"尚公灭私""大公无私"的公私观。与朱熹一样,程朱理学的理学家们都极力推崇"公"的地位和价值,把作为"万善之源"的"仁"也直接解释为"公",而"私"则成了"万恶之源"。将天理与人欲、义与利、仁与不仁、善与不善的对立都最终归结到公与私的对立上。即使是重视"利"价值的功利主义的理学家们也提倡尚公灭私的观点。这些思想家们往往以士大夫身份,将这种"公利"思想渗透到法律的适用中,通过劝谕息讼,打压民间讼学与讼师等方法,压抑人们对私欲、私利的追逐以及私权意识的发展,抑制民众对私权的伸张和维护。通过分析,理学的这一"尚公"的经济伦理其实是将人趋利避害、追求享乐与幸福的基本人性与自私自利的利己主义思想盲目地等同起来,不承认人的客观本性的存在,而是盲目地强调"利他"的公利主义思想,把人当作"圣人"看待,而不是作为一个世俗的人去看待。而这完全与西方个人主义主导的经济伦理背道而驰。西方奉行的个人主义不是过去所谓的自私自利的利己主义,而是对人趋利避害、追求享乐与幸福的本性的认可和尊重。承认人的现实性和世俗性,而不是用"圣人"的道德标准去衡量每个"凡人"。这样,人们追求个人私利就不是一种不道德行为,而是一种人性的自然延伸,理应得到社会的尊重和法律的保护。这样我们就会发现,在理学这一"尚公"的经济伦理的笼罩下,"私权"是不会得到社会的尊重和法律的保护的。

---

[1] 程德文:《从宗法伦理法到现代理性法——中国法制现代化的一种过程分析》,《法制现代化研究》1999年第0期。

第六部分是在上述的基础上，我们发现了宋代民事法律发展的动力主要是来自于诸如生产方式的变革、商品经济和商业的繁荣等经济基础的变革。但是，中国古代民事法律并没有在此基础上取得进一步的发展，没有像西方那样走上民法的近代化之路，而是出现了停滞甚至是倒退的历史现象。究其原因，恰恰是中国传统的意识形态——儒家伦理思想，包括宋明理学所提倡的"公利"主义经济伦理和宗法家族组织所奉行的宗法伦理。因此，俞荣根就将儒家化的中国古代法律概称为"伦理法"。但是，正如范忠信先生所言，每个民族的法律传统都是该民族传统伦理的体现，世界各大民族的法律传统未尝不可以说都是伦理法。因此，我国古代的法律更为准确的称谓应该是"儒家伦理法"。民事法律制度与其他法律制度一样，没有一个不是将该民族基本的伦理道德和伦理规则上升为法律的结果，而且民事法律的存在和发展相较于其他的法律部门更依赖于伦理道德，并以伦理道德作为评价该民事法律优劣的核心标准。因此，民法更具有强烈的伦理性。正如任何一项事业的背后都存在着某种决定该项事业发展方向和命运的精神力量，马克斯·韦伯就将西方世界兴起中起决定性作用的精神力量归结为新教伦理所导致的"资本主义精神"。同样，在民事法律的背后，也有着决定其发展方向和命运的伦理精神。西方民事法律背后就有着决定其发展方向和命运的伦理精神，我们称之为私法精神，正是这一精神缔造了西方民事法律的现代化，其也是民事法律能够良性发展的核心伦理价值。私法精神的基本内涵包括：自由、平等、权利本位和人文主义等关键词组成的伦理价值体系。其中自由和平等是其基本的价值追求，人文主义则是私法精神的根本内核与价值根基所在，所以，私法精神必须把人作为其所有价值的中心，一切从人出发，一切以人为目的，尊重人、爱护人、发展人，将人作为其价值的根基和最终指向。因此，在当代中国，我们要培育和助推这种精神，而民法典的制定应该是一条培育私法精神较为可靠的路线。

第七部分则是结论与展望部分，主要是对论文的总结和观点的梳理。回顾撰写本书的过程，得出宋代民事法律虽然显现出了进步的倾向，已经有了近代化的倾向和萌芽，但不管是宋代以后的中国社会，还是我们所讨论的民事法律制度，都没有从自身"进化"出类似于西方的近代性或是现代性。所以，中国要实现法治现代化和民法的良性发展，必须使中国的民事法律制度蕴涵现代法治的价值根基——私法精神，而且不能强调对私法自治的限制。最后，对未来的中国民法典对私法精神的培育和其在中国社会的发展，给出了笔者的"期许"。

二 研究方法

研究方法可以说是笔者研究思路和理论追求得以落实所采用的基本方略和研究范式，因此对实现文章的立论主张和研究的逻辑推进有着不可替代的作用。本书要对宋代社会和民事法律进行充分的考查和详细的探讨，首先就必须对与其相关的各种历史史料和文献资料进行全面的梳理和分析，这就是进行法律史研究必须采用的研究方法——文献研究法和历史分析法。文献研究法就是根据需要研究的课题，来搜集和整理出笔者需要的内容和史实。这里不仅涉及对近现代和今人的著作的梳理，还涉及大量的古籍文献的搜集，相对而言，宋代是一个留下了较多古籍的朝代，而且后世对其进行研究者又大有人在。因此，文献研究法是充分了解和考查宋代社会和法律的基础和"不二"方法，在文章的各部分中均有涉及。

同时，在文献研究的基础上还需要采用历史分析法来对搜集到的资料进行分析和研究。一者，本书立论基础就是来自史学界的热门课题"唐宋变革论"，必然要应用到历史的分析方法。其二，本书必须通过历史将收集到的文献资料进行梳理和排列组合，找到宋代民事法律历史发展的脉络和规律。同时，通过历史的发展变化视角去考查和研究宋代民事法律在社会变迁过程中的进步和出现的问题，这些进步或问题在其后的历史中又有怎样的发展变化，对后世的民事法律产生了哪些影响，都是需要用这一方法去厘清的。本书在考查西方私法精神的内涵、对私法自治的限制等内容时也大量采用了这一方法。因此，在本书中，历史分析法可以说是与文献研究法同等重要的研究方法，在各章中也均有涉及。

比较分析法也是本书采用的一种研究方法，只是这种研究方法主要是以一种隐含的方式来采用的。因为"唐宋变革论"本身就是建立在东西方历史和文化的比较之上的，通过对宋代的经济社会同西方王政时代的经济社进行比较，得出了宋代已是中国近代早期的提法。所以，本书对宋代民事法律得失的探讨也必然是建立在以西方近代民法的进步性和现代性为参照的基础之上的。因此，虽然书中没有专章的比较研究，但实质上几乎每一部分都是建立在比较分析的基础之上的，即使是在论述私法精神和当代中国民事法律现实发展状况时，也是建立在对中国历史传统和现阶段西方社会与法律现状比较的基础之上的。可见，比较分析法也是贯穿于本书的一个基础性的研究方法。

当然，本书既然要论证社会变革对宋代民事法律的影响，自然离不开对当时社会的考查和调研，所以社会科学中经常用来进行社会调查和分析社会现象的功能分析法也必然是本书所采用的基础性研究手段。通过这一方法对社会现象进行抽离与分析，从而得出与法律相关的社会内容，并找出其对宋代民事法律在各个方面和层次上的影响。所以只要涉及对当时社会的考查，就必然要用到这一方法，而且在论及当代中国社会的一些现象时也应用到了这一研究方法。因此，可以说这一研究方法几乎涉及了各章各个部分的研究。另外，在论述"唐宋变革论"、义利观、理学、宗法家族、伦理法、私法精神、私法自治等内容时还采用了结构分析法、概念分析法等，以便更好地对这些论题进行深入的分析和探讨。而且，因为大部分章节都要涉及这些分析方法的使用，所以其也作为贯穿全书的基础性研究方法来使用。

三 研究的难点与创新

本书研究的难点首先在于文献的搜集与整理，尤其表现在对大量的古代文献的梳理和分析之上。因为宋代及其后的元明清都留下了大量的关于宋代社会方方面面的记载和论述，对法律的阐述也非常繁多，要从中剥离出相关内容，可以说是一个复杂而又耗损精力和时间的烦琐工作，而且近现代和今人的著作关于上述内容的论述也不在少数，要从这些著作中梳理出自己所需要的内容和考证其论证的客观性和材料的真实性，也要花上大量的工夫。同时，在研究过程中不光涉及法学的知识，还涉及跨专业、跨门类知识的应用，如需要对历史学、社会学、伦理学和人类学等诸多知识进行相应的关注和学习。只有这样，才能真正做到对所要研究内容进行全面深入的分析和论证。

当然，如果说上述的这些困难都是前期和手段上的困难，那么研究中出现的理论难点和文章创新点的寻找，才是真正意义上的难点。因为，从资料的梳理和分析中我们就会发现，宋代的社会变革不仅带来了民事法律的进步，同时也包含着对民事法律向近代发展的不利因素，区分这些有利和不利因素本身就是一件较为复杂的工作。不管是中国传统社会和中国的传统法律都没有内生出类似于西方的具有近代性或现代性的社会和法律，而且关于其没有走上近代化的学说或论断几乎可以说是一个"老生常谈"的话题。诸如自然经济、小农经济、重刑轻民、德主刑辅、礼法并用以礼为主、儒家伦理、家族本位等原因几乎充斥在所有文献当中，而对现实的启示也无非就是要法治不要人治、要建立法治而不是只停留在法制的基础上等等。因此，要在上述的基础上有所创新，实为难事。但是，既然有难点，我们就要突破它，否则我们研究的目的又何以体现呢？笔者在前人研究的基础上另辟蹊径，在本书中引入了新的视角和新的看问题的方式，以给出笔者对上述问题的看法和解释。因此，本书创新之处主要可以概括为以下几个方面：

1. 研究角度的创新

以社会变革的视野去考查宋代民事法律的发展变化。如上所述，借以史学界特别是宋史学界不仅将"唐宋变革论"作为热门话题进行评述，而且也成为宋史学界讨论宋代问题的基础理论。历史是法学研究的重要基础与基本方法，史学领域的诸多研究成果对法律的讨论有着直接影响。因此，"唐宋变革论"所昭示的唐宋社会在政治、经济、文化等诸多领域的变革，为研究这一时期法律的变革提供了非常重要的社会背景。本研究便以社会变革的视野考查了宋代的民事法律变革，并对这一时期的民事法律进行了详尽的探讨和深入的反思。同时，这一理论也使得我们将目光锁定在宋代这一经济社会发生重大变革的时期，并用一种发展变化的视野去看待中国传统的法律和中华法系，以改变那种以马克斯·韦伯为代表认为中国法律传统自秦以来就"铁板一块"没有发展变化的看法。

2. 研究视域的创新

将研究的领域从国家制定法向民间社会扩展，从民事法律在社会上运行的实际情况去看待民事法律财产权利和人身权利在宋代社会的确立和实际应用的情况。因此，首先就有了本书将宋代民间"好讼"（民事诉讼）的论述从学界一般将其归入宋代民事诉讼法的讨论中"抽离"，将其与宋代讼学的发达和讼师的兴起相关联，从民众在社会上如何应用和维护自身的民事权利，以及官府如何看待民间社会维权的视域切入，来研究民事法律在社会上运行的真实情况。其次，将民间社会中的家族法纳入考查与研究的对象，论述了其形成、发展和对国家制定法的影响，以及所根植的伦理价值基础对民事法律发展的作用。这也弥补了过去"朝廷法史"研究所"忽视"的民间家族法的研究。

3. 研究内容和思路的创新

深入分析了宋代民事法律所具备的近代因素和其没有进一步走上近代化的原因和借鉴价值。对于宋代民事法律的进步，学界已多有论证，对其进步性也做了多方面的总结。但是对于其所具备的近代因素却没有进行总结与论证。而本研究则在论述了宋代民事法律在诸多方面进步的基础上，分析和论证了其在制度层面和权利供给上所具备的近代因素，以及宋代民事维权在法律逻辑上所具备的近代因素。在此基础上进一步探讨了其在具备了近代因素后，为什么没有进一步走上近代化的问题。最后在上述的基础上，为当今正处在社会转型期的中国民事法律提供了可以借鉴的历史经验和教训，以及历史的启迪。

4. 观点的创新

①以"唐宋变革论"为基础，从社会变革的新视角入手，得出了宋代民事法律财产权在体系化和最大化利用物的设计上所具备的近代因素，以及民事法律人身关系在权利供给与制度层面上所具备的近代因素。

②提出在宋代逐渐形成并在此后取得"准司法权"的家族法动摇了国家民事制定法的存在基础，使得大量的民事纠纷"内化"为家族事务，从而阻碍了在国家制定法层面上民法典的出现。并认为宗法家族及其家族法所奉行的宗法伦理观念，使得民众的身份被重新"固化"，个人被家族牢牢束缚，而且完全被"淹没"在家族中无法被"发现"。

③揭示了宋代士大夫将理学"公利"思想渗透到法律的适用中，从而抑制了民众对私权的伸张和维护，由此形成了宋代"江湖好讼"与"庙堂息讼"的二元对立格局。

④由于儒家伦理对中国传统社会法律的深刻影响，学界一般将中国传统法律称作"伦理法"。但正如范忠信先生所说的那样，每个民族的法律传统都是该民族传统伦理的体现。因此，不是近现代民法没有伦理因素，而是恰恰具有极强的伦理性，只不过是不同于中国传统儒家伦理，具有现代性的伦理价值——私法精神。因此，笔者在学界对私法精神已有的研究成果的基础上，重新诠释了私法精神的基本内涵，即自由与平等是其基本的价值追求，人文主义是其内在的核心价值，权利本位则是其得以实现的根本保障。同时，进一步提出在私法精神阙如的当代中国不应强调对私法自治的限制，而应限制以"公共利益"之名不当干预私权利和私空间的公权力。

第二章

宋代经济结构的革新对民事法律的
促进及其近代因素的分析

宋代是中国传统社会发生重大变革的时代，近代著名思想家严复曾说："若研究人心、政俗之变，则赵宋一代历史最宜究心。中国所以成为今日现象者，为善为恶姑不具论，而为宋人之所造就，什八九可断言也。"① 金毓黻在其《宋辽金史》中也讲道："宋代膺古今最距之变局，为划时代之一段。"② 宋代的经济制度出现了从以前庄园农奴制的经济关系向封建租佃关系的重大转型，而商品经济的空前繁荣则是其中最为显著的。对此，宋代著名经济史学家漆侠评价宋朝是我国古代经济文化高度发展的时代，居于当时世界文明的最前列。③ 宋代封建租佃制广泛发展，官府采取了鼓励农耕的政策，生产工具有了较大的进步，农业得以恢复并迅速发展起来。两税法实行以后，人民土地私有逐渐为国家所认可，且人民可自由出卖劳动力。工商业也在宋代兴盛起来，出现了许多一定规模的官办和私营手工作坊，众多工业部门兴旺发达。对外贸易空前繁荣，城市出现了商业化倾向，坊市结构被打破。农村卷入各种贸易之中，与城市工商业密切关联，草市、镇市等贸易聚集点大量出现。实物经济开始向货币经济转变，铜钱使用盛行，纸币、铁币和银的使用量也越来越多。美国学者斯塔夫里阿诺斯甚至认为宋朝发生了一场名副其实的"商业革命"。④ 科

---

① 严复：《严复集》，中华书局1986年版，第668页。
② 金毓黻：《宋辽金史》，商务印书馆1946年版，第5页。
③ 漆侠：《知困集》，河北教育出版社1992年版，第128页。
④ [美] 斯塔夫里阿诺斯：《全球通史：1500年以前的世界》，吴象婴、梁赤民译，上海社会科学院出版社1999年版，第438页。

技进步走在世界前列,"都达到了前所未有的高峰"①。四大发明也在这一时期得以成熟,印刷术的发展,对于文化的传播起了重要的作用。而民事法律在马克思看来,是"经济关系直接翻译为法律原则"②,是"以法律形式表现了社会的经济生活条件的准则"③。因此,宋代经济结构的革新,成为民事法发展变化的经济基础。

第一节 宋代经济结构的革新

一 宋代土地制度的变革

宋代的经济出现了从以前庄园农奴制的经济关系向封建租佃关系的重大转型,这种变革首先就体现在土地制度的显著变化上。唐朝的土地制度是以均田制为主的,而且严格限制土地的流转。农奴被束缚在世族豪强的庄园土地上从事生产劳动,他们没有自由也没有人格。随着唐中后期均田制的逐渐瓦解,土地所有制关系发生了急剧变化。唐中期国家用两税法代替租庸调制,按照实际占有土地和拥有财产的多少征收赋税。这样就不再严格限制土地所有权和土地的流转。晚唐以及五代十国的统治者,基本上顺应了土地制度的这一重大变化,采取了类似的土地政策和赋税政策。宋代则在此基础上实行了"不立田制""不抑兼并"等更为宽松的土地政策。国家放宽了对土地所有权关系的直接干预,逐步转向间接调整,即通过户等、税收的管理来调整日趋复杂的财产关系。地主土地私有制有了合法地位而形成新的土地权利关系,国家权力对土地所有权关系的直接干预明显减弱,正如马克思所说:"君主们在任何时候都不得不服从经济条件,而且从来不能向经济条件发号施令。"④ 而"完全的、自由的土地所有权,不仅意味着毫无阻碍和毫无限制地占有土地成为可能性,而且也意味着把它出让的可能性"。⑤

---

① [英]李约瑟:《中国科学技术史》(中译本)第 1 卷第 1 册,科学出版社 1975 年版,第 284 页。
② 《马克思恩格斯选集》(第四卷),人民出版社 1972 年版,第 484 页。
③ 同上书,第 249 页。
④ 同上书,第 121 页。
⑤ 同上书,第 163 页。

土地制度从均田制到"不立田制""不抑兼并"的变革,土地的频繁交易,"有钱则买,无钱则卖",必然导致土地向富人集中,大批小农不断失去自己的土地。大地主则可以凭借政治权力和雄厚的经济实力不仅应用各种手段和时机广占民田,而且诸如官田、学田、马监牧地、公用山林等国有地,甚至是寺院的"福田",也在其兼并之列。① "富一家而顷千家之产"甚至"顷万家之产",使许多自耕农小土地所有权消失,正所谓富者有"弥望之田"而贫者却无"卓锥之地"②。宋仁宗初年,仅品官形势之家占田达"天下田畴半"。③ 到宋仁宗晚年"势官富姓,占田无限……重禁莫能止焉"④,土地集中达到空前的程度。据当代学者估算,地主阶级占有全部垦田的60%到70%,而他们在人口总数中却占不到6%到7%。与之相对应的是约占总户数80%的农民,占有耕地不过垦田的30%到40%。⑤

这样,地主一方地广分散无力耕作,则招募浮客分耕其中,租佃制便成了最佳的经营方式,失田的小农们则有力无田,需要靠租种地主的土地生活。这样以佃耕土地为生的佃农日益增多,成为租种地主土地的客户,正如宋人石介所说:"乡野有不占田之民,借人之牛,受人之土,庸而耕者,谓之客户。"⑥ 与之相对应的拥有土地的地主即为主户,由此,租佃关系成为普遍现象。

二 宋代农业与手工业的发展

宋代土地制度的变革,租佃制的广泛实行,使得过去庄园经济中的农奴、部曲从门阀世族和地方豪强地主的束缚下解放出来,成为国家的"编户齐民"。地主与农民之间的租佃关系都是以签订契约的经济手段来实现的,而不是依靠过去的超经济强制,农民土地私有权也逐渐为国家所认可。这样,农民的生产积极性被前所未有地调动了起来,带动了宋代农业生产的迅速恢复和发展。同时,农业生产工具改进,曲辕犁广泛应用并装置了䥶刀,极其利于开垦农地。秧马、耘荡、耧车、水轮等耕种工具的创制和使用

---

① 漆侠:《中国经济通史·宋代经济卷(上)》,经济日报出版社1999年版,第267—277页。
② 《长编·卷二七·雍熙三年七月甲午》。
③ 《宋会要·食货一之二〇》。
④ 《宋史·卷一七三·食货志上农田之制》。
⑤ (宋)叶适:《叶适集·水心别集》,中华书局1961年版,第174页。
⑥ 《徂徕集·卷八·录微者言》。

大大节省了人力和提高了劳动生产率。另外，官府采取了鼓励农耕的政策，大力兴修水利、疏浚河道、奖励垦荒。这样全国的垦田面积在宋太宗时就已经达到三百一十二万顷，到宋神宗时增至四百五十五万顷。① 优良品种的引进推广和南北农作物品种的交流，以及复种制的普遍实行，使单位面积产量普遍提高，尤其是精耕细作的太湖、江浙等地区，土地利用率成倍提高，单位面积粮食的产量大约是战国时代的四倍、唐代的两倍有余。② 粮食产量成倍地增加，促使了人口迅速增长，到北宋末年已达到一亿两千万左右，约为唐代人口的两倍。

在阶级社会中，人口的增长，一般表明具有生产力的劳动者数量的增长。③ 粮食一部分满足了人口自身的需要，剩余的部分则进入了流通环节。社会分工的发展导致越来越多的人需要购买粮食，通过签订买卖契约的形式，越来越多的"大商则聚小家之所有，小舟亦附大舰而同营，展转贩集，以规厚利"④。可以看出，农业生产已经开始步入了商品性生产，突破了传统的自给自足式的生产模式。除了粮食的买卖外，宋时的农村出现了一批农业生产如茶户、桑户、蚕户、药户等专业户，从事茶叶、桑蚕、蔬菜、水果、棉麻、草药、渔业等。他们的产品主要是为了供应市场，进行贸易，而不是为自己的消费去生产。这种情况在全国皆有出现，特别是在经济发展水平较高的江南地区，其发展更为引人注目。以茶叶的种植来说，产茶地区比唐、五代时大大增加，仅四川一地即有产茶州郡二十多个。⑤ 史载"蜀之茶园，皆民两税地，不殖五谷，唯宜种茶……民卖茶资衣食，与农夫业田无异"⑥。漆侠先生说："蚕桑、甘蔗、果树、蔬菜、杉褚等的专业化，不但为前此历史上所未有，而且由于这些专业的商品化，走上了商品经济发展的道路，意义更加重大，因而成为宋代农业生产全面发展的一个突出的标志。"⑦

宋代农业的发展，为手工业发展提供了充足的工业原料和劳动力。各种

---

① 《文献通考·卷四·田赋考四》。
② 漆侠：《中国经济通史·宋代经济卷（上）》，经济日报出版社 1999 年版，第 154 页。
③ 同上书，第 195 页。
④ （宋）叶适：《叶适集·水心别集》，中华书局 1961 年版，第 830 页。
⑤ 贾大泉：《宋代四川经济述论》，四川省社会科学院出版社 1985 年版，第 86 页。
⑥ 《宋史·卷一八四·食货下六》。
⑦ 漆侠：《中国经济通史·宋代经济卷（上）》，经济日报出版社 1999 年版，第 197 页。

手工业在宋代不仅规模大、分工细、技术高，而且产品种类多，数量和质量都达到了前所未有的水平。宋代矿冶业进入了一个新的发展时期，煤、铁和主要有色金属的产量激增，采煤冶铁技术都非常先进，甚至有美国学者称之为"煤铁革命"①。宋代的造船业也非常发达，是当时世界上造船业和航海业最先进的国家，实现了车船、水密舱等一系列发明创造，进一步推动了宋代内河航运和海外贸易的兴盛。海外贸易中，最主要的商品就是瓷器和丝织品，这也折射出宋代制瓷业和纺织业的繁盛。上述的矿冶业、造船业、制瓷业和纺织业正是宋代的支柱性手工业。

三 宋代商业的空前繁荣

农业、手工业的兴盛促进了宋代商业前所未有的发展。如漆侠所说："农业手工业发达的程度是确定商业发达程度的测量器。农业手工业是商业发达与否的决定性条件。"② 因为只有农业和手工业为商业活动提供了大量农产品和手工业品，商业活动才能兴盛起来。所谓商业的发达，大体上也可以说是市场的繁荣。市场作为商品交换买卖的重要场所，必然成为商业活动领域的重要客体和载体，与商业的发展同呼吸共命运。宋代的市场规模空前，市场已经打破了唐朝以来城市的坊市格局，商业店铺鳞次栉比，由商市街道延伸到坊间。商业的发展还打通了城市的内外，在城郊形成了固定的贸易场所——草市，这样城里城外的商业形成整体，成为统一的商业区。同时，宋代已经没有对营业时间的限制，可以通宵达旦，进而有了"鬼市""夜市""晓市"等称谓。如史载："夜市直至三更近，才五更又复开张，如要闹去处，通晓不绝。寻常四稍远静去处，夜市亦有。""每五更点灯，博易买卖衣服、图画、花环、领抹之类。至晓即散，谓之鬼市子。"③ 城市经商环境空前自由，使得市场规模迅速攀升，而商业性城市也随之兴起。两宋的都城汴京和临安都是著名的商业大都市。北宋首都汴京大小货行多达一百六十多行，入行商户高达六千四百多家。④ 南宋首都临安"金银彩帛交易之所，

---

① 葛金芳：《南宋手工业史》，上海古籍出版社2008年版，第21页。
② 漆侠：《中国经济通史·宋代经济卷（下）》，经济日报出版社1999年版，第1059页。
③ （宋）孟元老：《东京梦华录》，中华书局1981年版，第65页。
④ 赵晓耕：《宋代官商及其法律调整》，中国人民大学出版社2001年版，第58页。

屋子雄壮，门面广阔，望之森然，每一交易，动即千万"①。而且，汴京与临安的人口大致在一百七十万到一百二十万之间，是当时世界上无与伦比的大城市。②除汴京与临安外，苏州、扬州、应天（今河南商丘）、楚州（今江苏淮安）、京兆（今陕西西安）、成都、广州、福州、泉州等都是闻名海内的著名商业城市。而集中于沿海和运河等水陆交通枢纽地带的乡镇也在商业城市的带动下发展起来，成为商业性的集镇。农村也嗅到了商业的气息，各种镇市和墟市在广大农村如雨后春笋般地出现了。另外，宋代还是当时世界上著名的贸易大国。③ 宋代海外贸易空前繁荣，与宋代通商的国家有五十多个，包括东南亚诸国和东亚的朝鲜半岛与日本，南亚的印度和中西亚的阿拉伯，最远达到非洲东岸诸国。商人们把棉制品、茶叶、丝绸、瓷器等农产品和手工产品出口至海外，再从海外把香料、手工艺品进口回国进行交易。为管理海外贸易，宋代又继承唐制，在沿海港口设立市舶司以及制定了高度细密和空前完备的市舶条法来管理和规范海外贸易。据学者估算，北宋时期市舶收入平均一百二十万贯左右，南宋时期相应大幅增加。高宗绍兴二十年时，市舶司年收入达二百万贯，为北宋时的三倍。到绍兴三十二年，仅泉州、广州两市舶司的净收入就达二百万缗，约占当时南宋年度财政收入的二十分之一。④ 马可·波罗曾描述泉州的贸易盛况令人难以想象：商人云集，堆货如山，商船往来如织。他称赞泉州是世界上最大的港口之一，贸易额甚至超过当时著名的亚力山大港或其他海港达百倍以上。⑤

四 宋代阶级结构的调整

宋代商品经济的发展，导致人口流动和贫富分化增强。同时，土地制度和赋税制度的变革，使得国家由控制"人"为主向控制人们的"财富"为主转化，资源的配置也由按身份等级配置向按财富配置转化。人们的社

---

① （宋）孟元老：《东京梦华录》，中华书局1981年版，第68页。
② 叶坦：《叶坦文集：儒学与经济》，广西人民出版社2005年版，第107页。
③ 张晋藩：《中华法制文明的演进》，中国政法大学出版社1999年版，第316页。
④ 张晋藩、郭成伟：《中国法制通史》（宋），法律出版社1999年版，第448页。
⑤ ［意］马可·波罗：《马可·波罗游记》，梁生智译，中国文史出版社1998年版，第217页。

会地位亦由身份等级地位向经济地位转型，即由贵贱等级向贫富分层转化。[①] 这样，宋代通过科举制，打破世家大族和大地主对统治阶层的垄断，加强社会各阶层的相互接触、了解与沟通，使中小地主、自耕农、手工业者等出身的中下阶层平民，垂直流动升迁到高、中、低各等级的官吏岗位上，大批家境贫寒的平民百姓通过科举获取功名，使"朝为田舍郎，暮登天子堂"成为可能。其中最有影响的有薛居正、吕蒙正、寇准、王钦若、吕夷简、范仲淹、文彦博、王安石、李纲、文天祥等优秀官员。这就相对地改变了官吏阶层的出身构成，大地主、封建贵族通过恩荫为官的人数相对减少，中小地主、自耕农、手工业者等中下层身份出身者为官的人数大为增加。[②] 其中，北宋共开科考试八十一榜，取士六万零三十五人，南宋开科四十九榜，取士四万九千九百一十五人，两宋总取士十万九千九百五十人，这一数目是唐代的三倍多，明清两代之和的近两倍。[③] 最下层的农民，其人身的限制也大大减轻，其身份地位也得到前所未有的提高。以上这些决定了宋代阶级结构、阶级关系等一系列的变动。正如王曾瑜先生所言，宋代阶级状况的变动，主要体现在户籍制度的变化上。[④] 因为户籍制度与人口流动和变迁、土地制度和赋税制度的关系极为密切。宋代户籍的划分完全依照经济状况而定，根据财富占有的多少，将乡村户分为五等。将从前违法脱离家乡土地涌入城市参加工商业的大量农民和流民编入坊郭户，也按财富多少分为十等。乡村一等户是占地四百亩以上的大地主，乡村二等户是占地二百亩左右的中等地主，乡村三等户是占地在百亩至一百五十亩之间的小地主，乡村四等户和五等户主要是占地在百亩以下的富裕农民、自耕农民和半自耕农民，在第五等户中除了有少量财产的主户外，就是"无常产而侨寓"的客户或佃户，都是无地农民。[⑤] 坊郭户中前五等为上户，包括官户、吏户、地主等形势户，以及商贾、房主、货主等；后五等为下户，包括小商小贩、工匠以及被雇佣从事家庭非生产性劳动的奴婢。[⑥]

[①] 曹端波：《唐宋户籍制度的变革与社会转型》，《安顺学院学报》2008 年第 4 期。
[②] 余保中：《宋代科举制对社会分层和垂直流动的作用探析》，《社会学研究》1993 年第 6 期。
[③] 李建国：《略论宋代科举制的发展》，《陕西教育学院学报》2001 年第 1 期。
[④] 王曾瑜：《宋朝阶级结构》，河北教育出版社 1996 年版，第 4 页。
[⑤] 漆侠：《中国经济通史·宋代经济卷》（上），经济日报出版社 1999 年版，第 566—580 页。
[⑥] 王曾瑜：《宋朝阶级结构概论》，《社会科学战线》1979 年第 4 期。

第二节　宋代的土地制度与商品经济促进了民事法律财产关系的发展

一　宋代土地制度的变革对所有权制度的深化与担保物权制度的促进

如上文所述，宋代实行了"不立田制""不抑兼并"更为宽松的土地政策。国家放宽了对土地所有权关系的直接干预，逐步转向间接调整，即通过户等、税收的管理来调整日趋复杂的财产关系。除国有土地外，土地所有权移转，国家不做过多干预，这样就畅通了土地所有权的流转渠道。这一政策扩大了商品经济的领域，使中国传统社会最为主要的生产资料和作为主要社会财富的土地进入流通领域，成为世人首要追逐的目标和投资对象。土地的频繁买卖也成为普遍的社会现象，宋人有"千年田八百主""十年田地转三家"的说法。只要买卖双方将买卖土地的田契报送官府盖上印信，成为"红契"，缴纳田契钱，完成过户，土地的所有权就完成了转移。否则即为"白契"，为不合法。土地买卖的盛行促进了私权制度的完善，使以土地所有权为核心的所有权制度进一步深化。

日本静嘉堂所藏宋残本《名公书判清明集》，户婚门共二十二类一百三十二条，其中涉及土地所有权归属的就有八十三条，占总数的62%。明隆庆刊十四卷本《名公书判清明集》，户婚门凡三卷，三十七类一百八十二条，其中涉及土地所有权转移内容的共一百一十条，占总数的60%。[1] 正如马克思所言："无论是政治的立法或市民的立法，都只是表明和记载经济关系的要求而已。"[2] 同时，也突出地表现在整个社会已经公开承认土地所有者的合法性。宋代法律称土地所有者为"田主"，而不是过去形容巧取豪夺、非合法的"豪民""兼并之徒"了。[3] 在这里，"田主"强调的是土地的主人，即承认其对土地的合法所有。而日益普遍的土地流转过程中，出现

---

[1] 林文勋：《唐宋社会变革论纲》，人民出版社2011年版，第81页。
[2] 《马克思恩格斯选集》（第4卷），人民出版社1972年版，第122页。
[3] 《日知录·卷一〇·苏松两府田赋之重》。

了大量的诸如典卖、绝卖、断骨、典、典质、典当、倚当、抵当、质、质举、质贸、抵典等多样化的交易形式，也派生出一系列如典权、质权等国家认可的他物权。从上可以看出，政府的职能已经从之前的直接通过政治权力配置土地转变成为土地流转提供法律保护上来，正所谓"官中条令，惟交易一事最为详备"。①

二 宋代租佃制的普及对土地用益物权制度的推动

租佃关系在宋代已经成为普遍现象，而且由于生产力水平及佃农自己的经济条件差异形成多种租佃形式，如合种制与出租制。当然，尽管形成的原因和情况不同，产生的租佃关系也各不相同，但是这种关系已经不能依靠过去超经济的特权来实现，只能使用经济手段，因此在租佃关系中都是以签订契约的形式作为成立租佃关系的法律依据。国家要求佃户和地主形成租佃关系时要明立要契，收获之后"依契约分，无致争讼"。② 宋人叶适就说："自汉至唐，犹如授田之制……至于今，授田之制亡矣，民自以私相贸易，而官反为之司契券而取其直。"③

田主以土地向国家交税，而租种者取得土地使用权，但只向田主交纳地租，即"自己之田谓之税，请佃田土谓之租"。④ 马克思在论及地租形态从劳役地租向实物地租转变时，明确指出驱使直接生产者的已经是各种关系的力量，而不是直接的强制，是法律的规定，而不是鞭子，他已经是自己负责来进行这种剩余劳动了。⑤ 当然只要客户有了田产，也可以选择脱离与主户的租佃契约关系成为主户。国家法律并不禁止占有田地的客户变为主户。⑥ 如史料记载宋代湖湘一带有客户"丁口蓄多，衣食有余，能稍买宅三五亩，出立户名，便欲脱离主户而去"。⑦ 虽然租佃制本身没有改变田产的所有权，但是导致了所有权各种权能的分离和重新组合。为了追求土地所有权的收益，土地所有者将土地出租给佃户来占有耕种，使所有权的占有、使用、收

---

① 《袁氏世范·卷三·治家》。
② 《宋会要·食货六三之一六二》。
③ （宋）叶适：《叶适集·水心别集》，中华书局1961年版，第652页。
④ 《建炎以来系年要录·卷一三〇·绍兴九年七月壬辰》。
⑤ ［德］马克思：《资本论》，人民出版社2004年版，第895页。
⑥ 蒲坚：《中国历代土地资源法制研究》（修订版），北京大学出版社2011年版，第237页。
⑦ 《嘉定赤城志·卷三十七》。

益等权能分离，推动了土地用益物权的形成和发展。佃户为了追求对土地使用权的长期占有，便想方设法延长土地的使用时间，永佃权就应运而生。

治平年间规定，"有租佃户及五十年者，如自收买，与于十分价内减三分"①。可见佃户租种土地已经有达到五十年的。当然，最典型的例子还是李诚庄。史料记载：李诚有庄田"方圆十里，河贯其中"，而佃户有百家之多。但是因未能完成军粮任务而被官方没收，其后官府又以庄田卖于李诚之孙。然而李诚之孙没有财力将庄田买回，便向原来的佃户借钱买下庄田，并承诺将其田永佃于诸佃户。② 与此同时，佃权还可以转让和买卖，宋徽宗政和元年，知吉州徐常在奏疏中说："诸路惟江西乃有屯田非边地，其所立租则比税苗特重，所以祖宗时许民间用为永业。如有移变，虽名立价交佃，其实便如典卖己物……又其交佃岁久，甲乙相传，皆随价得佃。"③ 这里讲的就是租佃权的转移。随着佃权的不断交易，甚至还出现了"二地主"，他们将承佃来的土地再行转租，以获取地租的差额。因此，各种权能分化重组的过程就是新的民事法律关系形成的过程，推动了民事物权关系的发展与深化。

三 宋代商品经济的发展促进了社会契约化的倾向

农业与手工业发展和各种产品商品化，使宋代商品经济得到了全面发展和空前繁荣，而契约制度是随着商品经济的产生而产生的，并随着商品经济的发达而普遍。宋代之前，契约主要是围绕土地的买卖、租佃和典质等展开的，对社会其他层面的影响不大。而随着宋代商品经济在各个层面的深入，与商品经济发展密切相关的各种契约关系也迅速出现在社会关系的各个方面。

如上文所述，手工业的极速发展，需要大量的人力来完成生产任务，无论是私人手工业还是官营手工业都需要雇募大批的工匠和劳力，大批失田农民和流民成为雇工的主力军，个别地区已经初步形成了劳动力市场，如史载四川邛州村民日趋成都府小东郭桥上卖工，"凡有钱者，皆可雇其充使，令

---

① 《宋会要·食货六三之一八二》。
② 《东轩笔录·卷八》。
③ 《文献通考·卷七·田赋考七·官田》。

担负也"①。同时也可以看出在宋代官私手工业作坊中也普遍实行了雇佣制度，从前带有强制性的指派和差人应役被招募制所代替，雇主与雇工之间是由契约约束的雇佣与被雇佣的平等关系，通过自愿签订契约确立雇佣关系，雇工付出劳动为雇主创造价值，而雇主按照生产的产品数量和质量来计算雇工的报酬。宋代民营手工业作坊更是广泛使用了雇佣劳动，雇主与雇工之间均签订雇用契约确定雇用期限和雇值，既无强制性，更无劳役剥削，雇工的人身是自由的。官营手工业中雇募工匠非常普遍，尤其是专业技术很强的生产部门，完全采用了雇募民间的方式，雇工与官府之间仍然是一种平等的经济关系，官府要按契约向雇工支付工钱。如和雇就是雇工与官府之间结成的运送契约关系，契约关系的建立采用自愿、协商的原则。宋代雇佣制度的发展不仅表现在手工业中，农业生产、商业、服务业，特别是在私人家庭劳动中，也广泛采取了契约性的雇佣关系。如宋代法律规定私家雇佣人力、女使，都要订立雇用契约，写明雇用期限、雇值或工钱。在契约规定的雇用期满后，或还家，或改雇于他人，或续订雇契，主要取决于本人，主人无权干涉。宋代为了统一规范契约形式，在主要生产资料的买卖中强制推行"标准契约""官版契约"，凡不依格式，被视为违法买卖，所定契约不具有法律效力。②

除了上述的雇佣契约外，合伙、居间、委托、担保、仓储、承运、承揽、借贷、租赁等契约形式普遍发展起来。随着金、银、铜钱和铁钱的广泛流通，商品经济又有了更深入的发展。仅就铜钱而言，不仅在国内和周边各族之间流通，而且还流通于东南亚地区。仅宋神宗元丰年间，铜钱铸造额达五百万贯以上，为唐代的近二十倍，年流通量则达到一亿贯以上。③ 货币经济的进一步发展，就是信用货币的产生，宋代货币流通手段有了突破性的进展，那就是世界上最早的纸币——交子的产生。交子的产生标志着宋代商品经济发展已经具备了信用产生的条件，"交引"就是出现在宋代的有价证券。有价证券其实是一种固定化的信用契约，可以根据持券人分别兑付金钱和物品，可以在市场上转让交易。"交引"分为两类，一类是物品证券，一类是金钱证券。而类似于"交引"的信用契约在宋代已经大量出现，如信

---

① 《夷坚续志前集·卷二·幻术为盗》。
② 杨卉青：《宋代社会变革与契约法的发展述论》，《理论导刊》2007年第8期。
③ 漆侠：《中国经济通史·宋代经济卷》（下），经济日报出版社1999年版，第1060页。

用借贷契约、赊买卖契约和预付货款契约等信用契约。可见,商品经济在广度和深度上的全方位发展,使得契约关系成为一种最普遍和最重要的社会关系之一。

四 宋代民事财产权进步的综合反映——宋代土地交易中对财产权的保护

马克思曾说:"土地是我们的一切,是我们生存的首要条件。"① 自古以来,土地就是我们赖以生存和发展的基础,也是如前文所说的最重要的社会财富,因此土地也自然成为民事财产权利最重要的标的物。作为土地所有制关系法律表现形式的土地所有权等诸项物权则成为最为重要的民事财产权,也是我国古代财产制度的核心内容。② 自宋代以来,绝大部分土地为民间私有,国有土地比重很小,而且公田还在不断民田化。③ 据学者统计,宋代私有土地占全国总数已经达到了 95% 以上,而各类国有土地的占有率还不到 5%。④ 同时,如上文所述国家不再限制土地的交易,以及"不立田制""不抑兼并"政策的实施,使得土地这一社会财富在社会中迅速流转,并出现了以绝卖和活卖为主的土地交易形式。

(一) 宋代土地交易的主要形式

绝卖也可以称作断卖或永卖,就是通过签订书面契约将所有权完全转让给买方或受让方的一种土地交易形式。⑤ 活卖其实就是古代非常流行的典当或典卖,这种交易方式是交易双方签订"典契"或"贴买契"等"合同契",只转让土地的使用权和收益权,保留土地的回赎权(称为"田根"或"田骨")与所有权。其中出典的人称为"业主"是债务人,出典钱的人称为"典主"或"钱主"。⑥ 同时,一些有关宋代土地制度的文献中还经常提到没有得到官府确认的一种形式——"倚当",类似于现在的土地租赁。⑦

---

① 《马克思恩格斯全集》(第1卷),人民出版社1956年版,第609页。
② 顾华详:《论古代土地所有权保护制度的特征》,《新疆师范大学学报》(哲学社会科学版) 2009 年第1期。
③ 赵冈:《永佃制研究》,中国农业出版社2005年版,第31页。
④ 朱瑞熙:《宋代社会研究》,中州书画社1983年版,第57、340页。
⑤ 郑定、柴荣:《两宋土地交易中的若干法律问题》,《江海学刊》2002年第6期。
⑥ 叶孝信:《中国民法史》,上海人民出版社1993年版,第249页。
⑦ 朱瑞熙:《宋代社会研究》,中州书画社1983年版,第57页。

其实"倚当"就是《名公书判清明集》记载案例"抵当不交业"中的"抵当"。案例中记载：在嘉定八年，杨衍将七亩多田典与徐子政，得典钱会子二百八十钱。然而"自嘉定至淳裕二十有六年，徐即不曾收税供输，杨即不曾离业退佃，自承典日为始。虚立租契约，但每年断会三十千。以此观之，杨衍当来不过将此田抵当在子政处，子政不过每岁利于增息而已"。① 可见，杨衍从来就不曾离业，而徐子政也一直没有承担过该土地的税额，其实只是以土地作为借款的一种抵押行为，由此可以看出倚当或抵当就是以典当之名进行土地交易，实为一种逃避赋税而产生的附条件的土地抵押担保形式。②

从上述对宋代土地交易形式的论述中可以发现，不仅出现了前文提到的多种物权形式的确立，而且契约等债权行为也频繁出现。与此同时，宋代在土地交易中对法律制度的创新，对契约双方交易的全程保护以及类似于物权公示制度的出现，综合反映了宋代契约在私主体以土地为核心的各种财产交易中的普遍应用，以及物权、债权等民事财产权利的长足发展和法律对保护财产权利的各项制度的革新与进步。

（二）宋代土地交易的一般程序

私主体之间的土地交易，一般都以契约的形式进行，并通过契约来保护交易各方的财产权利。宋代土地交易的一般程序是土地交易的双方根据权利移转的不同方式，合意订立书面的要式"合同契"。其后，双方须携带砧基籍、干照等物到官府交纳契税钱，官府在契约上加盖官印后成为法律保护的"红契"，最后通过官府的"批凿"来实现土地产权变动的公示以对抗第三人。③ 下面我们具体来看：

首先，交易双方必须都是合格的权利主体，即必须是土地的所有者或其他物权形式的权利人。宋朝法律规定："盗典卖田业者，杖一百；赃重者，准盗论；牙保知情，与同罪。"如《名公书判清明集》的"从兄盗卖已死弟田业"一案中，丘庄是丘萱的从兄，丘庄趁弟丘萱身死"竟将丘三萱瞿里已分田五十种，自立两契，为牙卖与朱府"。县令即以盗典田业论处。④ 宋

---

① 《名公书判清明集》，中华书局1987年版，第167页。
② 蒲坚：《中国历代土地资源法制研究》（修订版），北京大学出版社2011年版，第283页。
③ 陆红、陈利根：《简析宋朝土地交易中的物权公示》，《南京农业大学学报》（社会科学版）2008年第2期。
④ 《名公书判清明集》，中华书局1987年版，第144页。

代也禁止重叠买卖或典卖土地,法律规定:"以己田宅重叠典卖者,杖一百,牙保知情同罪。"《名公书判清明集》的"重叠"一案中,"王益之家园屋、地基既典卖与徐克俭,又典卖与舒元绣",此后舒元绣却用"诡名"王规又放高利贷于王益之,因为高利贷的巨额利息,王益之只得再次将家业"重典"。故县令逐以上述规定论处。①

同时,我们发现,在上述这些条文中,都出现了"牙保"的概念。"牙保"其实就是古代的"牙子"或"牙人",是古代社会中交易双方的中介人。专门从事土地、房舍交易的牙保又专称"庄宅牙人"。他们的工作并不光是为交易双方牵线搭桥、评定价格,他们还肩负着对土地交易进行担保的责任,所以又叫他们"牙保"。宋代土地等不动产的交易须有牙保参与才会被法律认可,牙保对所要交易的土地进行权属确认,保证交易的安全性,所谓"人户交易,当先凭牙家,索取阄书砧基,指出丘段围号"②。这里的"阄书"就是载有权利人田土方位与数目的文件,"砧基"则是记录田土四界、形状、数量等内容的文书。如果交易的土地存在权属上的瑕疵,将不能进行土地的交易,否则牙保也要承担相应的法律责任。其后,牙保还要担任土地交易和投契印税的见证人和监督人,而且还需要在契约文书上署名。可以说,牙保制度从另一个侧面反映了宋代对交易安全和财产权保护的重视。

宋代还规定土地交易必须建立在当事人自愿的基础之上,用欺诈、胁迫或乘人之危等方式进行的田土交易是无效的。如《名公书判清明集》的"宋有诉谢知府宅侵占坟地案"中宋有与宋辅两兄弟共同所有某田土,而谢家强迫宋辅之孙宋朝英与之订约置买该田土,知县认为宋朝英是因为"其畏惧听从,亦无可疑者"才签订契约,所以裁定撤销了该契约。③ 在"乘人之急夺其屋业"一案中,张光瑞因乘洪百四新死,巧立契约以强买屋业,经县令认定该事实后,判定张光瑞为乘人之危,还对其进行了严厉的处罚。④ 在上述的基础上,土地交易的双方还要立书面的契约,否则也没有法律效力,即所谓"交易有争,官司定夺,止凭契约"⑤。因此,北宋真宗时就明确下令土地田宅买卖、典当时要订立"合同契四本",交易双方各一

---

① 《名公书判清明集》,中华书局 1987 年版,第 302 页。
② 《袁氏世范·卷三·治家·田产宜早印契割》。
③ 《名公书判清明集》,中华书局 1987 年版,第 509 页。
④ 同上书,第 131 页。
⑤ 同上书,第 153 页。

份，然后"一纳商税院，一留本县"。

订立书面的契约要使用官府统一雕版印造的契纸，即官版契纸或标准契约，用以规范契约的形式和内容。宋初大臣赵孚就为此上书曰："庄宅多有争诉，皆由衷私妄写文契，说界至则全无丈尺，昧邻里则不使闻知，欺罔肆行，狱讼增溢。请下两京诸路州府商税院，集庄宅行人，从定割移典卖文契各一本，立为榜样。"① 因此，土地交易双方在订立草契后，还须到官府买官契纸誊抄。② 同时，在契约内容上也有严格的要求。宋代法律规定："凡立契交易，必书号数亩步于契内，以凭投印"，而且还须具备"顷亩、间架、四邻所至、税租役钱、立契业主、邻人、牙保、写契人写字"等基本内容。其中，"号数亩步""顷亩、间架、四邻所至"就是对土地详细情况的说明；"税租役钱"是对因土地交易导致双方负担赋役变更的条款；"立契业主、邻人、牙保、写契人写字"就是土地交易双方和见证人或保证人要在契约上签字画押。这里的"牙保"上文已经说明，"邻人"也在签字画押之列，是宋代官府强加给邻里之间的一种相互保证义务。邻里相互之间比较了解，所以也是保证交易安全的一种设置。还有一些内容，虽然没有明令要求"必书契内"，但是一般的土地交易契约都会有所约定，一般包括：契约订约时间和履行的时限、土地交易的原因、土地的价格、钱款交付的地点和方式、土地产权的瑕疵担保责任和违约责任等重要条款和内容。③

可见，宋代土地交易已经相当的程式化，这不仅非常有利于土地交易的安全和纠纷的解决，而且也保障了土地权利人的财产权。土地交易书面契约的签订，标志着交易双方依法达成正式的合意，但是还没有获得法律的认可，即土地交易契约还没有法律效力，得不到法律的保护。因此，要使土地交易产生法律效力，宋代法律规定，还必须经过"过割离业""纳税投印"等必经程序。

宋代法律规定土地交易双方就达成合意签订契约后，交易双方须带上相关的财产簿册和各种材料"亲身赴县，对定推割"，"具账开析顷亩、间架、元业税租、色役钱数，均平取推，收状入案"，"以其应割之税，一受一推，

---

① 《长编·卷二十四》。
② 杨卉青、崔勇：《宋代土地契约法律制度》，《保定学院学报》2001年第9期。
③ 岳纯之：《论宋代民间不动产买卖的原因与程序》，《烟台大学学报》（哲学社会科学版）2008年第3期。

书之版簿"并"当日于簿内对注开收讫，方许印契"。就是说，土地交易的双方到官府将土地及其相应的赋税负担在相关簿册做以变更，即所谓的"某产之归于某人也，则必告之有司曰，某得某人之产也，产之赋则某当受之，而某人之出某产者自此其不预矣"①。这就是所谓的"过割离业"。宋代法律又规定："应民间交易，并令先次过割，而后税契"。这里的"税契"是指交纳"契税"或称"印契钱"，即交易土地的交易税。土地交易契约"必有所直之数"，"官必据其所直之数而收其易田之税"。② 这里不是对契约本身收税，而是根据土地交易契约中给付钱款的数量按比例征收税钱。③ 宋朝在太祖开宝二年就开征契税，并且要求须在土地交易契约签订之后两月内，由买主交纳契税，然后官府在核验无误后在土地交易契约上钤印，即所谓"民典卖田宅，限两月输钱印契"④。当然，北宋对过割产税的重视和税契制度的建立，不仅是为了增加国家税收，同时也起到了对契约合法性的公示。

在经历过割离业、缴纳契税这两个必经的法定程序后，官府将在契约上加盖官印，使契约成为"红契""赤契"或"官契"。"红契"是国家对私人土地交易合法性的确认，也是财产权合法移转的凭证。同时，"红契"也成为确定产权、解决纠纷的基本依据。因此，如果没有经过上述程序和加盖官印的土地交易契约就是不合法的，是没有法律效力的，故称为"白契"，一经官府发现还要承担相应的法律责任。同时，土地交易契约生效后，还须在砧基籍上更改物权关系变更的事项，也就是上文的"批凿"。在宋代砧基籍就是土地产权证书，而且具有物权公示的效力。如果在司法审判中，没有土地交易契约，砧基籍就可起到证明土地产权的作用。如宋代著名的"以累经结断明白六事诬罔脱判昏赖田业"一案中，砧基籍就起到了产权证明的作用。此案中，黄清仲的祖父黄文炳将"黄沙坑田一十种"卖于陈经略家，并且在陈经略家经界砧基薄上，"该载黄文炳黄沙田九亩三角甚明，既

---

① （宋）袁说友：《东塘集》，影印文渊阁四库全书，第 1154 册，商务印书馆 1986 年版，第 254 页。
② （宋）苏轼：《东坡全集》，影印文渊阁四库全书，第 1107 册，商务印书馆 1986 年版，第 658 页。
③ 郭东旭：《宋代法制研究》，河北大学出版社 1997 年版，第 518 页。
④ （宋）陈均：《九朝编年备要》，影印文渊阁四库全书，第 328 册，商务印书馆 1986 年版，第 52 页。

无楷改等痕迹"。然而事隔多年之后，黄仲清得知陈铁是陈经略家的绝继子，而且手中没有陈经略家当年买田的契约文书，且砧基籍又由族长收藏。于是黄仲清就在自家砧基籍上"扯去原批字，重贴旧纸，写立契典与四字"，使得"绝卖"变成"典卖"，故黄仲清要赎回该田土。该案经县衙、转运司审判，陈铁均因没有当时的"绝卖"契书和自家砧基籍作为证明材料而败诉，直至其从族长处讨得，又向户部申诉，方因砧基籍的证明效力，才终将田土收回。[①]

另外，在以上程序全部完成后，法律还要监督原主是否离业，即是否在现实中真正转移了对土地的所有权或占有权，以实现受让人的各项权利收益。北宋仁宗时法律明确规定："凡典卖田宅，听其离业，毋就租以充客户。"[②] 南宋也承袭了这一规定，《名公书判清明集》中的案例就说明了这一点。在"游成诉游洪父抵当田产"一案中记载："准法：应交易田宅，过三年而论有利债负准折，官司并不得受理。又准法：应交易田宅，并要离业，虽割零典买，亦不得自佃赁。游朝将田一亩、住基五十九步出卖与游洪父，价钱十贯，系在嘉定十年，印契亦隔一年有半。今朝已死，其子游成辄以当来抵当为词，契头亡没，又在三年之外，岂应更有受理。且乡人违法抵当，亦诚有之，皆作典契立文。今游朝之契系是永卖，游成洪状亦谓元作卖契抵当，安有既立卖契，而谓之抵当之理。只缘当来不曾交业，彼此违法，以至争业。今岁收禾，且随宜均分，当听就勒游成退佃，仰游洪父照契为业，别召人耕作。"[③] 可见，本案中知县依法判定认为一旦买卖契约经官府加盖官印就必须履行，不离业的土地买卖是不合法的。

综上所述，宋代土地交易的这种格式化和程序性规定体现了土地交易立法的发达与完备，也折射出宋代社会契约关系的发达和对财产权利全面和细致的保护。

---

① 《名公书判清明集》，中华书局1987年版，第509—511页。
② 《宋史·卷一百七十三·食货上一》。
③ 《名公书判清明集》，中华书局1987年版，第104—105页。

第三节 宋代阶级结构的调整推动了民事法律人身关系的改善

上文提到宋代阶级结构由于经济社会的变革出现了显著的变化，其中与民事法律关系相关的是从门阀世族和地方豪强地主的束缚下解放出来部曲、奴婢等"私属"，他们不再是从前"四民"（士农工商）之下的"贱民"，而成为国家的"编户齐民"。他们的民事行为能力不再有以前的种种限制，成为具有民事法律主体资格的客户和人力、女使，从而促使了民事主体范围的扩大和社会的平等化。下面我们先分析佃农（客户、佃户）身份的历史变化。

一 宋代佃农法律地位的提高

（一）宋代给予佃农一定的法律地位

宋代的乡村客户是一种法定户名，因为乡村客户中的基本成分是佃农（或称佃户、佃客），所以在不少宋代的史料和今人的论述中，佃农就成了乡村客户的代名词，佃农中的大部分则是由宋代之前作为世家豪强的"私属"——部曲转变而来。"部曲"一词在汉晋至隋唐的文献典籍和国家律典中经常出现，最初是指代军队的编制单位，"部"为部武，"曲"为曲队。东汉以后"部曲"一词也用来指称地方豪强、地主、世家大族依附人口所组成的私人武装。这些私家武装在有战事时出战，无战事时主要从事农业生产，深受主人的剥削和奴役。而到了唐朝，部曲已经成为国家律典中一个贱民的概念了，是地主豪强的私人财产，主人可以随意买卖部曲。《唐律疏议》明文规定："部曲，谓私家所有"[1]，"奴婢、部曲，身系于主"[2]。部曲如果过失杀主人要处以绞刑，殴杀、故杀或谋杀，当然要处以斩刑。而主人如果殴死自家部曲，仅徒一年，如果是过失致死部曲，是不承担刑事责任

---

[1] 《唐律疏议·卷六》。

[2] 《唐律疏议·卷一七》。

的。另外，部曲还有义务为主人隐瞒犯罪。① 同时，部曲没有独立的户籍，没有独立的民事主体资格，不能自主参加民事活动与日常民事交往，未经主人同意不能自由迁移，不能随意置产和与人交易，甚至婚丧嫁娶也要由主人做主。因此，部曲只能依托豪强，成为依附性极强并束缚在世家豪强庄园里的农奴。到了宋代，随着商品经济的发展与土地制度、赋税制度的变革，租佃制经营取代了过去庄园制经营，农业生产中的农奴"部曲"也随着租佃关系的扩大，在人身地位和法律上有了显著地变化，并有了重大突破性的提高。这样部曲的地位得到前所未有的提高，由地主的"私属"上升为佃农，成为国家的"编户齐民"；在法律上有了一定的民事主体资格，能够享有一定的民事权利，也能够承担相应的民事义务；在一定情况下，能够以自己的意志参加民事活动和自由迁徙。

宋代统治者将无地佃农正式列入了国家户籍，成为"佃人之田，居人之地"②，"借人之牛，受人之土，佣而耕者"③的客户。这样佃农就取得了与地主相对平等的社会地位，成为国家认可的客户和享有一定主体权利的"编户齐民"。而北宋真宗天禧五年下诏曰："诸州县，自今招来户口及创居入中开垦荒田者，许依格式申入户口籍。"④ 可见，佃农可以自由迁移各地、流徙他地，照样可以获得与原籍一样的国家"编户齐民"的合法地位。而北宋神宗熙宁时曾布说："近世之民，离乡轻家，东西南北转徙而之四方，故不以为患。而居作一年，即听附籍。"⑤ 也就是说，佃农只需在其迁入之地居住满一年，便能取得迁入地的户籍。

同时，宋代统治者还采取了鼓励和帮助客户上升为主户的政策，如宋代官府为鼓励佃农通过承买官田转变为主户，采用了优先、延期付款、减价等优惠措施。南宋高宗绍兴五年就降诏曰："诸官田比邻田租，召人请买，佃人愿买者听，佃及三十年以上者，减价十分之二"⑥。国家还把田主死后户绝的庄田主动让与当时佃耕庄田的佃农，使佃农有了取得庄田的可能性，而

---

① 郑定、闵冬芳：《"良贱之别"与社会演进——略论唐宋明清时期的贱民及其法律地位的演变》，《金陵法律评论》2003 年第 2 期。
② 《直讲先生文集·卷二八·寄上孙安抚书》。
③ 《徂徕集·卷八·录微者言》。
④ 《文献通考·卷一一·户口考》。
⑤ 《长编·卷二一四·熙宁三年八月戊寅条》。
⑥ 《宋史·卷一七三·食货一》。

且还得到法律的认可与保护。如北宋仁宗元年八月，法寺和三司共同商定的条法中就规定户绝之田土"除见（通"现"）女出嫁依元条外，余并给与见（通"现"）佃人，改立户名为主"①。另外，佃农还可以通过垦荒为主或承买官田即可转化为主户。国家屡下诏敕命令各州县官府招募佃农开垦荒地，并允许佃农将垦荒之地充为永业。如北宋仁宗天圣四年九月，在废襄、唐二州首田务时，亦"令召无田产人户请射，充为永业"。②

这样，随着佃农身份地位的提高和日益壮大，已经成为农业生产的主要力量，社会舆论对佃农的认识与以前有了很大的不同，改变了人们对客户的偏见，承认主客户之间在生产中相互依存的关系。苏东坡就说："客户乃主户之本，若客户阙食流散，主户须荒废田土矣。"③ 司马光说："彼皆编户齐民，非有上下之势。"④ 南宋初的胡宏在给刘铸的信中写道："虽天子之贵，而保民如保赤子，况主户之于客户，皆齐民乎。"⑤ 理宗时黄震也讲："租户自系良民"。⑥ 袁采在他的《袁氏世范》中更是大量阐明了这种观点，他讲道："国家以农为重，盖以衣食之源在此。然人家耕种，处于佃人之力，可不以佃人为重！""遇其有生育、婚嫁、营造、死亡，当厚赒之。耕耘之际，有所假贷，少收其息。水旱之年，察其所亏，早为除减。不可有非礼之需，不可有非时之役。不可令子弟及干人所有所扰。不可因其仇者告语，增其岁入之租。不可强其称贷，使厚供息。不可见其有田园，辄起贪图之意……视之爱之，不啻如骨肉，则我衣食之源，悉籍其力，俯仰可以无愧怍矣。"⑦ 不仅士大夫认识到佃农在社会中的重要作用，国家也承认客户享有与主户同等的权利，如在发生战争或自然灾害时，国家无论是在平价出卖粮食，还是贷以种食，或是赈灾恤民享受国家物资帮助时，都是不区分主客户而同等对待。如北宋真宗景德三年二月，下诏赈济开封府、京东西、淮西、河北州军灾民时曰："其客户宜令依主户例，量口数赈贷。"⑧ 南宋孝宗淳熙十六年三

---

① 《宋会要·食货六一之五八》。
② 《长编·卷一〇四·仁宗天圣四年九月辛未条》。
③ 《长编·卷一八五·嘉佑二年四月癸丑条》。
④ 《宋朝事实类苑·卷一五·顾问奏对》。
⑤ 《五峰集·卷二·与刘信叔书》。
⑥ 《黄氏日抄·卷七十·申提刑司乞免一路巡尉理索状》。
⑦ 《袁氏世范·卷三·存恤佃客》。
⑧ 《宋会要·食货六八之三三》。

月，诏令濠州支椿管米五千石，"赈贷本府去年被水土害及归正主客户"。①同时，国家对主户在灾害或战乱之际，遇客户生活艰难而不予收养存恤，或是主户不知存恤客户，而且虐待客户，使客户客走他乡，即使地主以契约请求官府拿回客户，官府将不承认地主契约的法律效力，客户亦不承担法律责任。

（二）宋代地主不得擅自处罚和私杀佃农

佃农不仅获取了国家"编户齐民"的资格，而且在人身安全上，也相对于此前的部曲有了法律上的保障。作为国家的"编户齐民"，客户虽然佃耕主户的田土，但国家是不容许地主像对待部曲那样私自处罚佃农的。法律一再规定，主客户之间因租佃契约引起的诸如违约、侵权等种种纠纷，不准地主私自处罚佃农，要由官府做出决断。否则，地主要承担各种法律责任。如北宋太宗至道二年降诏曰："江南、两浙、福建州军，贫人负富人息钱无以偿，没入男女为奴婢者，限诏到立令检勘还其父母，敢有隐匿者治罪。"②而《宋刑统》也规定："诸负债不告官司，而强牵财物过本契者，坐赃论。"③南宋的《庆元条法事类》中对因租佃契约而买卖佃农规定道："诸以债负质当人口，杖一百，人放逐便钱物不追，情重者奏裁。"④同时，在纠纷中地主殴佃农致死的问题上，宋代在北宋神宗元丰七年之前的百余年间，没有对地主有减等或偏袒等从轻处罚的规定。即使是享有一定特权的官僚地主殴杀佃农，也无从轻发落的记载。如史料载："王琪侍郎知复州，民有殴佃客死者，吏将论如法。"⑤直到北宋神宗元丰七年三月由崔台符等编成的《元丰敕令式》中才开始规定地主殴杀佃农，地主可以减罪一等，仅配隶邻州。⑥至此，地主殴佃农致死，地主不承担死刑之罚了。但是，即便如此，宋代佃农的法律地位比起之前的部曲，还是有了较大的提高。因为唐律疏议中规定："诸主殴部曲致死者，徒一年；故杀者，加一等；其有愆犯决罚致死，及过失杀者，各勿论。"⑦而宋朝地主殴杀佃农要被发配邻州或

---

① 《宋会要·食货六八之八九》。
② 《宋史·太宗本记》。
③ 《宋刑统·卷第二十六·杂律》。
④ 《庆元条法事类·卷八〇·出举债负》。
⑤ 《折狱龟鉴·卷二》。
⑥ 朱瑞熙：《宋代佃客法律地位再探索》，《历史研究》1987年第5期。
⑦ 《唐律疏议·卷二四·斗讼律》。

本城，这在量刑上要重于唐律。尤其是在地主故意杀死佃农上，唐朝地主只承担一年半的徒刑，宋朝则无减刑一说。而反过来，关于佃农侵犯地主的规定，也体现了宋代佃农法律地位的提高。北宋哲宗元祐五年，刑部对佃农侵犯地主做出规定曰："佃客犯主，加凡人一等。"① 而唐律中规定："部曲过失伤主者流，殴主之期亲者绞，已伤者皆斩。"② 可见佃农毕竟已经非地主之"私属"，同是侵犯地主，佃农所受到的法律制裁要比部曲轻得多。另外，佃农也不再像以前部曲那样为地主承担"盗贼"重法连坐等法律上的连带责任了。

（三）宋代对佃农财产性权利的保障

宋代的佃农和地主的租佃关系是以契约的形式确立下来的，因此作为一种经济关系，契约双方在民事法律关系中是互不隶属，处于平等地位的。这样双方都要遵循"自愿请佃"的原则，出租一方只能"募民间情愿种者""招召情愿佃客耕种""不得强行差抑，致有骚扰"，③ 可见地主已经不能再像过去那样强迫佃农耕种了。同时，地主也不可将佃农与土地一并转让。南宋高宗绍兴二十三年下诏曰："民户典卖田地，毋得以佃户姓名私为关约，随契分付。得业者亦毋得勒令耕佃。如违，许越诉。"④ 佃农获得了越级诉讼的权利。其后，南宋宁宗开禧元年又进一步规定："凡典卖田宅，听其从条离业，不许就租以充客户，虽非就租，亦无得以业人充役使；凡借钱物者，止凭文约交还，不许抑勒以为地客。"⑤ 官田的租佃也让佃农等自愿竞争租种，采取了"实封投状"的办法以贯彻"自愿请佃"的原则。如流传至今的南宋孝宗乾道六年的官田招佃榜文上就记载道："不拘西北流寓及两浙居民以至江浙等处客户，并许不以多少，量力踏逐承佃。"⑥ 南宋宁宗开禧二年对出租官田也规定道："出榜招募流移之民及当处民户无产业者，及有产业而尚有余力者，听其从便入状，权行承佃。"⑦ 在官田租佃期间，佃农在履行完自身应负的义务外，有权拒绝其他的无理要求，国家赋予佃农以

---

① 《长编·卷四四五·哲宗元祐四年四月丙午条》。
② 《唐律疏议·卷二四·斗讼律》。
③ 《宋会要·食货六三之九七》。
④ 《建炎以来系年要录·卷一六四·绍兴二十三年六月庚午》。
⑤ 《宋会要·食货六九之六八》。
⑥ 《宋会要·食货六三之一四九至一五〇》。
⑦ 《宋会要·食货六三之一五六》。

越诉之权。南宋高宗绍兴六年时就规定:"淮南田土,除诸佃依已立定课子输纳,屯田合官私主分外,其余并不得依前收撮课子,如旧例牛租之类,亦令一切禁止。或敢违戾,并许百姓越诉,官吏重置于法。"① 同样的,在租佃制下,地主和佃农的权利义务关系是由租佃契约来约定,佃农所承担的义务是依照约定按时足量交纳地租。除此之外,地主无权对佃农随意支配。而且,佃农交纳的并不是劳役地租,主要是更为进步的实物地租或货币地租,尤其是定额租制代替分成地租在宋代的普及,佃农的各种权利日益扩大,且义务界限也越来越明晰,这样,即使在租佃关系存续期间,客户也拥有实施其他民事法律行为的权利,而不受地主的限制,其中,最重要的就是佃农在宋代前期就开始享有了永佃权。同时,佃客还享有对租产的先买权,这主要反映在官田的租佃上。

宋代佃农的永佃权是其在承租官田的过程中渐次确立的,国家鼓励广大佃农开垦荒地,并允许佃农将垦荒之地世代租种下去。佃农可以在其上种植林木、营造房屋,甚至是建筑坟冢。诸如此类官田招募佃农承佃,佃农一般会享有该田土的永佃权。即使是较为边缘的陕西、河北、河东诸路承租官田的佃农也享有"父祖相传,修营庐会,种植园林,已成永业"② 的永佃权。北宋神宗时三司就说:"天下屯田省庄,皆子孙相承,租佃岁久。"③ 当然,永佃权作为一种法定权利是在北宋后期才逐渐得到法律认可的,表现在佃农可以自由买卖和转让自己的租佃权。北宋徽宗时就记载:"如有移变,虽名立价交佃,其实便如典卖己物,其有得以为业者,于中悉为居室坟墓,既不可例以夺卖,又其交佃岁久,甲乙相传,皆随价得佃。"④ 到宣和元年八月就规定:"如将来典卖,听依系籍田法请买印契,书填交易。"⑤ 同时,佃农还可以进行转佃,将自己承佃的官田转佃给第三人,这使得一些佃农逐渐富裕起来,甚至出现了类似于近世的"二地主"现象。如果官府要出卖官田,承租官田的佃农对所租田土享有优先购买权。对没官户绝庄田,会主动让与当时佃耕庄田的佃农,北宋仁宗天圣元年就规定:"榜示见佃户,依估纳钱买充永业","若见佃户无力收买,即问地邻,地邻不要,方许中等已下户

---

① 《宋会要·食货九之二六》。
② 《长编·卷二一九》。
③ 《文献通考·卷七·田赋七之官田》。
④ 同上。
⑤ 《宋会要·食货六三之一九五》。

全户收买。"① 另外，在租佃契约存续期内，佃农只要依照契约之约定履行完自己所承担的义务，就能够自由支配自己的时间而从事其他民事活动。佃农既可在农暇之时出外经商，如南宋孝宗淳熙年间就有记载说："合州仙居人郑四客，为林通判家佃户，后稍有储羡，或出入贩贸纱帛海物。"② 还可以成为手工业等行业的雇工，如南宋高宗绍兴年间记载道："乐平新进乡农民陈五，为翟氏佃仆，每以暇时，受他人雇佣，负担远适。"③ 而当租佃契约期满后，佃农也有权解除契约关系，有退佃或换佃的权利。北宋仁宗天圣三年就规定说："民择得美田，即弃现佃瘠土。"④ 南宋孝宗时也规定："不愿开耕，即许退佃。"⑤

北宋仁宗天圣五年之前，大致以淮河、汉水为界，在此界以北，佃农已经可以自由起移了，在此界以南的地区亦即两淮、两浙、江南、荆湖、广南福建等路，广大佃农仍然不能在没有地主签发的准许证明书的情况下自由起移，否则地主有权阻拦。因此，针对南方的这种情况，该年的十一月，仁宗下诏曰："自今后客户起移，更不取主人凭由，须每田收田毕日，商量去住，各取稳便，即不得非时衷私起移。如是主人非理拦占，许经县论详。"⑥ 这道诏令，不仅给予了南方佃农自由起移的权利，而且也使佃农拥有了申诉救济的权利，如果佃农退佃起移受到地主的无理阻拦，佃农可以请求司法保护来维护自己的权益。

以上是宋代佃农身份地位的历史变化，接下来我们再分析奴婢在宋代身份地位的变化。

二　宋代奴婢法律地位的提高

（一）宋代给予奴婢一定的法律主体地位

奴婢一般是指家内劳动者，在中国"奴婢"一词的在汉代既已有之，其具有家内奴隶的性质。其中，男性为奴，女性为婢，二者合起来形成

---

① 《宋会要·食货六三之一七二》。
② 《夷坚志·支癸卷第五·神游西湖》。
③ 《夷坚志·支景卷第五·郑四客》。
④ 《宋会要·食货一之二二、二四》。
⑤ 《文献通考·卷五》。
⑥ 《宋会要·食货一之二四》。

"奴婢"一词。① 宋代之前，奴婢是贱民的代名词，与前述之"部曲"一样，没有独立的户籍和民事主体资格，不能自主参与民事活动与日常民事交往，未经主人同意不能自由迁移，不能随意置产和与人交易，婚丧嫁娶由主人作主。他们依附于主人，是主人的"私属"，主人可以自由处分或买卖奴婢。唐律中明确规定："奴婢贱人，律比畜产"，"奴婢既同资财即合由主处分"。"买奴婢、马、牛、驼、骡、驴等，依合并立市券，两和市买，已过价讫，若不立券，过三日，买者笞三十，卖者减一等"。② 如果主人犯罪，奴婢要承担连带责任。唐律规定："谋反及大逆者，皆斩，资财没官，部曲、奴婢同资财。"而且"奴婢告主，非谋反、逆、叛者，皆绞"，"告主之周亲及外祖父母者流，大功以下亲徒一年"。③ 宋代良贱制度已逐渐消亡，"奴婢"作为法律意义上贱民的称谓，已经在修订新律的过程中为"女使""人力"取而代之。④ 女使、人力都是来自于社会生活中的雇佣劳动者，其中"女使"一般指受雇于私人家庭的女仆，"人力"一般是指受雇于私家的男仆。女使包括堂前人、针线人、身边人、供过人、拆洗人、剧杂人、抵候人、绣工、琴童、棋童、厨娘、乳温等；人力有私家的虞候、厨子、门子、厅子、小厮儿、火头、直香灯道人、直头、轿番、押番、园丁、安童、脚从等名类。⑤ 当然，由于历史的原因，不管是民间还是学者，依然使用"奴婢"这一称谓来通称女使和人力。

宋代的奴婢作为法律上的一种民事主体，已不再是主人的私人财产，而是国家的"编户齐民"，享有一定的民事权利，也相应地承担民事义务。在一定情况下，奴婢是能够以自己的意志参加民事活动的"良人"。因此罗愿就言："臣窃以古称良贱，灼然不同，良者即是良民，贱者率皆罪隶。今世所云奴婢，一概本出良家，或迫饥寒，或遭诱略，因此终身为残，诚可矜怜。"⑥ 葛洪也说："今之所谓奴婢者，概本良家，既非乞类之本卑，又非刑

---

① [日]宫崎市定：《从部曲走向佃户》，载刘俊文主编《日本学者研究中国史论著选译》（第五卷），索介然译，中华书局1993年版，第1—2页。
② 《唐律疏议·卷六、一四、二〇、二六》。
③ 《唐律疏议·卷二四》。
④ 戴建国：《"主仆名分"与宋代奴婢的法律地位——唐宋变革时期阶级结构研究之一》，《历史研究》2004年第4期。
⑤ 王曾瑜：《宋朝阶级结构》，河北教育出版社1996年版，第403—405页。
⑥ 《罗鄂州小集·卷五·鄂州到任五事剳子》。

辟之收坐，不幸迫于兵荒，陷身于此。"① 可见宋代已无强制或世袭而来的奴婢，也无将罪犯或罪犯家属籍没入官成为奴婢的制度，奴婢大多都是因生活所迫不得不出卖劳动力的良家子女。就连皇帝也说："今之僮使，本佣雇良民。"② 因此作为与主人相对平等的主体，主人与奴婢之间是一种由契约约束的经济关系，奴婢作为契约关系一方的当事人与主人之间不存在人身依附关系，主人也无权随意处分奴婢。如宋太宗时，卢多逊因罪被流，而奴婢不再为其承担连带法律责任。宋史载曰："亲属并配隶边远州郡。部曲、奴婢纵之。"③ 可见奴婢不再是主人的财产而没官了。同时，奴婢也不再是主人偿债的财产了，宋真宗时就规定："川峡路理逋欠官物，不得估其家奴婢价以偿。"④ 另外，在一些情况下，奴婢有告发主人违法犯罪的权利。北宋太祖建隆三年左拾遗高锡上书给予奴婢告发主人之权为太宗所采纳，高锡在上书中说："近廷臣承诏各举所知，或有因行赂获荐者，请自今许近亲、奴婢、邻里告诉，加以重赏。"⑤ 北宋神宗时，都官陈枢新任宣州旌德县令，逢繁昌县一权势之家杀人，州、县对此案缺乏重要证据，无法给犯罪者定罪，监司移交案件于陈枢。陈枢"乃验治僮客，尽得其隐伏，杀人者论死"，"人以为尽其情"。⑥ 南宋时主要出现在涉及国家利益的问题上，如为限制私贩茶叶、耕牛、战马等入金者，南宋孝宗淳熙五年六月二十日就降诏曰："并依兴贩军须物断罪。许诸色人告扑，尝钱二千贯，仍补进义校尉，命官转两官。其知情仃藏，同船同行，稍工，水手能告扑，及人力、女使告首者，并与免罪。与依诸色人告扑支偿。"⑦ 在金兵南侵时，就规定凡贪占官物而"出限不纳之家，许诸色人并本家人力、女使经府陈告，以所藏之物三分之一估价充赏，其人力、女使着即时放令逐便"。⑧

(二) 宋代地主不得擅自处罚和私杀奴婢

奴婢不仅获取了国家"编户齐民"的资格，而且在人身安全上，也相

---

① 郭东旭：《论宋代婢仆的社会地位》，《河北大学学报》1993年第3期。
② 《长编·卷一七七》。
③ 《宋史·卷二六四·卢多逊传》。
④ 《文献通考·卷十一》。
⑤ 《长编·卷三·建隆三年月乙未条》。
⑥ 《折狱龟鉴·陈枢·卷三》。
⑦ 《宋会要·刑法·二之一一九》。
⑧ 《靖康要录·卷一四·靖康元年十二月二十六日》。

对于此前的奴婢有了法律上的保障。作为国家的"编户齐民",奴婢与主人虽然是主仆关系,但是国家是不容许主人像前代那样私自处罚奴婢的,只能通过官方依法进行处理。袁采就教导其家人曰:"婢仆有奸盗及逃亡者","宜送之于官依法治之,不可私自鞭挞"①。《名公书判清明集》也记载:"……据称其女实以病疯妄骂,五月初三日,主母姜氏唤阿杨教诲,阿杨用柴条打惜儿两下……女使妄骂,主母呼其母训责,此亦人之常情……"② 在本段记述里奴婢因为发疯而肆意骂人,主母让奴婢的母亲来教训她,而不是直接去处罚奴婢。从北宋真宗朝就开始降诏曰:"有盗主财者,五贯以上杖脊、黥面、配牢城;十贯以上奏裁。而勿得私黥涅之。"③ 咸平六年五月真宗又复诏曰:"士庶之家奴仆有犯,不得黥面。"④ 可见,不仅是私家奴婢不可被私自处罚,即使是管家的奴婢也不可私自处罚。如北宋仁宗至和二年,殿中侍御史赵抃弹劾宰臣陈执私自惩罚奴婢一事中奏曰:"执中不能无罪,若女使本有过犯,自当送官断谴,岂宜肆匹夫之暴,……违朝廷之法。"⑤ 其后有宋英宗时因官员私自刺奴婢面而谪放远方州郡并由该地方官吏加以管束的,有宋神宗时因官员笞打两奴婢而被弹劾罢官的。即使是驸马要求私自责罚奴婢,皇帝也是不容许的。

  主人不得私自处罚奴婢,自然更不能擅自杀死奴婢。宋朝建国之初,宋太祖就明禁官员"不得专杀"。开宝二年又下诏曰:"奴婢非理致死者,即时检视,听其主速自收瘗,病死者,不须检视。"⑥ 就是说如果奴婢非正常死亡的话,雇主必须告官检验。宋太宗时擅杀奴婢要被处死,如有记载同州"有富家小女奴逃亡,不知所之,奴父母讼于州。命录事参军鞫之。录事参军尝贷钱于富民,不获,乃幼富民父子数人共杀女奴,弃尸水中,遂失其尸……罪皆应死"。⑦ 太平兴国二年宋太宗更是因外戚王继勋擅自杀死百余奴婢而将其处斩于河南府(今河南洛阳)。⑧ 北宋真宗天禧三年规定:"主

---

① 《袁氏世范·卷三·治家》。
② 《名公书判清明集》,中华书局1987年版,第491页。
③ 《宋朝事实类苑·卷三·祖宗圣训》。
④ 《燕翼诒谋录·卷三》。
⑤ 《长编·卷一七七》。
⑥ 《文献通考·户口二·卷一一》。
⑦ 《宋朝事实类苑·卷二十二》。
⑧ 《宋史·王继勋传》。

因过殴决至死者,欲望加部曲一等,但不以愆犯而杀者,减常人一等,如过失杀者勿论。"① 北宋仁宗景祐三年四月三十日,"开封府言旧制,公私家婢仆疾病三申官者,死日不须检验,或有夹带致害无由觉察"。将此上奏朝廷,仁宗遂下诏曰:"今后所申状内无医人姓名及一日三申者,差人检验。"② 这些规定既有对祖宗朝规定的减轻,也有对祖宗朝规定的完善,因此总的来说还是要比唐朝的规定进步得多,而且有犯必罚,即使是帝王宗室也不可豁免。如宋英宗的宗室赵宗悦"坐内乱除名,复坐坑杀无罪女使三人,囚新城外"。③ 北宋徽宗建中靖国元年又补充规定:"主殴人力、女使有愆犯因决罚邂逅致死。若遇恩,品官、氏庶之家,并合作杂犯。"④ 而到了南宋,因主人致奴婢死亡亲属告官的越来越多,甚至出现了陈淳记载的"婢仆不幸婴病从卒,而父母、兄弟、姑姨、叔伯必把为奇货,群凑雇主之门,争攫珍贝者"⑤。因此,袁采也不免偏见地告诫家人曰:"婢仆有过,既已鞭挞,而呼唤使令,辞色如常,则无他事,盖小人受杖,方内怀怨,而主人怒不之释,恐有轻生而自残者","蓄奴婢,惟本土人最善,……或有理自残,既有亲属明其事因,公私又有质证"。⑥

(三) 宋代给予奴婢契约自由一定的保障

宋代的奴婢和主人的雇佣关系是以契约的形式而确立下来的,宋真宗时就规定:"自今人家佣赁,当明设要契。"⑦ 因此作为一种经济关系,契约双方在民事法律关系中是互不隶属,处于平等地位的,必须遵循自愿原则,而不得强制,否则将受到法律的惩罚。早在宋初太祖时,就针对"岭南民有道赋者,县吏或为代输,或于兼并之家假贷,则皆纳其妻女以为质"的行为下诏严禁。⑧ 开宝四年又针对拐卖良人为奴婢的行为下诏曰:"应广南诸郡民家,有收买到男女为奴脾,转将佣雇的输其利者,今后并令放免。敢不

---

① 《文献通考·卷一一·户口考·奴婢》。
② 《宋会要·刑法》。
③ 《宋会要·帝系四之二三》。
④ 《庆元条法事类·卷一六·敕降》。
⑤ 《北溪大全集·卷四十七·上傅寺丞论民间利病六条》。
⑥ 《袁氏世范·卷三·治家》。
⑦ 《文献通考·卷一一》。
⑧ 《长编·卷一三》。

如诏旨者，决杖配流。"① 依此诏广南东路提刑周湛"设方略搜捕，又听其自陈，得男女二千六百人，给饮食，还其家"。② 宋太宗时规定："禁内属戎人私市女口，吏谨捕之，违者弃市。"③ 至道二年又降诏曰："江南、两浙、福建州军，贫人负富人口、钱无以尝，没人男女为奴婢者，限诏到并令检勘，还其父母，敢有隐匿者，治罪。"④ 宋真宗时，驸马都尉石保吉"染家贷钱，息不尽入，质其女。其父上诉，真宗工命遣还"⑤。宋仁宗时规定："略人为奴婢者绞。"⑥ 神宗元丰三年十二月官员上奏亦称言："海南多贫缺，举贷于豪富之家，其息每岁加倍，展转增益，遂至抑雇儿女，脱身无期。乞严诫官司觉察。"⑦ 而至南宋宁宗时的《庆元条法事类》则更为明确地规定："诸以债负质当人口，杖一百，人放逐便，钱物不追，情币者奏裁。"⑧《名公书判清明集》记载黄友任县尉雇买部民之女三名为女使，"黄友勘杖一百，押出本路界"。⑨ 同时才会有《明公书判清明集》的"母子不法同恶相济"中官八七嫂母子和"结托州县蓄养罢吏配军夺人之产罪恶贯盈"中的王元吉分别依法受到惩处的记载。⑩

宋代私家凡与良人订立雇佣契约，还需通过牙人和行老做媒介，其中女使需通过牙人，人力需通过行老。在雇佣契约中还要写明雇佣期限、雇值或工钱等。这样，奴婢不仅有权收取酬金，而且可以在雇佣期满后自由起移，主家是不能永久役使奴婢的。因此为避免主人无限期地役使奴婢，北宋真宗时就规定："自今人家佣赁，当明设要契及五年。"⑪ 而据南宋罗愿记载，雇佣期限在南宋时有所改变，但仍然规定了时限。其记载曰："雇人为婢，限

---

① 《长编·卷一二》。
② 《宋史·周湛传》。
③ 《长编·卷三·太宗太平兴国八年二月丁酉条》。
④ 《文献通考·卷一一·户口考二》。
⑤ 《宋史·石保吉》。
⑥ 《宋会要·食货六九之六九》。
⑦ 《长编·卷三一〇》。
⑧ 《庆元条法事类·卷八〇》。
⑨ 《名公书判清明集》，中华书局1987年版，第357页。
⑩ 郭琳：《宋代女使在家庭中的地位——以〈名公书判清明集〉为中心的考察》，《淮阳职业技术学院学报》2010年第2期。
⑪ 《文献通考·卷一一》。

止十年。其限内转雇者，年限，价钱各应通计。"① 这样，一旦契约约定的期限届满后，奴婢即可回家、另做他事或再转雇于其他主家。总之，"年满不愿留者，纵之"②。正如袁采所言："以人之妻为婢，年满而送还其夫；以人之女为婢，年满而送还其父母；以他乡之人为婢，年满而送归其乡"；"以人之妻女为婢，年满有不还其夫而擅嫁他人，有不还其父母而擅与嫁人，皆兴讼之端。况有不恤其离亲戚，去乡土，役之终身"③。又如弋阳奴婢何一，自小受雇于漆公镇做奴，伏事颜二郎，名邦直者，"凡三岁，辞归父家"④。但是，现实中一些主家也有"隐落原雇之由，经作牙家自卖，别起年限，多取价钱"⑤ 的现象。如北宋神宗元丰年间，杭州张诜于部内雇佣一奴婢，三个月限满后，奴婢丈夫来取，张诜则说是"元约三年"⑥，双方就此而产生纠纷；庐州将领有一赵蟠奴婢，已经嫁为人妻，但是主家仍然"不时取归，至则苛留，去则复取"⑦，由此引起了斗殴。南宋也有记载说："近年品官之家典雇女使，避免立定年限，将来父母取认，多是文约内妄作奶婆或养娘房下养女，其实为主家作奴婢役使，终身为妾，永无出期，情实可悯。"由此，即规定"品官之家典雇女使，妄作养女立契，如有违犯，其雇主并引领牙保人，并依律不应为从杖八十科罪，钱不追，人还主，仍许被雇之家陈首"⑧。当然，主人可以根据奴婢的表现区别对待，也可以转雇佣于他人，但通计不能超过法定年限。对于期满后愿意留下来的，如高疎寮之"女婢银花，年限已满"，其自己表示愿"一意奉待"，"亦不愿加身钱。旧约逐一斛，亦不愿时时来请"，后"遂约以每年与钱百千，以代加年之直"⑨。另外，奴婢在一些特殊情况下可以提前解除契约关系，不按期限脱离主家，且主家不可非理阻拦。如北宋哲宗时，宿州乡员进士张初平之母刘氏为宗室克俱之奴婢，张初平提出交纳足数雇值而领回其母，而主家却不

---

① 《罗鄂州小集·卷五·鄂州到任五事劄子》。
② 《说乳·卷七一·忞水家仪》。
③ 《袁氏世范·卷三·雇女使年满当归还》。
④ 《夷坚三志·壬卷一○·颜邦直二郎》。
⑤ 《罗鄂州小集·卷五·鄂州到任五事劄子》。
⑥ 《长编·卷三四五·神宗元丰七年夏五月丁卯条》。
⑦ 《西山真文忠公文集·卷一二》。
⑧ 《宋会要辑稿·刑法二之一五五》。
⑨ 《癸辛杂识别集·卷下·银花》。

许。其后御史台要求从初平所请以敦化风教,哲宗即诏令从之。北宋徽宗时,牙人将一迷途妇人卖为给京师医官耿愚为女使,后来巧遇其丈夫和儿子,京尹就命令其丈夫偿还医官"余值"娶回该妇人。有的雇主还为女使"折券"使嫁,如北宋仁宗时,一大臣妻奉皇太后旨意,为其夫买二少婢,该大臣知道此事就急忙差人唤来两个奴婢的父兄,当面毁契,并以大量衣服、首饰作为嫁资,进而声明,如若更雇于他人,当送交官府治罪。临安府陈宫干也为他帮助其女使择偶以出嫁。①

三 宋代女性民事法律地位的改善

女性在社会中的地位,往往反映出所在时代社会平等观念和文明进步的程度。中国传统社会基本上是一个"男女有别、男尊女卑、以男为贵"的社会,女性受"三从四德""三纲五常"等一整套道德和礼教的约束。就民事法律而言,女性也在人身权、财产权以及继承中受到诸多的限制。宋代商品经济高度发展,传统观念受到冲击,在社会权利意识与主体意识普遍提高,以及民事法律迅速发展的大环境下,宋代女性的民事法律地位得到了显著的改善。前文已经论述了宋代婢仆(女使)法律的地位的提高,接下来将从婚姻家庭、财产关系以及继承等相关方面论证宋代女性民事法律地位的改善。

(一)宋代女性在婚姻家庭中民事法律地位的改善

宋代女性在婚姻关系中民事法律地位的改善,表现在离婚权利的扩大上。在宋代婚姻关系中,婚姻成立仍然沿袭了中国传统社会"父母之命,媒妁之言"的传统形式,男性和女性在婚姻缔结中均没有自主权,结婚仍然是由尊长包办。正如恩格斯所言:"整个古代,婚姻的缔结都由父母包办,当事人则安心顺从。"② 而婚姻的解除也是承袭了传统的"七出"(丈夫因妻子无子嗣、不孝顺公婆、淫乱、多言、盗窃、妒忌、恶疾中的一项便可休妻)、"三不去"(妻子如曾为公婆守孝三年,或婚后先贫贱后富贵,或无娘家可归的,丈夫不得休妻)、"义绝"(法律规定在出现夫对妻族或妻对夫族有殴杀、奸非以及妻子谋害丈夫等行为时,婚姻关系必须强制解除)

---

① 宋东侠:《宋代"女使"简论》,《河北学刊》1994年第5期。
② 《马克思恩格斯选集》(第四卷),人民出版社1972年版,第74—75页。

等制度，这些制度基本上是在维护"夫有出妻之理，妻无弃夫之条"① 的夫权。当然，宋代也沿用了唐代形成的"和离"制度，即如果婚姻双方"不相安谐"而协议离婚的，不受法律惩罚。这一制度可以说是女性在离婚上有一定程度的自主权，不过仍然需要双方合议来完成，而宋代女性离婚权利的扩大主要体现在女性单方面解除婚姻权利的出现。

第一，"诸定婚无故三年不成婚者听离"，即男方订婚后三年之内未来迎娶，则女方可以要求单方解除婚约，《名公书判清明集》的案例就证明了这一点。如"陈、刘二家以三世交契论婚，是为既亲且契，尽善尽美。只缘男家逗留五年，不曾成亲，遂致女家有中辄之意，争讼之端，自兹始矣。观各人前后所供，甚为明白。宝庆元年议婚，至绍定二年，男家方有词经县，催促成婚，则许亲之时至陈诉之日，首尾已历五载，已违诸定婚无故三年不成婚者听离之条"。②

第二，"已成婚而夫离乡编管者听离"，即丈夫因为犯罪被判处流刑而移乡编管的，妻子可以要求单方面解除婚姻关系。如"卓一之女五姐，元嫁林莘仲。续后林莘仲因事编管，而六年并不通问，揆之于法，自合离婚"。③ 与之相类似的，丈夫如果违法将妻子卖给他人或雇给他人为婢仆的，妻子也可单方面提出离婚请求。如吴子晦将其妻陈氏雇于他人为婢仆，县令天水就裁决曰："在法，雇妻与人者，同和离法。"④

第三，若妻子被"夫同居亲"强奸而未遂，妻子可以提出离婚。如"胡千三戏谑子妇，虽未成奸，然举措悖理甚矣，阿吴固难再归其家"。县令蔡久轩就判决了离婚。⑤ 同样，丈夫如果有与她人通奸等不轨行为，妻子可以告官以提出离婚。如王八郎是南宋比阳的富人，"因与一倡绸缪"其妻子就"执夫袂，走诣县"，最终被准予离婚。⑥ 与之相类似，妻子如果无法忍受丈夫的打骂也可以提出离婚。如骆生为北宋开封的贩药商人，因打骂妻子，妻子不堪"屡箠辱"而与骆生离了婚。⑦

---

① 《名公书判清明集》，中华书局1987年版，第345页。
② 同上书，第349页。
③ 同上书，第353页。
④ 同上书，第383页。
⑤ 同上书，第343页。
⑥ 《夷坚丙志·卷一四·王八郎》。
⑦ 《夷坚丁志·卷九·西池游》。

第四，宋代亦有妻子因丈夫患恶疾而离婚的，《名公书判清明集》中就有记载。如"阿张为朱四之妻，凡八年矣"。因"其夫有恶疾""欲相弃背"而兴讼，县令胡石壁以双方"已失夫妇之义""不宜于夫矣"，"岂容强合"，所以判决了离婚。还有因为丈夫家境贫寒而要求离婚的。如丘教授之女嫁于人后，认为其丈夫家境贫寒，于是就要求离婚。① 另外，甚至还出现了因丈夫相貌丑陋而提出离婚的。如祖无择貌丑，其妻嫌弃而与之"反目离婚"。

由上可见，宋代女性离婚的权利有了较大的提高，打破了"守一而终"的传统礼教，冲击了夫权在婚姻关系解除中的主导权。而离婚权的扩大也促使了宋代妇女再嫁之风的盛行。宋代从王宫贵族的公主、宗室之女和官僚士大夫的寡妻妾到一般的平民百姓都涉及妇女再嫁的问题。张邦炜教授曾统计过宋人洪迈编纂的《夷坚志》中有五十五个涉及宋代妇女再嫁的案例，甚至还有六个涉及妇女三次改嫁的案例。② 而记载唐代妇女再嫁的《太平广记》中，涉及再嫁的只有三十八个案例，涉及三次改嫁只有三个案例。《宋史》中三十四名烈女的记载与《明史》中二百七十六名烈女的记载相比较也可以看出宋代社会流行的是再嫁之风。再嫁之风的形成与法律的规定和社会观念的认可是分不开的，首先看法律上的规定。

随着离婚权的扩大，宋代先是放宽了宗室女再嫁的条件。北宋中期，宋英宗就公开下令曰："宗室女再嫁者，祖、父有二代任殿直若州县官已上，即许为婚姻。"③ 宋神宗又进一步规定曰："宗室袒免以上女，与夫离而再嫁，其后夫已有官者，转一官。"④ 其后，宋哲宗再次降诏曰："宗女夫亡服阙归宫，改嫁者听。"⑤ 随着宗室女再嫁权的放宽，平民百姓的改嫁权也得到了进一步的改善。《宋刑统》规定："诸居父母及夫丧而嫁娶者，徒三年；妾减三等，各离之。"⑥ 可见法律是允许妇女再嫁的，只是不能在服内改嫁，而服丧期一般为二十七个月。北宋真宗大中祥符七年下诏曰："不逞之民娶

---

① 《名公书判清明集》，中华书局1987年版，第345页。
② 张邦炜：《宋代婚姻家庭史论》，人民出版社2003年版，第12页。
③ 《宋史·卷一一五·礼志》。
④ 《长编·卷二八九·元丰元年五月甲午条》。
⑤ 《长编·卷五一四·元符二年八月丁酉条》。
⑥ 《宋刑统·卷一三》。

妻，给取其财而亡，妻不能自给者，自今即许改嫁。"① 此诏允许妇女在"不能自给"时不受服丧期而改嫁。北宋哲宗时将再嫁的期限减少至百日，元祐五年条贯规定曰："女居父母及夫丧，而贫乏不能自存，并听百日外嫁娶之法。"② 类似的规定《名公书判清明集》中也有记载："诸居夫丧百日外，而贫乏不能自存者，自陈改嫁。"③ 可见只要妇女"贫乏不能自存"，则可以在百日之后再嫁他人。如南宋士兵周祐死后，其妻便以"夫死无以自存"为由要求在服丧期内再嫁他人，知州地方官依律准予其提前改嫁。④ 另外，如果是客户死亡，其妻再嫁则不受时间限制。在宋代，不仅寡妇可以再嫁，而且如果"夫出外三年不归，亦听改嫁"。如上例中"卓一之女五姐，元嫁林莘仲。续后林莘仲因事编管，而六年并不通问"，故判决其改嫁。⑤

在朝廷和法律的促使下，"妇无二适之文"的传统礼教也受到了冲击，人们普遍认为强制妇女守节是"非人情"的，尤其是对那些"不能自给""贫乏无以自存"妇女的再嫁，更是给予宽容的对待。一代名臣范仲淹，"二岁而孤，母更适长山朱氏，从其姓，名说"。⑥ 他并不以母亲再嫁为耻，仍然为其母尽孝。而且范仲淹在其《义庄规矩》中就规定："嫁女支钱三十贯，再嫁二十贯；娶妇支钱二十贯，再娶不支。"⑦ 后来又修订为："嫁女者五十千，再嫁者三十千；娶妇者三十千，再娶者十五千。"⑧ 可见，妇女再嫁可以得到家族的资助，甚至还多于对男子再娶的资助。王安石更是因同情儿媳遭遇而帮她改适他人，史载："王荆公之次子名雱，为太常寺太祝，素有心疾。娶同郡庞氏女为妻，逾年生一子，雱以貌不类己，百计欲杀之，竟以悖死，又与其妻日相斗哄。荆公知其子失心，念其妇无罪，欲离异之，则恐其误被恶声，遂与择婿而嫁之。"⑨ 南宋的袁采也有"寡妇再嫁""夫亡

---

① 《长编·卷八二·大中祥符七年正月壬辰条》。
② 《长编·卷四八四·元祐五年六月壬戌条》。
③ 《名公书判清明集》，中华书局1987年版，第377—378页。
④ 《夷坚志补·卷二·鼎州兵妻》。
⑤ 《名公书判清明集》，中华书局1987年版，第353页。
⑥ 《宋史·卷三一四·范仲淹传》。
⑦ （宋）范仲淹：《范仲淹全集》，四川大学出版社2002年版，第798页。
⑧ （宋）吕祖谦：《宋文鉴》，中华书局1992年版，第1157页。
⑨ 《东轩笔录·卷七》。

改适"的家训。即使是倡导"饿死事极小，失节事极大"①的理学家程颐在其外甥女丧夫后，又再嫁与他人时，也并未予以阻拦。②同样，即使是以"非道非义，一介不取"著称的理学家邹近仁在其母再嫁童氏后，也没有阻拦，反而"涉江访之""谋奉以归"。③陆游表妹唐婉、著名女词人李清照的再嫁则更为人们熟知，甚至还有两位宰相张齐贤和向敏中为争娶寡妇柴氏而反目的史实传世。可见宋代社会从上至下，再嫁之风盛行。同样，文人士大夫对一般庶民百姓的再嫁也是给予支持的，如士大夫胡颖（胡石壁）就提出："岂果有烈女不事二夫之操哉"④的质疑，并针对"嫂嫁小叔入状"一案中先后嫁于李孝标、李从龙、梁肃的三嫁之妇阿区所做出的判词是："或嫁或不嫁，惟阿区之所自择，可也。"⑤

与此同时，宋代还出现了再嫁的新形式——寡妇在夫家招接脚夫。招接脚夫又称"坐产招夫"或"招夫养子"，类似于招夫入赘，不过这是在夫家招一个上门男，且该男要改从夫家之姓。接脚夫主要是帮助寡妇养育前夫所遗之幼子、侍奉姑舅和照料夫家家业，而户主权却由寡妇享有。所以法律就明确规定："在法有接脚夫，盖为夫亡子幼，无人主家设也。"⑥《名公书判清明集》中就有许多关于接脚夫的记载。如阿张丈夫间丘绍亡，"是时阿张奉姑阿叶命，纳胡喆为接脚夫，抚养孤幼"。⑦再如阿甘丈夫丁昌亡故，并且留下年幼的养子，由于生活穷苦，无奈便招接脚夫上门。叶宪就认为"妇人无所依倚，养子以续前夫之嗣，而以身托于后夫，此亦在可念之域，在法初无禁绝之明文"。⑧又如"背母无状"中的"王氏以夫亡子幼，始招许文进为接脚夫"。⑨当然，如果不符合法律规定，招接脚夫入门则按再嫁论。如徐氏在其夫陈师言死后，以接脚夫的名义招陈嘉谋上门，但是当时徐氏的孩子兼已过三十岁，故蔡久轩就判曰："徐氏于子壮年事陈嘉谋，是嫁

---

① （宋）程颢、程颐：《二程集》，中华书局1981年版，第301页。
② 同上书，第651页。
③ （明）黄宗羲：《宋元学案》，中华书局1986年版，第2494页。
④ 《名公书判清明集》，中华书局1987年版，第380页。
⑤ 同上书，第344页。
⑥ 同上书，第296—297页。
⑦ 同上书，第177页。
⑧ 同上书，第273页。
⑨ 同上书，第294页。

之也，非接脚也。"① 又如赵氏之夫魏景宣亡后，便以接脚夫为名将刘有光招入夫家，但刘克庄（刘后村）认为魏景宣"非无子孙，且其屋系同居亲共分，法不应召接脚夫"，故以再嫁视之。②

　　宋代妇女在家庭中身份权的改善体现在丈夫死亡后，成为寡母时所享有的尊长权的提高。在中国古代传统社会里，家庭还是以父权与夫权为主的，女性一般处于从属地位。当丈夫死后，因为社会对长幼之序和孝道的推崇，所以推高了寡母尊长权的提高。寡母的尊长权主要包括瞿同祖先生所说的子女的教养权和主婚权③，以及法律明文规定的立继权。关于寡母立继权的保护，在宋代尤为突出。又因为立何人为继，将涉及夫家宗祧和财产的继承问题，事关重大，所以经常会受到多方面的干涉，尤其是夫家族人的争夺和干涉，因此宋代法律明确规定："立继者，谓夫亡而妻在，则其立也当从其妻"；"夫亡妻在，则从其妻"。④ 明确了立继权的主体为寡母，在现实中，也切实维护寡母的立继权不受他人侵犯。如刘氏丈夫张介然事故，刘氏与其三个儿子尚存，后"长子张迎娶陈氏，且早丧而无子。刘氏康强，兄弟聚居，产业未析，家事皆听从其母刘氏之命。族人张达善状，称叔张迎亡嗣续，自以昭穆相当，今应承继。刘氏年老垂白，屡造讼庭，不愿立张达善"。县令叶岩峰查证："张达善随所生母嫁郑医，抱养于彼家，遂为郑氏之子，有县案可证。又据刘氏状称，张达善原系张自守之子，兄弟两人，其兄全老漂荡不归，死于淮甸。自守之户已绝，若欲继张氏，合当继自守之户。此说亦有理，岂可舍抱养之家，绝亲父之后，反欲为他人之嗣，此不可一也。"为了维护刘氏的立继权，叶岩峰最终判道："嗣续重事，固有当继而不屑就者，未闻以讼而可强继。"故"今仰刘氏抚育子妇，如欲立孙，愿与不愿悉从其意。"⑤ 又如寡母李氏已立刘恢继嗣十余年，而夫家族人刘宾"暗作据照谋夺"，其诉由有二，"一则曰众尊长立宾男明孙为继，二则曰李氏老病昏昧等语"。县令蔡久轩认为："孙之立，乃出于群党之私计，而非出于李氏之本意"，故判决曰："立继之法，必有所由。李氏即为家长，则

---

① 《名公书判清明集》，中华书局 1987 年版，第 397 页。
② 同上书，第 353—356 页。
③ 瞿同祖：《中国法律与中国社会》，中华书局 2003 年版，第 266 页。
④ 《名公书判清明集》，中华书局 1987 年版，第 266 页。
⑤ 同上书，第 211—212 页。

立继必由李氏。"① 可见，官府再一次排除夫家族人的干涉，而维护了寡母的立继权。

另外，法律还规定："取诸其妻家之裔，亦曰关于九族之一，庶几亲亲以睦，而相依以生，其较诸绝无瓜葛者，良有间矣。"② 即寡母不仅能够立夫家族人的子嗣为继子，而且还可以决定选立其娘家晚辈子嗣为继子。如邢林、邢枏为兄弟，邢林身死而无子，其母吴氏和妻周氏立祖母蔡氏的侄子为邢林的继子并改名叫邢坚，而未立邢枏之子为后。③ 再如黄廷吉与其兄廷珍素来不谐，故其死后，其妻毛氏未立黄廷珍之子黄汉龙为继子，而是选立毛氏表姑廖氏家乞次子法郎为黄廷吉继子，并改名叫黄臻。④ 另外，在选立继子之后，寡母对所立继子的去留有着决定权。在所立继子未能履行赡养义务或有明显破坏家风等情形下，经家族尊长证实和官府判定，寡母即可将不肖之继子遣反回原处。如何氏讼其继子石岂子非礼之事一案中，在家族尊长和邻居作证的情况下，县令依法判决道："准令：诸养同宗昭穆相当子孙，而养祖父母、父母不许非礼遣还。若养子孙破荡家产，不能侍养，既有显过，告官证验，审近亲尊长证验得实，听遣。"⑤

（二）宋代女性在民事财产关系中地位的改善

这一方面的改善，首先表现为女性对奁产的所有权。"奁"原本是古代女性用来梳妆的镜匣，因为其是古代女子出嫁时的必备之物，因此奁产便成为嫁资或嫁妆的统称。⑥ 奁产有陪奁、奁资、嫁奁、妆奁等称谓，在我国春秋时期就已出现，如《左传》中就记载："哀公十一年，辕颇为司徒，赋封田以嫁公女，是诸侯女有妆奁也。"⑦ 至唐宋，给出嫁女儿陪送奁产，已经成为社会上的普遍风俗，而且已为法律所认可，唐朝法律便规定女儿可以得到奁产。《宋刑统》承袭了唐代对奁产的规定为："姑姊妹在室者，减男聘财之半。"⑧ 南宋时，法律又详细地规定为："未嫁均给有定法，诸分财产，

---

① 《名公书判清明集》，中华书局1987年版，第244页。
② 同上书，第269页。
③ 同上书，第201页。
④ 同上书，第217—219页。
⑤ 同上书，第224—225页。
⑥ 郭丽冰：《宋代妇女奁产权的探讨》，《广东农工商职业技术学院学报》2005年第2期。
⑦ （春秋）左丘明：《左传》，卷五十八，《文渊阁四库全书》，商务印书馆1986年版，第608页。
⑧ 《宋刑统·卷十二·户婚律·卑幼私用财》。

未娶者与聘财，姑姊妹有室及归宗者给嫁资，未及嫁者则别给财产，不得过嫁资之数。"① 据南宋人吴自牧的记载，奁产一般包括："首饰、金银、珠翠、宝器、动用帐幔等物，及随嫁田土、屋业、田园等。"② 可见，奁产主要包括女儿出嫁时陪送动产奁具和不动产奁田等。③ 同时，也可以看出，在宋人厚嫁之风的影响下，奁产往往十分丰厚，当时较为富有的民户一般会给女儿陪嫁一定数量的奁田作为嫁妆。如虞艾之妻陈氏，娘家"标拨田一百二十种，与之随嫁"。④ 再如吴和之妻王氏有"自随田二十三种，以妆奁置到田四十七种，及在吴收拾囊箧，尽挈以嫁人"。⑤ 又如张崇仁之妻息娘"随嫁奁田，每年计出租谷六十六石"。⑥ 据学者统计宋代家庭陪嫁给女儿的奁田数目约在六十亩至七十亩之多。⑦ 对这样一笔不菲的嫁资，宋代妇女是拥有所有权的，可见宋代妇女地位确实有了提高，因为社会地位的高低是以财产的多寡为基础的。下面笔者将对宋代妇女奁产的所有权做一论证，首先看其在婚姻存续期内对奁产的支配情况。

宋代法律规定："诸应分田宅者及财物，兄弟均分，妻家所得之财，不在分限。"⑧ 可见，在同居共财状态下，奁产非大家庭的共有财产而是具有独立性的。如《名公书判清明集》便有一典型案例。"陈圭诉子仲龙与妻蔡氏，盗卖众分田业与蔡仁，及唤到蔡仁，则称所典系是仲龙妻财置到。执出干照上手，缴到阿胡元契，称卖于陈谢元装奁置到分明，则不可谓之众分田矣。"本案中的奁田不是仲龙父亲陈圭所称的"众分田业"。这里翁浩堂也援引了"妻家所得之财，不在分限"的条文来进行裁决。同时，翁浩堂还援引"妇人财产，并同夫为主"的法规裁判道："今陈仲龙自典其妻妆奁田，乃是正行交关。"同时又说明"若是陈圭愿备钱还蔡氏，而业当归众，在将来兄弟分析数内；如陈圭不出赎钱，则业还蔡氏，自依随嫁田法矣"。⑨

---

① 《名公书判清明集》，中华书局 1987 年版，第 217 页。
② （宋）吴自牧：《梦粱录》，中华书局 1962 年版，第 304 页。
③ 张本顺：《宋代妇女奁产所有权探析及其意义》，《法制与社会发展》2011 年第 5 期。
④ 《名公书判清明集》，中华书局 1987 年版，第 248 页。
⑤ 同上书，第 366 页。
⑥ 同上书，第 502 页。
⑦ 邢铁：《宋代的奁田和墓田》，《中国社会经济史研究》1993 年第 4 期。
⑧ 《宋刑统·卷十二·户婚律·卑幼私用财》。
⑨ 《名公书判清明集》，中华书局 1987 年版，第 140 页。

可见，在妇女结婚后，奁产的所有权将与其夫共有，所以本案中陈圭起诉的是儿子仲龙与儿媳蔡氏两人，而不是儿媳蔡氏一人。即使在以夫权为主的传统家庭中，妻子对奁产的共同所有权也有保障，一般情况下丈夫如果要处分奁产，须征得其妻的同意，或者在夫妻二人合意一致的情况下才能处置奁产。如宋人叶梦得为嫁其妹而置办妆奁，先拿出自己的官俸，又"假贷与陈州蔡宽夫侍郎，得三千许缗"。但是在宋代厚嫁之风的影响下仍嫌嫁妆不够体面，他的妻子见状，同意以其嫁奁使叶梦得之妹"奁具不致敛薄"，而自己却"积箱箧所有及所存奁具，仅留伏腊衣衾"。① 可见，叶梦得在没有得到妻子的同意时，是不能够私自处分奁产的，只能拿出自己俸禄或借贷。而且从现存史料来看，似乎妻子对奁产具有更大的处分权，并且在一些情况下，妻子会主动提出用奁产来资助丈夫或夫家。如上例中叶梦得之妻用自己的奁产帮助其夫为小姑备置嫁妆；再如"朱氏，开封民妇也。家贫，卖巾履簪珥以给其夫"。② 又如北宋名臣杜衍年轻时"贫甚，佣书以自资，尝至济源，富民相里氏奇之，妻以女，由是资用稍给，举进士，殿试第四"。③ 可见宋代女性在家庭中对奁产享有共同所有权，这在一定程度上提升和巩固了她们在其夫家中的经济地位。

宋代妇女在婚姻关系终结（离异、夫妻一方或双方死亡）后，仍然对奁产具有所有权。除了前文所述的维护夫权的"七出"与"义绝"中有过错的妻子不能取得奁产外，妇女均可携奁产归宗、再婚和改嫁（"和离"时由双方协商决定）。这里主要看丈夫死而妻在的情况，如妻子守节在夫家，寡妇对奁产享有完整的所有权，而不再与他人共有，而且也不会被分割或继承，否则就不会出现妇女携带奁产归宗或再嫁的案例。再看归宗的案件，如"吴子顺死，其子吴升又死，独子顺妻阿张在，留得自随奁田十余种。暮年疾忧交作，既无夫可从，又无子可从"。所以寡妇阿张想带着奁产归宗养老，而吴家族人吴辰欲侵占阿张的奁田，故"以其孙镇老，强为吴升之后"，阿张自是不肯，这样便引发了双方的争讼。后得吴家亲房尊长吴君至"所余田是张氏自随田，非吴氏之产"的供证，阿张最终携奁产归宗。④ 因

---

① （宋）叶梦得：《石林家训》，中国书店1986年版，第28页。
② 《宋史·卷四百六十·烈女传》。
③ 《宋朝事实类苑·卷一○·名臣事迹·杜祁公》。
④ 《名公书判清明集》，中华书局1987年版，第258—259页。

为宋代再嫁之风的盛行，所以携奁产改嫁的很多，如《夷坚志》中就记载会稽妇女陆氏在丈夫郑某生病死后，不到数月就携带其所有嫁奁再嫁于苏州人曾公曹。① 所以北宋的释文莹就感叹道："膏粱士族之家，夫始属纩，已欲括奁结橐求他耦而适者多矣。"② 南宋的袁采便总结为："作妻名置产，身死而妻改嫁，举以自随者亦多矣。"③ 在妻子死后或夫妻双亡的情况下，宋代法律规定道："妻虽亡没，所有资财及奴婢，妻家并不得追理。"④ 也就是说在妇女死亡后，娘家是不能够追回奁产或干涉的，而由其法定继承人继承。这也可以说是妇女对奁产享有所有权的一种表现。

女性的财产继承权也得以扩大。唐宋之前，关于财产继承的问题国家法律干涉较少，一般由家长以"诸子均分"的方式来处置，而女性在继承中也按照传统并不涉及宗祧的继承，只涉及财产继承，所以按照传统，女性可以分得一定数量的嫁妆，但法律中并没有明确规定女性在财产继承中的分配份额和地位。至唐朝，法律有了明确规定为："诸宜分田宅者，及财物，兄弟均分；妻家所得之财，不在分限。兄弟亡者，子承父分。兄弟俱亡，则诸子均分。其未娶妻者，别与聘财；姑姊妹在室者，减男聘财之半"⑤，将习惯法成文化。而历史发展至宋代，女性在财产继承中的分配份额和地位都得到了不同程度的提高。

第一，女性在本家的财产继承权。宋初法律沿用了唐代"诸应分田宅及财物者，兄弟均分"，"其未娶妻者别与聘财。姑姊妹在室者，减男聘财之半"的规定。⑥ 即女性在本家继承的财产只限于奁产。随着商品经济的发展和人们主体意识的增强，宋代女性的财产继承权也得到了加强，南宋法律中就明确规定："在法，父母已亡，儿女分产，女合得男之半。"⑦ 可见，与以前"减男子聘财之半"的继承份额相比较，已经提升至男性财产继承份额的一半了。如县丞有二子二女，除长子登仕已身故，只存一子珍郎及二女，因财产继承发生争讼，经刘克庄审理后判决道："此二女既是县丞亲

---

① 《夷坚甲志·卷二·陆氏负约》。
② （宋）释文莹：《玉壶清话》，中华书局1984年版，第21页。
③ 《袁氏世范·卷上·睦亲·同居不必私藏金宝》。
④ 《宋刑统·卷十二·户婚律·卑幼私用财》。
⑤ 《唐律疏议·卷十二·户婚上》。
⑥ 《宋刑统·卷十二·户婚律·卑幼私用财》。
⑦ 《名公书判清明集》，中华书局1987年版，第277—278页。

女，使登仕尚存，合与珍郎均分，二女各合得男之半。今登仕既死，止得依诸子均分之法。县丞二女合与珍郎共承父分，十分之中，珍郎得五分，以五分均给二女。"① 又如"周丙生后财产合作三分，遗腹子得二分，细乙娘得一分，如此方合法意"。② 而且如果是在亲生女与养子同时参与财产继承的情况下，女子是和养子均分的。《名公书判清明集》就有这样的案例。"郑应辰无嗣，亲生二女，曰孝纯、孝德。过房一子，曰孝先。家有田三千亩，库十一座，非不厚也。应辰存日，二女各遗嘱一百三十亩，库一座与之，殊不为过。应辰死后，养子乃欲掩有，观其所供，无非刻薄之论。假使父母无遗嘱，亦自当得。若以他郡均分之例处之，二女与养子均分。"③

在绝户的情况下，女性将继承所有的财产。《宋刑统》沿用唐代法律的规定曰："诸身丧户绝者，所有部曲、客女、奴婢、店宅、资财，并令近亲转易货卖，将营葬事及量营功能之外，余财并与女。"④ 即除去与丧葬相关的费用外，剩下的财产兼由女儿继承。而南宋法律更直接规定："诸户绝财产，尽给在室诸女。"⑤ 如"熊赈元生三子，长曰邦，次曰贤，幼曰资。熊资身死，其妻阿甘已行改嫁，惟存室女一人，户有田三百五十把。当元以其价钱不满三百贯，从条尽给付女承分"。⑥ 女儿的财产继承权还优于立继子或命继子。法律规定："诸已绝之家而立继绝子孙，谓近亲尊长命继者。于绝家财产，若只有在室诸女，即以全户四分之一给之。"⑦ 如"今解汝霖只有幼女、孙女，并系在室，照户绝法均分，各不在三千贯以上。伴哥继绝，合给四分之一，其余三分，均与二女为业"。⑧

宋代不仅在室女财产继承权的份额和地位得到提升，而且出嫁女和归宗女的财产继承权利也日益受到重视。出嫁女就是已经出嫁于他家的女性，不在其本家居住和生活。归宗女则是已经结婚的女性因为离婚、丈夫死亡等原因回到本家宗室的女性。唐代法律没有细分在室女、出嫁女与归宗女，宋代

---

① 《名公书判清明集》，中华书局 1987 年版，第 255 页。
② 同上书，第 278 页。
③ 同上书，第 290—291 页。
④ 《宋刑统·卷十二·户绝资产》。
⑤ 《名公书判清明集》，中华书局 1987 年版，第 251 页。
⑥ 同上书，第 110 页。
⑦ 同上书，第 267 页。
⑧ 同上书，第 288 页。

则有明确的区分，而且对她们的财产继承权也做了具体的规定。《宋刑统》就细分了出嫁女和归宗女的继承份额。在上述规定户绝在室女继承份额的条文"诸身丧户绝者，所有部曲、客女、奴婢、店宅、资财，并令近亲转易货卖，将营葬事及量营功能之外，余财并与女"之后的"臣等参详"部分完善道："今后户绝者，所有店宅、畜产、资财，营葬功德之外，有出嫁女者，三分给与一分，其余并入官。如有庄田，均与近亲承佃，如有出嫁亲女被出，及夫亡无子，并不曾分割得夫家财产入己，还归父母家，后户绝者，并同在室女例，余准令敕处分。"① 这里明确了出嫁女与归宗女的财产继承份额，而且出嫁女亦可从娘家得到部分财产，同时，也可以发现归宗女与在室女在财产继承权上差距日益减小，说明了法律对归宗女的重视。北哲宗元符元年对出嫁女与归宗女继承的财产份额做了更明确的规定："户绝财产尽均给在室归宗女。千贯已上者，内以一分给出嫁诸女。止有归宗诸女者，三分中给二分外，余一分中以一半给出嫁诸女，不满二百贯给一百贯，不满一百贯全给。止有出嫁诸女者，不满三百贯给一百贯，不满一百贯亦全给，三百贯已上三分中给一分。已上给出嫁诸女并至二千贯止，若及二万贯以上，临时具数奏裁增给。"② 可见，出嫁女的继承份额已经呈现出上升的趋势，而且归宗女在没有"夫亡无子，并不曾分割得夫家财产入己"的条件下，也可以继承本家的财产。出嫁女和归宗女与在室女一样，在户绝的情况下，其地位也高于立继子或命继子。法律规定："诸已绝之家而立继绝子孙，于绝家财产，若只有在室诸女，即以全户四分之一给之，若又有归宗诸女，给五分之一。其在室并归宗女即以所得四分，依户绝法给之。止有归宗诸女，依户绝法给外，即以其余减半给之，余没官。止有出嫁诸女者，即以全户三分为率，以二分与出嫁女均给，一分没官。"③

第二，女性在夫家的财产继承权。女性在夫家的财产继承主要是指在其丈夫亡故后，对家庭财产的继承。《宋刑统》规定："寡妻妾无男者，承夫分；若夫兄弟皆亡，同一子之分。注云：有男者，不得别分，谓在夫家守志者。若改嫁，其见在部曲、奴隶、田宅不得费用，皆应分人均分。"④ 从该

---

① 《宋刑统·卷十二·户绝资产》。
② 《长编·卷五〇一·元符元年八月》。
③ 《名公书判清明集》，中华书局1987年版，第288页。
④ 《宋刑统·卷十二·准户令》。

条文中我们可以得出，妇女在其夫家的财产继承问题可以分为三种情况，即在夫家守节但没有子嗣、在夫家守节且有子嗣和改嫁这三种情况。我们首先看在夫家守节但没有子嗣的情况。此情况下，法律规定："寡妻妾无男者，承夫分；若夫兄弟皆亡，同一子之分。"即守寡妇女可以在无子的前提下，完全地继承应由其夫继承的份额的财产，并且在其夫的兄弟都死亡后，可以得到和诸孙相同的份额。可见，在这种情况下，寡妇具有财产的继承权，正如《名公书判清明集》的中所说："寡妻守制而无男者，承夫分。妻得承夫之财产，妻之财产也。"① 再如丘萱死后无子，其妻阿刘"单弱孀居"，守志于夫家，而丘萱从兄丘庄"包藏祸心"，私自盗卖丘萱田产，由此争讼。经建阳佐官审判："其田合还阿刘，仍旧照契佃，却不许非理典卖。"② 但是，宋代法律也限制寡妇对继承财产的处分权，如法律规定："诸寡妇无子孙，擅典卖田宅者，杖一百，业还主，钱牙保知情与同罪。"③ 又如"寡妇无子孙年十六以下，并不许典卖田宅"。④ 因此有学者认为寡妇对所继承的财产并没有所有权，因为其不能自由处分财产，因此只是一种行使权，即主要是为亡夫的继子起个传递财产的作用。⑤ 但是笔者认为宋代法律既然规定"立继者谓夫亡而妻在，其绝则其立也当从其妻"，可以看出，法律并没有要求寡妇必须为户绝之家立继，如果必须立继，就无须有"诸户绝财产，尽给在室诸女"的规定，否则必然会出现女儿与立继子对财产的分配问题。因此，在夫家守节但没有子嗣的情况下，女性是有财产继承权的，但在处分权上会有一定的限制。

其次，在夫家守节且有子嗣的情况，法律规定"有男者，不得别分"。即在这种情况下，寡妇就没有财产继承权，仍然按照"子承父分，兄弟俱亡，则诸子均分"的规定由儿子继承财产。如同上述对寡妇财产继承权的限制一样，对儿子所继承财产的处分也有限制，宋代法律规定："凡是同居之内，必有尊长，尊长在，子孙无所自专。若卑幼不由尊长，私辄用当家财

---

① 《名公书判清明集》，中华书局1987年版，第218页。

② 同上书，第145—146页。

③ 同上书，第304页。

④ 同上书，第141页。

⑤ [日] 滋贺秀三：《中国家族法原理》，张建国、李力译，法律出版社2003年版，第335—336页。

物者，十匹笞十，十匹加一等，罪止杖一百。"① 又规定："母子皆存，财产并听为主"，"所生母与所生子女各听为主。"② 可见，儿子不能擅自对财产进行处分，财产是由母子共同掌管的，而且因为母亲是尊长，因此儿子处分财产需要征得寡母的同意。可见，法律在这种情况下赋予了寡母一定的财产处分权。如《名公书判清明集》记载曰："照得张介然有三子，介然身故，其妻刘氏尚存，其长子张迎娶陈氏，早丧而无子。盖刘氏康强，兄弟聚居，产业未析，家事悉听从其母刘氏之命，所以子虽亡，寡妇安之，此不幸中之幸也。"③ 在"家事悉听从其母"的基础上，法律规定："交易田宅，自有正条，母在，则合令其母为契首，兄弟未分析，则合令兄弟共同成契。"又如"魏峻母李氏尚存，有兄魏岘、魏峡、弟魏峤，若欲典卖田宅，合从其母立契，兄弟五人同时着押可也。魏峻不肖饮博，要得钱物使用，遂将众分田业，就丘汝砺处典钱。豪民不仁，知有兼并，而不知有条令，公然与之交易。危文谟为牙，实同谋助成其事。有词到官，丘汝砺、危文谟不循理法，却妄称是魏峻承分物业，不知欲置其母兄于何地？又称是魏峻来丘汝砺家交易，危文谟赍契往李氏家着押，只据所供，便是李氏不曾自去交易分明。魏峻虽未曾出官，其事自可断定，照违法交易条，钱没官，业还主，契且附案，候追催魏峻监钱足日毁抹"。④

再次，在寡妇改嫁的情况下，法律规定："若改嫁，其见在部曲、奴隶、田宅不得费用，皆应分人均分。"又规定："夫亡无子孙及同居有分亲的改嫁妇，如归后夫家，其前夫的产业即以户绝法处置。"⑤ 可见，一旦改嫁，寡妇将丧失对夫家财产的继承权，正如《名公书判清明集》的判词所云："未去一日，则可以一日承夫之分，朝嫁则暮义绝矣"。⑥ 如"阿常为巡检之妻，不幸夫亡，犹有姑在，老而无子，茕独可哀"。然而阿常"夫死未卒哭"而改嫁。等公婆死后，"反兴讼以取其遗资"。胡颖就认为，"阿常背夫绝义，岂可更有染指之念，况未必有之乎？"⑦ 可见阿常改嫁后是无法得

---

① 《宋刑统·卷一二·户婚律·卑幼私用财》。
② 《名公书判清明集》，中华书局1987年版，第251—252页。
③ 同上书，第211页。
④ 同上书，第301页。
⑤ 同上书，第273—274页。
⑥ 同上书，第280页。
⑦ 同上书，第377—378页。

到夫家"遗资"的。再如《名公书判清明集》中记载的"继母将养老田遗嘱与亲生女"一案中,县令翁浩堂就针对寡母叶氏留与自己的养老田判道:"叶氏此田,以为养老之资则可,私自典卖固不可,随嫁亦不可,遗嘱与女亦不可。"①

另外,还存在着寡妇携子改嫁的情况。在这种情况下,寡妇可以带走夫家财产,但是财产的所有人是儿子,寡母与后夫家都无权干涉,寡妇只是对财产代为保管。如果出现前夫之子亡故,而且也没有留下子嗣,则财产将以户绝财产来处理。如"罗谦生子三人,长曰岊,次曰寗,三曰仚。父母身亡,已当服阕,分而为三,省簿各有姓名。今罗寗死,有男罗宁老随母改嫁同曾祖之弟罗棫。后宁老又死,罗棫以宁老所分田产,作绝户献于官"。②

第四节 宋代民事法律近代因素的分析

一 宋代民事法律财产关系近代因素的分析

从上文的论述中可知,社会经济基础或经济结构的革新必然会导致上层建筑中相应制度的变革,如庄园农奴制的经济关系向封建租佃关系的重大转型,带来了从严格限制土地流转的均田制向不再严格限制土地流转的"不立田制""不抑兼并"土地政策的转变,与此相应的税收制度也从按人头征税的租庸调制向按照实际占有土地和拥有财产的多少来征收税赋的两税法转变。商品经济发展所带来的各种产品的商品化,以及商业和城市的空前繁荣,使得统治者不得不改变汉唐以来的抑商政策,并转而重视对商税的征收。正如马克思所说:"君主们在任何时候都不得不服从经济条件,而且从来不能向经济条件发号施令。"③

在此基础上,"唐宋变革论"者比照近代早期的西欧经济社会的变革,认为宋代中国发生了类似于西欧近代的诸如"农业革命""商业革命""煤铁革命"等社会变革,因此认定宋代是中国近代的开端,具有了近代社会

---

① 《名公书判清明集》,中华书局1987年版,第141页。
② 同上书,第107页。
③ 《马克思恩格斯选集》(第四卷),人民出版社1972年版,第121页。

的因素。法律作为上层建筑的重要组成部分也必然要响应经济结构的革新,其中民事法律在马克思看来,是直接翻译于经济关系的法律原则,"是以法律形式来表现社会经济生活条件的准则"。① 近代民事法律以界定与保护权利为其使命②,并且完全是以权利为中心的权利之法。③ 近代民法中全面规定了权利的主体、权利的内容、权利的客体、权利的类型、权利的行使、权利的保护和救济等,可以说是一个权利得以充分行使并得到有力保障的权利体系。从前文来看,笔者首先论述的便是在经济社会的变革下,宋代民事法律财产关系中财产权利的发展。那么,宋代民事法律的这些发展是否具有了近代的因素呢?在笔者看来,虽然宋代没有近代诸如民法典一类的形式意义的民法存在,但是从实质民法的角度来看,宋代民事法律已经具备了一定的近代因素,不仅其所赖以存在的经济基础中出现了近代因素,而且其自身也萌发出了近代的"光辉"。下文笔者将对此做一详细分析。

首先,近代主要的民事财产权在宋代均已出现并呈现出一定的体系化趋向。在继受于古罗马法的近代民事法律财产关系中,关于财产静态归属的物权关系与财产动态流通的契约关系这两大基础部分,在宋代都得到了较大的发展和完善。物权关系方面,以土地所有权为代表的所有权制度,得到了全面的普及。以前主要集中在世家豪强、大庄园主等手中的土地为平民地主和自耕农所占有,土地作为社会主要的财富向民间集中,表明了民间财富力量的崛起,整个社会已经公开承认民众土地所有权的合法性,宋代法律称土地所有者为"田主",强调的是土地的主人,即承认其对土地的所有权。

不仅所有权这样的自物权得到了发展,他物权也逐渐发展起来。租佃关系的普及必然会带来土地所有权占有、使用、收益和处分等权能的分离。"不立田制""不抑兼并"的土地政策促进了所有权的发展,同时也因为"有钱则买,无钱则卖"的经济手段的出现,使得土地等财富向地主集中,大批小农不断失去自己的土地。这样,地主一方地广分散无力耕作,需招募浮客分耕其中,租佃制便成了最佳的经营方式,而失田的小农们则有力无田,需要靠租种地主的土地生活。由此,租佃制的普及使所有权的权能发生

---

① 《马克思恩格斯选集》(第四卷),人民出版社1972年版,第249页。
② C. Brookfield, *Dukheim Professional Ethics and Civil Marals*, Routledge and Kegan Paul, 1957, p. 143.
③ 易军:《个人主义方法论与私法》,《法学研究》2006年第1期。

了分离，也催生了租佃权和永佃权等用益物权的产生和发展。

在"有钱则买，无钱则卖"的财富流通过程中，担保物权也应运而生。如前文提到的典卖、断骨、典、典质、典当、倚当、抵当、质、质举、质贸、抵典等交易中都存在着担保物权，如典卖、典质、典当等交易中就是中国独有的典权制度，当然其中不仅包括现在仍然认可的不动产的典权，而且还有动产的典当。倚当、抵当则类似于近代的抵押，但是其基础是典卖，它是为了逃避赋税而产生的附条件的土地抵押担保形式。① 而质、质举、质贸等则是涉及动产的质权。但是，宋代的担保物权基本是以典权为主，包括不动产和动产的典卖。而不动产的抵押权因为倚当、抵当是一种避税行为，所以没有得到承认，质权与动产的典权相比，从史料来看，主要以典当为主。

从上文的分析中我们就可以发现，在宋代，作为自物权的所有权不管是从普及程度还是权能的分离来看都与近代财产所有权类似，而作为他物权的用益物权和担保物权也得到了发展，但从类型上看还不够完备，近代民法中的地役权、抵押权等没有得以发展。不过，就物权制度整体而言，已经具备了一定的近代因素，并且有了一定的体系化趋向。

与物权关系发展相适应的契约关系也得到了全面发展，"完全的、自由的土地所有权，不仅意味着毫无阻碍和毫无限制地占有土地成为可能性，而且也意味着把它出让的可能性"。② 不管从普及程度还是从类型上看，近代因素都更为明显。如近代工厂生产的雇佣契约在宋代手工业中得到了广泛的采用。雇主与雇工之间是由契约约束的雇佣与被雇佣的平等关系，通过自愿签订契约确立雇佣关系，雇工付出劳动为雇主创造价值，而雇主按照生产的产品数量和质量来计算雇工的报酬。雇主与雇工之间均签订雇用契约确定雇用期限和雇值，既无强制性，更无劳役剥削，雇工的人身是自由的。而且在农业生产、商业、服务业，特别是在私人家庭劳动中，也广泛采取了契约性的雇佣关系。随着宋代商品经济在各个层面的高度发展，与商品经济发展密切相关的各种契约关系也迅速出现在社会关系的各个方面，除了雇佣契约外，近代的合伙、居间、委托、担保、仓储、承运、承揽、借贷、租赁等契约形式普遍发展起来。交子的产生标志着宋代商品经济的发展已经具备了近代社会信用产生的条件，"交引"类似于近代的有价证券。有价证券是一种

---

① 蒲坚：《中国历代土地资源法制研究》（修订版），北京大学出版社2011年版，第283页。
② 《马克思恩格斯选集》（第四卷），人民出版社1972年版，第163页。

固定化的信用契约，可以根据持券人分别兑付金钱和物品，可以在市场上转让交易。"交引"分为两类，一类是物品证券，一类是金钱证券。类似于"交引"的信用契约在宋代已经大量出现，如信用借贷契约、赊买卖契约和预付货款契约等。可见，类似于近代民事财产法的契约体系在宋代社会得以初步形成。

其次，近代为实现对物利用最大化的民事财产权设计在宋代民事法律财产关系的发展中得以体现。近代民法中的物就是经济学中的资源，资源是具有永恒的稀缺性的，因此要对资源进行最优的配置，实现资源利用的最大化，就是实现经济利益的最大化。反映在法律领域，则表现为对物利用的最大化。因此，近代民事财产法不仅确立了权利的神圣不可侵犯性和所有权绝对原则，而且与自由经济相适应，在财产权设计上注重对物利用的最大化，表现为对所有权诸项权能的分离与用益物权和担保物权的设立，使得资源能够以最优的方式配置给最能实现其价值的权利人手中，并使其具备保障交易得以顺利实现的功用。而要实现这些对物的利用就必须使其流通起来，并进入无限流通的过程中才能使物利用最大化得以实现，契约制度的安排就是从动态的角度以最高的效率来保障物的流通。这样通过动静结合、点线结合的设计，构成了促进物利用最大化的制度网络。

宋代民事财产权的发展，在客观上初步形成了这样一种对物利用最大化的制度网络。从权利供给上看，上文我们分析了已经略成体系的他物权制度。租佃权与永佃权的供给使得地主因地广分散无力耕作的田土，在佃农充分的耕种和利用下，得到了充分的开发，从而使这一土地资源利用率大幅提高。宋代发达的不动产和动产典权，使得财物不仅能够得以充分利用，而且还具有担保交易顺利实现的效能，外加上已经具有一定规模的质权等担保物权的存在，客观上起了促进对物最大化利用的功用。这是宋代从静态的权利供给上对资源进行的优化配置，从而实现对物利用的最大化。同时，宋代也非常重视契约对物流通效率的保障，即所谓的"官中条令，惟交易一事最为详备"[1]。例如，土地通过交易配置给最能实现其价值的权利人，宋代对土地这一主要财富的顺利流通，给予充分的保障。首先就是要求交易双方当事人必须适格，即必须是土地的所有者或其他物权的权利人，而且还要求"牙保"或"牙人"对所交易的土地进行权属确认，保证交易的安全性，同

---

[1]《袁氏世范·卷三·治家》。

时还要担保交易的顺利进行，这也从另一个侧面反映了宋代对交易保障的充分性。其次法律还要求交易双方要订立书面契约，并规范契约的内容，要求契约一般要包括契约订约的时间和履行的时限、土地交易的原因、土地的价格、钱款交付的地点和方式、土地产权的瑕疵担保责任和违约责任等重要条款和内容。[①] 不过，书面契约的签订，只是代表交易双方依法达成了正式的合意，要得到法律的保护还必须经过"过割离业""纳税投印"等必经程序，使"白契"变成"红契"，才能成为生效的契约，并成为确定产权、解决纠纷的基本依据。

但是就近代契约法而言，只要双方当事人达成合意，合同就应生效，无须公权力的介入。因此将"白契"变为"红契"的过程是有违近代所倡导的契约自由的。不过对于像土地这样重要的不动产的移转官府不去介入，也许对于古代立法者来说或许过于苛责了。因为关于物权的变动模式，只有近现代民法中才有规定，而且除了法国等国家规定物权自契约成立时移转，大多数国家都要求在契约成立基础上还要有交付行为的发生才能移转物权，而德国还要求在债权行为之外，还要有物权行为的存在才能变更物权的归属。因此，宋代立法者在没有较高立法水平和理论支撑的情况下，选择公权力介入也是对财产顺利且安全流通的保障，否则必然会出现产权混乱的状况，反而使得交易成本过高，不利于交易的顺利完成。所以在没有近代关于物权变动模式的理论和制度支持下，官府对土地交易的认可可以认为是一种有效率的行为。而且在宋代民事法律中，在土地交易契约生效后，还须在砧基籍上更改物权关系变更事项，这样砧基籍就起到了类似近代的土地产权证书的作用，而且具有了类似近代物权公示的效力。因此，如果在司法审判中，没有土地交易契约，砧基籍就可起到证明物权变更的作用。可见，宋代民事财产权的设置的确促进了对标的物的充分利用，客观上形成了类似近代民事财产法"编织"的最大化利用物的权利制度网络。

从上文的分析中我们可以鲜明地发现，如同经济社会其他领域具备近代因素，宋代民事法律财产关系中已经具备了一定意义上的近代因素。而笔者在这里强调"一定意义上"的近代因素，不仅是因为这些近代因素还没有达到成熟或完善的程度，而且还因为这些近代因素只是制度层面上的，还没

---

① 岳纯之：《论宋代民间不动产买卖的原因与程序》，《烟台大学学报》（哲学社会科学版）2008年第3期。

有触及民事法律更深层次探讨,对民事法律的深入"挖掘",笔者将在后文进行。

二 宋代民事法律人身关系近代因素的分析

前文中我们已经分析了民事法律中财产关系的近代因素,那么在人身关系中是否也存在近代因素呢?通过上文的论述,笔者认为在民事法律的人身关系中,也具备了一定意义上的近代因素。我们知道近代民法对人身关系的调整是通过人身权体系来完成的。人身权体系又包括人格权和身份权两大部分,这里我们先从人格权体系入手进行分析。

近代人格权体系主要包括"物质性的人格权"(如生命权、身体权、健康权等)和"精神性人格权"(名誉权、自由权、平等权等),其中"物质性的人格权"是"精神性人格权"赖以存在和发生的前提条件与物质基础。那么近代的这种"物质性的人格权"在宋代是否已经初步形成了呢?在笔者来看,类似于近代的这种"物质性的人格权"的权利在宋代已初步形成。从上文的论述中我们可以发现,经济结构的调整使得"四民"之下的贱民得到了"编户齐民"的地位,并且取得了一定的民事主体资格。从人格权的角度来看就是这些曾经的"贱民"的生命权、身体权等"物质性的人格权"都得到了一定的保护。如上文所言,地主或主人是不得擅自处罚和私杀佃农或奴婢的,否则要承担法律责任。不过虽然在类似于"物质性的人格权"的权利上佃农或奴婢相较于前代有了较大的提高,但是与地主或主人相比,法律在这些人格利益上仍然没有给予他们与地主或主人同等的保护。然而,我们从历史发展的角度来看,"四民"之下的"贱民"在这些人格利益的保护上都有了较大的提高,那么可以推知法律对"四民"的这些人格利益的保障会有更高水平的保护。因此,从总体上看,宋代已经初步形成了类似于近代"物质性的人格权"的人格性权利。

那么类似于近代"精神性人格权"是否也在宋代有所存在呢?笔者认为没有形成也很难存在。一者是因为就本章所论述的制度层面的供给来说,很难找到相应的史料作为论证依据,而且就算上文中提到在佃农与奴婢在契约自由、迁徙自由等人身自由上有了较大的提高,而且权利主体之间的地位也相对平等化了,但是这些只是类似于"物质性的人格权"的权利发展和契约制度的完善所带来的客观表现,并没有上升到精神价值的层面。而且从后文对宋代民事法律价值层面的探讨也可以得出"精神性人格权"方面在宋代是很难形成的。当然，关于这一层面的论证还将在下文进行深入分析，此处就不在冗述。

从人格权的角度看，宋代只是在"物质性的人格权"方面，有了类似于近代人格权的一些制度供给，有了一定的近代因素。但是从整体上来看，宋代民事法律还没有形成类似于近代的人格权体系。当然，我们也不能过分苛求宋代的立法者，因为即使是近代的第一部民法典《法国民法典》也没有对人格权做体系化的制度设计，只是到了现代的《德国民法典》和《瑞士民法典》才逐渐对人格权有了体系化的安排。所以从这个意义上说，宋代民事法律对人格利益的保护在制度供给上是存在进步性的，并且具有了制度供给意义上的近代因素。

民事法律中的身份权，主要涉及的是婚姻家庭方面的制度安排，婚姻家庭方面相较于"精神性人格权"，其价值伦理性更为"浓烈"。对其伦理精神和价值层面的内容我们仍然放在后文讨论，这里主要还是涉及对制度层面的分析。笔者在本章独选女性作为讨论的对象，是因为宋代对于女性权益的保护相较于前代有了更为突出的进步，而且近代在身份法领域最核心的要求就是家庭成员在身份上的平等性，其中对女性的权利和地位的认可和保护，在其中具有极为重要的意义。在宋代，女性不管是在财产权利上还是在家庭婚姻中的地位都得到了较大的改善。例如，宋代女性对奁产几乎享有完全意义上的所有权，即使是在其后的明清社会，女性也没有对奁产有如此之高的所有权，而且宋代女性在家庭中的财产继承权也得到了一定的扩大。在婚姻家庭中，女性的离婚权和再嫁权也得到了法律前所未有的认可，在一定意义上冲击了家长权与夫权对婚姻主导性的权利。女性一旦成为"寡母"，其在家庭中的地位将有大幅度的提高，不仅可以取得对子女进行教养和主婚的尊长权，而且在家庭继承中享有"立继"的权利。

从上述对女性在婚姻家庭中权利和地位的认可和保护的这些制度供给上看，的确体现了近代以来民事身份法对女性在婚姻家庭中平等地位进行保护的立法追求。虽然这些制度上的供给能够体现其具有的进步性，但是与近代所追求的男女平等、婚姻自由等价值追求还有一定的距离。正如一开始论证宋代民事法律身份关系时提到的那样，婚姻家庭方面的问题是一个价值伦理性极为"浓烈"的问题，因此对其进行分析很容易上升到精神和价值层面，如男女平等、婚姻自由等价值追求都需要对其进行价值层面的分析，关于价值层面的内容我们依然放在后文中加以讨论，所以就宋代婚姻家庭制度层面反映出的一定意义上的近代因素是应予以肯定的。

第五节　小结

本章是从宋代经济社会领域的变革中找到有利于民事法律发展的因素，并以此论证民事法律自身的发展，及其所具有的近代因素。宋代土地制度发生了重大变革，出现了由庄园农奴制的经济关系向封建租佃关系重大转型的历史局面。两税法取代租庸调制，按照实际占有土地和拥有财产的多少征收赋税，这样就不再严格限制土地所有权和土地的流转。在此基础上，宋代实行了"不立田制""不抑兼并"等更为宽松的土地政策，除国有土地外，土地所有权的移转国家不做过多干预，畅通了土地所有权的流转渠道。

作为中国传统社会最为重要的生产资料和主要社会财富的土地一旦进入流通领域，便成为世人首要追逐的目标和投资对象。土地的频繁买卖也成为普遍的社会现象，土地买卖的盛行促进了私权制度的完善，使以土地所有权为核心的所有权制度进一步深化，土地所有者的合法性得到了整个社会的认可。同时，还出现了大量的诸如典卖、绝卖、断骨、典、典质、典当、质、质举、质贸、抵典等多样化由国家认可的他物权。

土地的频繁交易必然会导致土地向富人集中，大批小农不断失去自己的土地，这样，租佃制便逐渐兴盛起来。而且租佃关系的形成已经不能依靠过去超经济的特权来实现，必须通过订立租佃契约的经济手段来确定地主与农民之间的权利义务关系。租佃制本身没有改变田产的所有权，但是导致了所有权各种权能的分离和重新组合。为了追求土地所有权的收益，土地所有者将土地出租给佃户占有耕种，使所有权的占有、使用、收益等权能分离，推动了土地用益物权的形成和发展。

宋代商品经济的空前繁荣，经济文化居于当时世界文明的最前列。契约制度也随着商品经济的产生而产生，并随着商品经济的发达而普及，那些与商品经济的发展密切相关的各种契约关系也迅速出现在社会关系的各个方面，雇佣、合伙、居间、委托、担保、仓储、承运、承揽、借贷、租赁等契约形式普遍发展起来。商品经济在广度和深度上全方位发展，使得契约关系成为一种最普遍和最重要的社会关系。

宋代对民事财产权的保护综合反映在对宋代的土地交易中。宋代的土地交易主要包括绝卖、活卖和倚当等主要形式。与此同时，宋代在土地交易中对法律制度的创新，对契约双方交易的全程保护以及类似于物权公示制度的出现，综合反映了宋代契约在私主体以土地为核心的各种财产交易中的普遍应用，以及物权、债权等民事财产权利长足发展和法律对保护财产权利各项制度的革新与进步。

在宋代阶级结构的变化下，从前"四民"（士农工商）之下的"贱民"成为国家的"编户齐民"，他们的民事行为能力不再有以前的种种限制，成为具有民事法律主体资格的客户和人力、女使，从而促使了民事主体范围的扩大和社会的平等化。其中的客户即佃农，大部分是由宋代之前作为世家豪强的"私属"——部曲转变而来。他们在宋代由地主的"私属"上升为佃农，成为国家的"编户齐民"，有了法律上的民事主体资格，能够享有一定的民事权利，也能够承担相应的民事义务，在社会经济生活中能够以自己的意志参加民事活动和自由迁徙。宋代统治者还采取了鼓励和帮助客户上升为主户的政策，如宋代官府为鼓励佃农通过承买官田转变为主户，采用了优先、延期付款、减价等优惠措施。这样，佃农随着身份地位的提高和日益壮大，已经成为农业生产的主要力量，社会舆论对佃农的认识与以前有了很大的不同，改变了人们对客户的偏见，承认主客户之间在生产中相互依存的关系。不仅如此，在人身安全上，地主也不能像对待部曲那样擅自处罚或殴杀佃农，否则，地主要承担各种法律责任。

人力、女使大部分是由宋代之前作为主人的"私属"——奴婢转变而来，由于历史的原因，不管是民间还是学者，依然使用"奴婢"这一称谓通称女使和人力。奴婢作为法律上的一种民事主体，已不再是主人的私人财产，而是国家的"编户齐民"，能够享有一定的民事权利，也能够相应地承担民事义务，是在社会经济生活中能够以自己的意志参加民事活动的"良人"。这样，作为与主人相对平等的主体，主人与奴婢之间是一种由契约约束的经济关系，奴婢作为契约关系一方的当事人与主人之间不存在人身依附关系，主人也无权随意处分奴婢。而且在一些情况下，奴婢还有告发主人违法犯罪的权利。与佃农相同，在人身安全上，相对于此前的奴婢也有了法律上的保障。作为国家的"编户齐民"，奴婢与主人虽然是主仆关系，但国家是不容许主人像前代那样私自处罚或杀死奴婢的，只能通过官方依法进行处理。

除了上述"贱民"的法律地位得以提高，宋代女性的民事法律权利也得到了显著的改善。首先表现在离婚权利的扩大，女性可以在一些情况下，单方面解除婚姻。其次，表现在随着上述离婚权的扩大，宋代放宽了妇女再嫁的条件，而且在一些情况下妇女再嫁可以得到家族的资助，甚至还多于对男子再娶的资助。再次，表现为妇女在丈夫死亡后，成为寡妇时所享有的尊长权，主要包括对子女的教养权和主婚权，以及法律明文规定的立继权。最后，还表现在宋代女性对奁产所有权和财产继承权的扩大上。

在这些因素的综合作用下，宋代民事法律在制度层面出现一定意义上的近代因素。在财产关系中，我们可以发现，近代主要的财产权利在宋代均已出现，而且还呈现出了体系化的趋势。同时，这些权利在制度层面的供给催生了宋代产生类似于近代那样对物最大化利用的制度网络。在人身关系方面，虽然没有产生体系化的权利结构，但是仍然在制度供给上提供了类似于近代的"物质性的人格权"和身份法中对女性权利地位的初步尊重。这些进步性，表明了宋代民事法律在制度层面存在近代因素。

第三章

宋代"义利观"的转变对民事维权意识的推动及其近代因素的分析

第一节 宋代"义利观"的转变

法律研究中,意识形态也应在研究的范围之内,这样才能明白法律的精神,理解为什么会有这样的法律。① 民事法律关系是人们在维护财产和追求利益的过程中形成的各种法律关系,这就离不开人们在社会经济中对财利的看法,即对财利的价值判断,表现在中国传统社会中就是对"义"和"利"的认识、评价和取舍上,即人们的义利观。"义"与"宜"相通,一般指行为之应当,即行为的价值方针;"利"一般指个人或整体的利益,即功利。② 义利观作为一种具有哲学高度的经济伦理,对法律思想,特别是民事法律思想具有指导意义,甚至是决定意义。具体来说,受汉唐以来儒家正统思想的影响,宋代之前,中国的义利观基本是重义轻利的。而宋代处于社会的大变革期,商品经济的迅猛发展、生产方式和阶级结构的深刻变化,使得逐利行为越来越普遍,这样人们的价值观发生了转变,出现了反传统的倾向,使传统的义利观受到了强烈的冲击和挑战。

一 宋代之前的"义利观"

早在春秋时期,人们就关注"义"和"利"之间的关系,形成了早期

---

① 瞿同祖:《中国法律与中国社会》,中华书局2003年版,第1页。
② 朱贻庭:《中国传统功利主义述评》,《时代与思潮》1990年第2期。

的义利观。晋国的大夫们就认为"义以生利"①,"义者,利之足也……废义则利不立""德、义,利之本也"。② 齐国晏婴也说:"义,利之本也。"孔子也是上述"义以生利"观点的主张者,他认为"义"能够产生"利","利"在人们中间的合理分配可以使民安,也可以维护统治者的利益。同时还要"见利思义",对可能得到的"利"要用"义"来约束,并以"义"为标准对"利"进行选择。否则"放(依)于利而行,多怨"。③ 即对利的追逐会造成人们之间的矛盾和国家的不稳定。因此他进一步明确提出了"重义轻利""贵义贱利"的义利观,并以此作为区分做人品质的重要标准,即所谓的"君子喻于义,小人喻于利"④。他说:"君子以义为上。君子有勇而无义为乱,小人有勇而无义为盗。"⑤ "上好义,则民莫敢不服"。⑥ 而且他一般很少或不谈"利",采取"罕言利"⑦ 的态度。孔子之后,儒家学派思想家们则继承和发展了这一义利观。孟子以其性善论为基础,把"义"上升到哲学的高度,将其作为人性内在的精神因素,并在"重义轻利""贵义贱利"的基础上提出了"舍利取义"的义利观,而且比孔子的"罕言利"还进一步,他根本就不谈"利",主张"何必曰利"⑧。他对追逐财利的行为深恶痛绝,他说:"鸡鸣而起,孳孳为善者,舜之徒也。鸡鸣而起,孳孳为利者,跖之徒也。"⑨ 荀子虽然与孟子主张的性善论相反,主张性恶论,但他仍然将义和利绝对对立起来,非此即彼,非彼即此,主张"以义克利"。⑩ 汉代儒学体系的创始人董仲舒则继承了儒家前代思想家的先义后利的义利观,并概括为:"正其谊不谋其利,明其道不谋其功。"⑪ 他还认为"义"是精神范畴,"利"是物质范畴,主张"安贫乐道、贫而忘忧",将

---

① 《国语·晋语一》。
② 《国语·晋语二》。
③ 《论语·里仁》。
④ 同上。
⑤ 《论语·阳货》。
⑥ 《论语·子路》。
⑦ 《论语·子罕》。
⑧ 《孟子·梁惠王》。
⑨ 《孟子·尽心上》。
⑩ 叶世昌:《古代中国经济思想史》,复旦大学出版社2003年版,第98页。
⑪ 王云玺、王彦秋:《中国传统功利主义刍议》,《铁道师院学报》(自然科学版)1996年第3期。

儒家传统的义利观发展成为精神高于物质的具体内涵。同时，以圣人"求仁义"、小民"求利"的性三品发展为"君子喻于义，小人喻于利"的思想。

当然，在先秦诸子百家中，对义利的看法也有与儒家学派思想家不同的，如墨家的墨子就主张"言义必及利"，以"利人、利天下"为行为的价值目标，同时又不贬低"义"，既"尚利"又"贵义"，并将"义"作为实现"利"的手段，最终实现"义""利"的统一。法家的商鞅则提出了与孟子完全相反的理论，认为好利才是所有人的本性，追求财利是具有不可抗拒性的。法家的另一位思想家韩非子也认为人是利己的，都以"利之所在"为行为方针。然而，先秦的诸子百家"充满中国古代智慧的东方式的义利之辨"[①]。在汉武帝"罢黜百家，独尊儒术"后，被儒家的义利观一统天下，使得儒家"重义轻利""贵义贱利"的义利观成为封建社会正统的价值观。而其后的历代君主都极力把社会思想纳入其政治统治之中，不得存在违反正统意识形态的思想，这就形成了中国传统社会政治主导思想的社会发展模式，正如张中秋教授所言："政治在社会进程和历史的转折关头具有决定性的作用。"[②]

二 宋代庶族士大夫阶层的崛起

历史进入宋代，商品经济迅猛发展、生产方式和阶级结构深刻变化，使得传统的义利观受到了强烈的冲击和挑战，宋代相较于前代宽松和务实的政治氛围，为义利观的转变提供了广阔的思想空间，日臻崛起的庶族士大夫阶层则成为这场思想变革的主力军。

"士大夫"可能是中国传统社会中最有独特性的文化现象之一，可以说是官僚、知识分子、教师和地方士绅的复合体。[③] "士大夫"一词早在周时即已出现，《周礼·考工记》中就记载："坐而论道，谓之王公；作而行之，谓之士大夫"，可见士大夫只是指居官有职位的人，[④] 其发展为一个复合的概念是经历了一个漫长的过程的。就士大夫阶层而言，它是由周代的"士"

[①] 万俊人：《义利之间——现代经济伦理十一讲》，北京大学出版社2003年版，第4页。

[②] 张中秋：《唐代经济民事法律述论》，法律出版社2002年版，第17—18页。

[③] 袁德良：《中国古代士大夫政治文化传统的两重性分析》，《河南大学学报》（社会科学版）2008年第2期。

[④] 张其凡：《"皇帝与士大夫共治天下"试析》，《暨南学报》（哲学社会科学）2001年第6期。

阶层发展而来的。"士"是周代最低级别的贵族，有食俸，多为朝中小吏。至东周春秋战国时期，礼崩乐坏，以血缘为根基的宗法贵族体制逐渐土崩瓦解，固有的社会分层也随之发生了的变化，处于庶民和贵族之间的"士"阶层变化更为深刻，他们中的一些人仍然挣扎在贵族之中，其中的大多数成为庶民，成为"士农工商"之四民之一。同时，他们凭借自己深厚的教育背景和文化底蕴，积极参与政治，或是王侯的座上宾，或是周游列国，纵横游说。之前的"士"阶层逐渐转变为"游士"阶层，成为既具有政治抱负又具有文化的社会活跃阶层。西汉武帝，统治者将儒家思想作为国家的正统思想，并以儒家思想为标准，通过"贤良方正""孝廉"为考核内容的察举制，将"游士"变为"儒士"，成为国家的官吏。① 至此，士大夫阶层至汉代正式形成。② 如汉时就记载："高帝亲率士大夫，始平天下，建诸侯，为帝者太祖。"然而此时的士大夫阶层不同于宋代士大夫阶层，宋代的士大夫是庶族文人为主的社会阶层，而汉代直至隋唐的士大夫阶层，主要局限于特权阶层，即汉晋隋唐时期的世家豪强——士族，庶族文人基本上只能居于依附的地位，很难进入官僚阶层。如晋书记载："人心所见既不同利害之情又有异，军家之与郡县，士大夫之与百姓，其意莫有同者。"唐太宗也说："我与山东崔卢李郑旧既无嫌，为其世代衰微全无冠盖，犹自云士大夫。"可见，汉晋直至唐初的士大夫阶层主要是门阀士族，这样的状况在唐宋之际发生根本性的变化。

唐宋之际，商品经济迅速发展，新的土地生产方式和赋税制度取代了世族豪强的庄园制，门阀士族遂走向衰亡，固有的士族与庶族之分也荡然无存。③ 至宋代，国家通过科举制，打破世家大族和大地主对士大夫阶层的垄断，加强了社会各阶层的相互接触、了解与沟通，使中小地主、自耕农、手工业者等出身的庶族平民，垂直流动升迁到高、中、低各等级的官吏岗位上，大批寒士通过科举获取功名，使"朝为田舍郎，暮登天子堂"成为可能，实现了传统社会文人"学而优则仕"的理想追求。④ 其中最有影响的有薛居正、吕蒙正、寇准、王钦若、吕夷简、范仲淹、文彦博、王安石、李

---

① 王保顶：《汉代士人阶层的演变》，《江苏行政学院学报》2001年第1期。
② 冯媛媛：《"士大夫"阶层的二重角色》，《陕西师范大学继续教育学报》（增刊）2005年第11期。
③ 程民生：《论宋代士大夫政治对皇权的限制》，河南大学学报（社会科学版）1999年第3期。
④ 郭学信：《科举制度与宋代士大夫阶层》，《山东师大学报》（社会科学版）1996年第3期。

纲、文天祥等优秀官员。这就相对地改变了官吏阶层的出身构成,大地主、封建贵族通过恩荫为官的人数相对减少,中小地主、自耕农、手工业者等庶族寒士出身者为官的人数比例大为增加。① 其中,北宋共开科考试八十一榜,取士六万零三十五人,南宋开科四十九榜,取士四万九千九百一十五人,两宋总取士十万九千九百五十人,这一数目是唐代的三倍多,是明清两代之和的近两倍。② 而宋朝的开国皇帝赵匡胤是通过陈桥兵变而"黄袍加身"的,他深感五代武人政治弊端和危害,建国伊始便确立了"崇文抑武""以儒立国"的治国方略,并以"文化成天下"。为此,赵匡胤便"杯酒释兵权"解除开国将领的兵权,重用文臣统兵,并立誓曰:不杀士大夫,不欲以言罪人。③ 宋太宗时更是确立了"天子与士大夫共治天下"的国策,他曾说:"天下广大,卿等与朕共理,当各竭公忠,以副任用。"其后宋代的历代君主皆奉行祖宗之法,终宋一以贯之。在这样政治氛围下,庶族士大夫们日趋崛起,成了国家知识分子的主体和官僚的中坚力量。同时,他们以天下为己任,实现着他们"为天地立心,为生民立道,为往圣继绝学,为万世开太平"的治世理想。他们忧国忧民,"先天下之忧而忧,后天下之乐而乐"。那么他们忧的是什么呢?忧的是内有民生问题和动乱频发,外有敌国外患。就财利而言,首先便是宋代严重的"三冗"问题。

三 宋代的"三冗"问题

五代地方割据严重,出现了君弱臣强、帝王频易、战乱频仍的乱局。武行出身的北宋开国皇帝深感五代武人政治的弊端和危害,以中央集权为目的,将兵权、财权和司法权等收归中央,由皇帝独揽。同时采取了臣僚分权、地方分权等权力制衡的机制。这样,虽然宋朝统治者的政权得以空前巩固,但是矫枉过正,出现了严重的"三冗"问题。

首先便是"冗兵"。自"杯酒释兵权"以来,武将统兵权被削弱,由文臣统兵,并使将帅分离,枢密院作为中央最高军事机关有发兵权,但并不直接管理军队,带兵的将领虽然掌握军队,但无调动权。同时,皇帝还安插监军于带兵将领左右监视整个军队运行。在此基础上,推行"更戍法",使官

---

① 李建国:《略论宋代科举制的发展》,《陕西教育学院学报》2001年第1期。
② 同上。
③ 郭学信:《科举制度与宋代士大夫阶层》,《山东师大学报》(社会科学版) 1996年第3期。

兵不停移动，将领却不变动，形成了"兵无常帅，帅无常兵，兵不识将、将不识兵，元戎不知将校之能否，将校不识三军之勇怯，各不相管辖"① 的将兵分离的格局。这样，不仅使将领无用武之地，更使将领无权，指挥不灵，造成军队战斗力低下，无法镇压内乱和抵御外敌的侵略。为此，有宋一代采取了募兵制，不断扩充军队数量，以应对此起彼伏的内乱和不断恶化的国际局势。士兵越多战斗力却越差，在"失败——扩军——失败"的恶性循环中，形成了越来越严重的"冗兵"现象。其次是"冗官"。宋朝为制衡臣僚，在中央将以前宰辅的大权一分为三，形成"中书主民，枢密主兵，三司主财"的互不隶属、相互监督的政治格局。在地方，为防止地方官吏结党集权，又通判为监州，并在州县之上设立朝廷派往各地的路级机构，加强对地方的控制。各路级机构又分四司，分掌治安、行政、司法、财政之权，互不隶属，只对中央负责。这样，使得职权分散，很多机构重叠，甚至出现一官之上有三人的现象。官职混乱，行政效率低下，造成了"居其官而不知其职者，十常八九"②。外加上科举取士和恩荫授之官越来越多，出现了"大约三员守一缺"，候官补缺之人多不可数的局面。官僚队伍日益臃肿，逐渐形成了"冗官"现象。最后，"冗兵""冗官"，再加上统治集团的大肆挥霍和"岁币""岁贡"的缴纳，直接导致了积重难返的"冗费"问题，集中表现在财政危机上。宋代朝廷的财政开销中，军费开支占去了其财政岁入的绝大多数。北宋大约为六分之五，南宋则达到了十分之七之多。因为宋代采取了募兵制的军制，所有兵将的俸禄、军赏、补助等费用悉数由朝廷支出，北宋仁宗时富弼就说："自来天下财货所入，十中八九赡军。"③宋代朝廷又厚待朝廷百官，如枢密使、宰相每年的俸禄中，铜钱达三百六十万文，禄米一千二百石，春冬服各绫二十匹，绢三十匹，冬棉百两。④ 其中只算铜钱三百六十万文，就相当于二万四千亩土地的税赋收入。官吏人数不断增加，俸禄却有增无减，朝廷财政的负担越来越重。外加上北宋每年贡于辽"岁币"绢三十万匹和银二十万两，每年给西夏"岁赐"茶三万斤、绢十万匹和银七万多两，以及南宋每年贡于金的三十万匹"岁币"。朝廷的

---

① 《长编·卷三〇》。
② 《宋史·卷一六一·职官志一》。
③ 《长编·卷一二四·仁宗宝元二年九月条》。
④ 《宋史·卷一七一·职官志》。

财政负担繁重不堪。这样,士大夫阶层为解决国家的财政危局,同时顺应商品经济的迅猛发展,开始大胆"言利""倡利",向传统儒家"重义轻利""贵义贱利"的义利观发起挑战。

四 宋代反传统的"义利观"

宋代的士大夫阶层大多来自社会底层,因此相对于汉唐以来的士大夫,在思想上更为务实,面对社会的发展和国家的财政困局,他们对财利问题更加关注。程朱理学的两位代表人物朱熹就将"义利之说"提到了"儒者第一义"①的高度。程颢也说:"天下之事,惟义利而已。"② 反传统的义利观自中唐以来就已经出现,陆贽提出了"名虚利实",而白居易则提出:"圣人非不好利也,利在于利万人;非不好富也,富在于富天下。"③ 宋代首倡反传统义利观的是宋代中前期的大思想家李觏。他首先公开反对孟子"何必曰利"的思想,指出:"孟子谓何必曰利,激也。焉有仁义而不利者乎?其书数称汤武将以七十里、百里而王天下,利岂小哉?孔子七十,所欲不逾矩,非无欲也。"因此他提出:"利可言乎?曰:人非利不生,曷为不可言?欲可言乎?曰:欲者人之情,曷为不可言?"因此,他认为利欲是人的本性,谈论利是很应该的,不许言利"乃贼人之生,反人之情"。④ 他从根本上否定了"重义轻利"的传统价值观。在此基础上,他又说道:"愚窃观儒者之论,鲜不贪义而贱利,其言非道德教化则不出诸口矣。"然《洪范》八政:"一曰食,二曰货。孔子曰:足食足兵,民信之矣。是则治国之实,必本于财用。"⑤ 其后,苏洵也主张"徒义"是行不通的,义又是节制天下所不能或缺的,因此他依据易经中"利者,义之和也"的解释,公开提出了"义者利之和"的"义利相合"的观点。他说:"利之所在,天下趋之";"古之圣人,执其大利之权,以奔走天下,意有所向,则天下争先为之"。又说:"义利、利义相为用,而天下运诸掌矣";"利在则义存,利亡则义丧"。⑥ 王安石也是一位主张"义利相合"的重要思想家,他主张:"利者

---

① 《朱子文集·卷二四》。
② 《二程遗书·卷一一》。
③ 《白氏长庆集·卷六三·策林而·十九》。
④ 《李觏集·卷二九·原文》。
⑤ 同上。
⑥ 《嘉佑集·卷九·义者利之和论》。

义之和，义固所为利也。"① 又进一步指出："利以和义，善用之，尧舜之道也。"② 作为一代名臣和改革家，他还十分重视国家的理财问题，将理财视为治国之本。他认为理财之利便是义，并说："政事所谓理财，理财乃所谓义也，一部《周礼》，理财居其半，周公岂为义哉？"③

这样，北宋已形成的反传统的义利观发展到南宋，得到了进一步的强化和完善。先是叶梦得提倡以追求个人财利为目标的"治生之学"的复兴和发展，④ 其后便是追求功利主义的浙东事功学派的兴起。南宋的事功学派包括以陈亮为代表的永康学派、以吕祖谦为代表的金华学派和以叶适为代表的永嘉学派，他们讲究务实，强调经世致用，更加鲜明地反对传统的义利观，其中以陈亮和叶适的思想学说最为突出。陈亮反对对商业的抑制，提倡发展工商业，强调"功到成处，便是有德；事到济处，便是有理"⑤ 的功利主义。同时对"正义不谋利"的传统义利观给予了明确的否定，指出人们追逐利益是人固有的本性的体现，从来就不存在脱离"利"的"义"，"义"包含在"利"中，二者是相统一的。叶适则可以称得上是事功学派的集大成者，主张"成其利，致其义"。⑥ 他说："古人以利和义，不以义抑利"⑦；"古人之称曰：'利，义之和'；其次曰'义，利之本'；其后曰'何必曰利'然则虽和义犹不害其为纯义也；虽废利犹不害其为专利也，此古今之分也"。⑧ 所以"昔之圣人，未尝吝天下之利"。基于以上义利统一的观点，他又针对董仲舒"仁人正谊不谋利，明道不计功"的说法提出了质疑，他说："此语初看极好，细看全疏阔。古人以利与人而不自居其功，故道义光明。后世儒者行仲舒之论，既无功利，则道义者乃无用之虚语尔。"⑨ 可以说这是对传统义利观做了猛烈的批判和根本的否定。

---

① 《长编·卷二一九·神宗熙宁四年春正月壬辰》。
② 林文勋：《唐宋社会变革论纲》，人民出版社2011年版，第288页。
③ 《临川公文集·卷七三·答曾公立书》。
④ 赵靖：《中国经济思想通史》，北京大学出版社2002年版，第1386页。
⑤ 《止斋文集·卷三六·答陈同父三》。
⑥ 《习学记言·卷二一·汉书》。
⑦ 《习学记言·卷二七·三国志》。
⑧ 《习学记言·卷二七·左传》。
⑨ 《习学记言·卷二三·汉书》。

五　宋代统治者对财利的重视

士大夫阶层出现的功利主义倾向和务实的态度，使得宋代朝廷敢于"言利"，公开追求财利，将国家理财放在了极为重要的地位上。宋神宗就曾说："政事之先，理财为急"①，"言财利可采录施行者甄赏"，"内外臣僚有知财用利害者，详其事状闻奏。其诸色人亦许具事理置制三司条例司陈状，在外者随所属州军投状，徽申条例司。如所言财利有可采录施行者，当量其事之大小而甄赏之"。② 国家理财的重要手段便是对税赋的征收。因此，宋代统治者采取了"不立田制不抑兼并"的土地政策，只要田产能够如数记录在册，国家税赋增加，田产为谁所有，土地集中与否，国家都不进行过多干预。两宋的土地正税以两税法为标准向主户们征收，税额基本维持在平均百分之十左右，即"大率中田亩收一石，输官一斗"③。两税额外还有诸如支移、折变和折科等附加税收。

在"有丁则有役，有田则有赋，有物力则有和买"的情况下，统治者认识到有产者，即"富人"的重要性，赵匡胤就曾说："富室连我阡陌，为国守财尔，缓急盗贼窃发，边境扰动，兼并之财乐于输纳，皆我之物。"④ 士大夫们也认识到富人的重要性，李觏就提倡保护富人，他认为富人的财富积累是以"心有所知，力有所勤，夙兴夜寐，攻苦食淡，以趣天时，听上令也"的方式得来的，不是靠"巧取豪夺"来的，因此官府要"平其徭役，不专取以安之"。⑤ 苏洵也认为"夺富人之田以与无田之民，则富民不服，此必生乱"。⑥ 司马光也说："富者智识差长，忧深远思，宁劳筋苦骨，恶衣菲食，终不肯债取于人，故其家常有盈余。"⑦ 至南宋，士大夫们继续传承了这一思想，并做了全面的论证。其中叶适总结道："小民之无田者，假田于富人；得田而无为耕，借资于富人；岁时有急，求于富人；有甚者，庸作奴婢，归于富人；游手末作，俳优伎艺，传食于富人。而又上当官输，杂出

---

① 《宋史·卷一八六·食货志》。
② 《宋大诏令集·卷一八四·财利下》。
③ 《乐全集·卷一四·赋税》。
④ 《挥麈余话·卷一·祖宗兵制》。
⑤ 《李觏集·卷八·周礼致太平书·国用第十六》。
⑥ 《嘉祐集·卷五·田制》。
⑦ 《温国文正司马公文集·传家集·乞罢条例司常平使疏》。

无数，吏常有非时之责无以应上命，常取具于富人"，"富人为天子养小民，又供上用，虽厚取赢以自封殖，计其勤劳亦略相当矣"。这样，富人成为"州县之本，上下之所赖也"，充分肯定了富人的重要性。另外，为增加财政收入，宋代对田宅的交易实行了税契制度，即在田宅交易双方订立契约后，还要向官府"输钱印契"，将"白契"（未盖官印的契约）变成"红契"（已盖官印的契约），方才得到法律的承认和官府的保护。北宋时这一税率维持在2%到4%，至南宋税率达到17%，史料记载仅淳祐五年各州征收契税为："上州百万，中州八十万，下州四十万"。[①] 同时，宋代统治者也看到了商品经济迅猛发展，看到了商人群体财富的迅速增长和对社会稳定的作用。为了对商业征税，使之成为国家财政的重要来源，国家提高了商人的地位。

在宋代之前，商人尽管拥有财富，甚至富可敌国，但是一直都得不到社会的认可和应有的社会政治地位，统治者始终坚持"重农抑商"的政策。[②] 商人被编入"市籍"，受到服饰、入仕等各种限制。但是到了宋代，商人作为坊廓户，成为国家的"编户齐民"，具有了民事法律的主体资格。国家摒弃了对商人的多种歧视政策，商人不再像汉代以来那样不得"衣丝乘驷"，北宋太宗时就下令"今后富商大贾乘马，漆素鞍者勿禁"。社会舆论也开始认可商人群体。范仲淹就感叹道："吾商则何罪，君子耻为邻！"[③] 陈耆卿也说："古有四民，曰士、曰农、曰工、曰商，士勤于学业，则可以取爵禄；农勤于田亩，则可以聚稼符稿；工勤于技巧，则可以易衣食；商勤于贸易，则可以积财货。此四者皆百姓之本业。"黄震也同意陈耆卿观点，认为商与士、农、工"同是一等齐民"[④]。在这样的舆论环境下，商人也取得了通过参加科举考试入仕做官的机会。宋英宗时就规定商人中的"奇才异行，卓然不群者"就可以参加科举考试，这为商人入仕提供了法律依据。[⑤] 虽然，宋代商人入仕做官主要是通过结交、贿赂权贵来买官获官，但是允许商人们科举入仕说明国家已经公开认可了商人阶层，并想将他们中的优秀分子纳入到统治阶层中来。清人沈垚评价道："古者士之子恒为士，后世商之子方能

---

① 《吹剑录外集》。

② 赵晓耕：《宋代官商及其法律调整》，中国人民大学出版社2001年版，第56—65页。

③ 《范文正公集·卷一》。

④ 《黄氏日抄·卷七八》。

⑤ 王爱兰：《北宋商人的社会地位及其历史作用浅析》，《兰州教育学院学报》2009年第4期。

为士，此宋元明以来变迁之大较也。"① 另外，宋代法律还积极保护商人的财产权，给予他们对勒索者有越诉之权。如南宋孝宗淳熙五年"许被扰人径诣尚书省越诉，即先将漕臣重置典宪"。② 另外还采取了额定税率，不准额外征税，不准挟持搜查，小额交易免税等措施，优待商人。这样，在北宋仁宗庆历五年商税就达一千九百七十五万缗，占嘉祐岁入一半还要多，而这数目比四十年前景德中商税的四百五十万缗多了近四倍。到了南宋，商税已经成为宋代官府日常经费开支的重要来源，超过土地税，成为财政收入的主体。

与此同时，宋代朝廷为了扩大商税的征收范围，对盐、铁、煤、茶、酒、醋、矾、香料等重要物资实行了禁榷制度。禁榷制度就是由官府垄断某些大宗商品的生产、运输直至销售等环节，是古代的一种专卖制度。其来源于春秋齐国宰相管仲推行的"官山海"政策，③ 正式形成于汉武帝时，由桑弘羊等推行的盐铁官营和榷酒制度。④ 宋代继承了这一"官桑之术"，但是商品经济的迅猛发展和商人力量的崛起，使官府无力像从前那样对大宗商品实施完全的官营专卖，因此官府放弃了对禁榷商品的一些环节的控制和干预，将直接专卖制改变为间接专卖制。其中，盐、茶两项是最为重要的禁榷物，且立法众多。⑤ 在盐的销售中有入中法、分销法和扑买法等。入中法指商人将物资运输到指定地点，官府根据其价值交给交引（一种官方证券），商人以交引向榷货务领取现款或盐引，再到指定场所领受食盐，最后运到规定地点出售的制度。分销法类似于现在的代销。扑买则是在官府控制下的商人包买包卖的制度。⑥ 在茶叶的销售中包括交引法、茶引法、茶马法和贴射法等。交引法是类似于食盐销售中的入中法；茶引法是向商人先征收茶叶专卖税后发给其茶引，再由其凭茶引向园户买茶销售的制度；茶马法则是在四川地区以官茶换少数民族马匹的制度；贴射法是由商人贴纳官府经销茶叶应获净利息钱后，再向园户买茶销售的制度。⑦ 另外，在矿产品、海外贸易品

---

① 《落帆楼文集·卷二四·费席山先生七十双寿序》。
② 《庆元条法事类·卷三六·库务门·商税》。
③ 林文勋：《中国古代专卖制度的源起与历史作用》，《盐业史研究》2003年第3期。
④ 林文勋：《中国古代专卖制度与重农抑商政策辨析》，《思想战线》2003年第3期。
⑤ 赵晓耕：《两宋商事立法述略》，《法学家》1997年第4期。
⑥ 金亮新：《略论宋代政府对经济的法律规制》，《兰州学刊》2008年第3期。
⑦ 金亮新：《宋朝经济立法探析》，《北方经济》2008年第9期。

等商品中,实行过抽分法,即官府对禁榷商品抽取一定比例归其所有,剩余由商人贩卖,抽分比例有四六分、三七分和二八分等。

六 宋代民间的逐利之风

宋代社会舆论义利观的转变和国家重视理财、追逐财利的政治氛围下,宋代的社会风气发生了巨大改变,民间逐利之风大兴,财利在民众生活中占据了重要的角色。史载:"凡人情莫不欲富,至于农人商贾百士之家,莫不尽夜营度,以求其利。"① 甚至"一钱之争,至于死而不悔"。② 可见,在民众那里,早已不是"义利相合",而是"利胜于义"。可谓"利欲之风",已"深入肺腑",而"理义之习,目为阔迂;己之良贵,弃置如弁髦","轩裳外物,则决性命以求之弗舍也"。③ 人们为了追逐财利出现了亲友为利而相争的现象,尤其是家庭成员之间因家庭产业、分家或养老田、墓祭田的归属问题,不断出现兄弟之间、父子之间的纠纷,真可谓"财之所在,骨肉以之而离,良心由是而死"④,"骨肉亲知以之而构怨稔畔,公卿大夫以之而败名丧节,劳商远贾以之而捐躯殒命,市井交易以之而逗殴戮辱"。⑤ 在"不立田制、不抑兼并"的土地政策下,土地作为当时最为重要的财富象征,自然成为人们趋之若鹜的对象,在当时经济发达的江浙地区,寸土之地"人所必争"⑥,不惜以"万金"而争"数尺之地"。

与此同时,商品经济的大潮滚滚而来,商业和贸易高速发展。由于商业的巨大利润,不仅大商小贩日夜经营,谋取利益,社会各个阶层的人也都竞相经商,一时间甚至出现了"全民皆商"社会景象。首先便是一些乡村户参与经商,朱熹曾经就将兼营商业或脱离农业专营商业的乡村地主称作"营运店业兴盛之家",将"买卖微细"兼营商业或者是脱离农业专营商业的自耕农、半自耕农称为"些小店业"。⑦ 宋代农户兼营商业或脱离农业而经商的越来越多,一些官吏担心会影响农业生产。戴栩就说"田既不种矣,

---

① 《宋文鉴·卷一〇八·福州五戒》。
② 《桯史·卷二·望江二翁》。
③ 《西山先生真文忠公文集·卷二六·南雄州学四先生祠堂记》。
④ 《齐乘·卷六·人物》。
⑤ 《东谷随笔·钱》。
⑥ 《宋会要·食货六一之五四》。
⑦ 《朱文公文集·别集·卷一〇·审买槁济约束》。

虽有数亩之产，安所得食？"① 夏竦甚至上奏朝廷曰："众以为法贱稼穑、贵游食，皆欲货末耜而买车舟，弃南亩而趣九市。臣窃恐不数十年间，贾区夥于白社，力田鲜于驵侩。"②

宋代不仅是民众参与经商，官僚也加入其中，并且成为宋代社会的一种普遍现象。宋太祖一幕"杯酒释兵权"，可以说在一定程度上是用钱财来换取兵权，真所谓"好官亦不过多得钱耳"③。由此，上至宗室和朝廷重臣，下至地方官府和衙役，甚至是未任职的士子与已致仕的老臣都多多少少参与到了经商的行列中。④ 据史载，当时的官员"纡朱怀金，专为商旅之业者有之，兴贩禁物、茶、盐、香草之类，动以舟车，贸迁往来，日取富足"。⑤ 王安石就曾描述道："方今制禄，大抵皆薄，自非朝廷侍从之列，食口稍众，未有不兼农商之利而能充其养者也。"他又说："今官大者，往往交赂遗、营资产，以负贪汙之毁；官小者，贩鬻乞丐，无所不为。"⑥ 李清臣也描述当时官员是"起而牟利，贾贩江湖，干讬郡邑，商算盈缩，秤较毫厘，匿关市之征，逐舟车之动以规什一之得，进则王官，退则为市人，进则冕笏而治事，号为民师，退则妄觊苟获"。更有甚者，一些京城官员公开将"将领""太丞""官人""防御""殿丞"等官衔放在其所开的店铺里，如"张官人诸史子文籍铺""楼太丞药铺""孙殿丞靴店""傅官人刷牙铺"等。还有些京城官员趁外出巡察之机，经常"贩京东、河北帛入京师，复以京师帛贾滨、棣间，往往与本部公人秤子交市"⑦。而地方官吏则经常将各地土特产、香药之类集中在京城出售。⑧ 在这样的氛围之下，就连一些僧尼也开始经商。据记载，宋徽宗时，就有很多师姑在销售帽子、冠子、头面、特髻、领抹、绣作、珠翠等货物。另外，在这样逐利之风盛行的社会中，人们的婚姻观念也发生了转变，男女的择偶标准由过去的"看家世""问阀阅""重门第"转向以财利为重。对此司马光就说："今世俗之贪鄙者，将娶妇，

---

① 《浣川集·卷四·论抄札人字地字格式札子》。
② 《文庄集·卷一三·进策·贱商贾》。
③ 《宋史·卷二五八·曹彬传》。
④ 罗家祥、田勤耘：《宋代官僚经商及其影响》，《政府与经济发展》第110期。
⑤ 《蔡忠惠公文集·卷一五·国论要目·废贪赃》。
⑥ 《王临川集·卷三九·上仁宗皇帝言事书》。
⑦ 《长编·卷二四七·熙宁六年九月壬戌（蔡确之言）》。
⑧ 朱瑞熙：《宋代商人的社会地位及其历史作用》，《历史研究》1986年第2期。

先问资妆之厚薄；将嫁女，先问聘财之多少。至于立契约云某物若干，以求某女者，亦有既嫁而复欺绐负者，是乃驵侩，鬻奴卖婢之法，岂得谓之士大夫婚姻哉。"① 而且，有时会因为嫁娶费用过于高昂，"嫁娶失时"者大有人在。甚至因为"侈俗益滋"，"贸田业而犹耻率薄，以至女不能嫁"。

综上可见，宋代出现了从国家到民间的逐利之风，同时，生产方式变革和商品经济发展带来的私有制下物权、债权意识的提高，契约关系发达催生的自由平等意识，以及贱民法律地位提高引起主体意识的变化，必然会带来民众私有权观念的勃兴。人们在行使权利和追逐利益的过程中必然会发生各种各样的民事纠纷，为了维护自己的民事权益，"争讼"便成为人们解决民事纠纷的重要手段，有宋一代，人们的诉讼观念发生了历史性的改变，"好讼""健讼"之风由此大兴于世。

第二节 宋代民众民事维权意识的兴起
——宋代民间的"好讼"之风

讼，《说文解字》中释义为"争也"，即争辩、争论之意。② 在西周时期已用来指代民事诉讼。③ 故周代有"争财曰讼"的说法。④ 讼常以争讼称之，意为通过司法机关来解决民事纠纷。⑤ 我国先秦时期，就形成了"无讼"或"息讼"的观念。作为群经之首的《易经》中的"讼卦"就表达了这样一种观念，卦辞中言道："讼：有孚，窒惕，中吉，终凶。"⑥ 其意就是人们遇上了纠纷最好以忍耐为好，如果非要争讼不可，也最好是以和解为上，要是一直争讼不止，即便胜诉，亦不得善终。⑦ 可见，"无讼"就是说

---

① 《温公书仪·卷三·司马文正公传家集》。
② （清）李道平：《周易集解纂疏》，中华书局出版社1994年版，第119页。
③ 张晋藩：《中国法制史》，中国政法大学出版社1998年版，第40页。
④ 梁治平：《寻求自然秩序中的和谐——中国传统法律文化研究》，中国政法大学出版社1997年版，第188页。
⑤ 陈思：《〈周易〉中的讼卦与中国传统讼观念》，《中南林业科技大学学报》（社会科学版）2012年第1期。
⑥ 张善文：《周易译诠》，古籍出版社2006年版，第22页。
⑦ 于语和：《〈周易〉"无讼"思想及其历史影响》，《中国政法大学学报》1999年第3期。

人们的纠纷不是通过法律来强制处理，而是通过忍让和协商来解决，引申为社会因没有争纷而无须法律的存在或将法律束之高阁。[1] 先秦各家也深受这一观念的影响，道家的老子就说："不尚贤，使民不争。不贵难得之货，使民不为盗。不见可欲，使民心不乱。"[2] 其思想的继承者庄子甚至主张取消一切法律和制度，回到人、物无别而"民不争"的"混沌时代"。[3] 同样，争讼也无法融入墨家设计的尚同模式之中。[4] 而法家也持有"无讼"思想。法家代表人物商鞅就说："务胜则争，力征则讼，讼而无正，则莫得其性也。"[5] 法家另一位代表人物韩非子也认为争讼多会破坏国家的稳定和败坏社会的风气。当然，最积极倡导"无讼"思想的还是儒家。孔子的一句："听讼，吾犹人也。必也使无讼乎！"[6] 成为儒家"无讼"思想的基础论断。在他看来争讼是不得已而为之的事情，所以要积极对争讼者进行教育，以求和解。他尤其反对亲人之间的争讼，主张"父为子隐，子为父隐，直在其中"亲亲得相首匿的观点。[7] 而孟子也缘此有了去讼而省刑罚的仁政思想。[8] 可见，"无讼""息讼"的思想是其"和谐"理念在民事司法领域的体现，"无讼"是"和谐"延伸到司法上的一个转用词。[9] 随着西汉"罢黜百家，独尊儒术"，使得儒家这一"无讼"思想成为传统中国的正统思想，为历代所奉行。然而正如清人崔述所言："自有生民以来，莫不有讼。讼也者，事势之所必趋，人情之所不能免也。"[10] 历史发展至宋代，随着商品经济与土地生产方式的变革，以及人们义利观的改变，"无讼"观念在宋代发生重大变化，宋代成为一个争讼之风盛行的时代。

---

[1] 潘丽萍：《中华法系的和谐理念》，法律出版社2006年版，第44页。
[2] 孙雍长：《老子注译》，花城出版社1998年版，第3页。
[3] 于游：《解读中国传统法律文化中的无讼思想》，《法律文化研究》2009年第0期。
[4] 杨永林：《〈周易·讼〉卦与中国古代的诉讼观念》，《周易研究》2008年第6期。
[5] 张觉：《商君书全译》，贵州人民出版社1993年版，第96页。
[6] （清）程树德：《论语集释》，中华书局1990年版，第861页。
[7] 武建敏：《"无讼"的理念及其现代诠释》，《西部法学评论》2011年第2期。
[8] 璞方平、王芳：《试论儒家"无讼"传统观的当代裂变与释放》，《重庆工学院学报》2007年第1期。
[9] 张中秋：《中西法律文化比较研究》，南京大学出版社1999年版，第324页。
[10] 李文海：《南窗谈往》，广西人民出版社1999年版，第108页。

一 宋代民间"好讼"之风的广度、深度与核心内容

(一) 宋代民间"好讼"之风的广度——遍地词讼,妇孺兼哗

有宋一代,至迟在宋仁宗之后,民间"好讼"之风便逐渐开始兴起,而且决非一时一地的特有现象,据史料记载,宋代所辖各路都有涉及。① 如史载京东路的"登、莱、高密负海之北,楚商兼凑,民性愎戾而好讼斗"。② "郓州平阴县河决王陵埽,水去而土肥,阡陌不复辨,民数争,不能决。"③ 中州县更是"一番受状,少不下百纸"。④ 南宋时更有记载:"州县之间,顽民健讼,不顾三尺,稍不得志,以折角为耻,亡经翻诉,必欲侥幸一胜。则经州、经诸司、经台部。计穷则又敢轻易妄经朝省,无时肯止。甚至陈乞告中,邀赏未遂其意,亦敢辄然上渎天听,语言妄乱,触犯不一。"⑤ 陆游就有诗云:"讼氓满庭闹如市,吏犊围坐高于城。"⑥ 而宋代争讼最多的地区是经济较为发达的江南地区,有所谓"鼠牙雀角,动成讼端"⑦ 之说。

江南地区包括两浙路、福建路、江南路等。⑧ 如史载:"浙右之俗,嚣讼成风。"⑨ 两浙路的"婺州东阳,习俗顽嚚,好斗兴讼,固其常也"。⑩ 福建路的邵武百姓"健讼而耻不胜",龙溪百姓则"巧避法网、讼牒充庭",而且因"土地迫狭,生籍繁多;虽硗确之地,耕耨殆尽,亩直浸贵,故多田讼"。⑪ 江南东西路"盖禹贡、扬州之域,当牵牛、织女之分。东限七闽。西略夏口,南抵大庾,北际大江。川泽沃衍,有水物之饶,其俗性悍而急,丧葬或不中礼,尤好争讼,其气尚使然也"。⑫ 其中,"好讼"之风最盛的当

---

① 陈景良:《讼学与讼师:宋代司法传统的诠释》,《中西法律传统》2001 年第 0 期。
② 《宋史·卷八十五》。
③ 《折狱龟鉴·卷六》。
④ 刘昕:《宋代讼学与讼师的形成及其影响下的民间好讼风尚》,《邵阳学院学报》(社会科学版) 2011 年第 6 期。
⑤ 《宋会要辑稿·刑法二之一三七》。
⑥ (宋) 陆游:《陆放翁全集》,卷十八,中册,中国书店 1986 年版,第 312 页。
⑦ 王振忠:《老鼠与黄猫儿的官司》,《读书》1999 年第 6 期。
⑧ 雷家宏:《从民间争讼看宋朝社会》,《贵州师范大学学报》(社会科学版) 2001 年第 3 期。
⑨ 《名公书判清明集》,中华书局 1987 年版,第 148 页。
⑩ 同上书,第 489 页。
⑪ 《宋史·赵清献传》。
⑫ 《宋史·地理志四十一》。

属自唐朝后期就形成"好讼"传统的江西诸州县了。① 史料中有大量记载，例如"江西细民险而健，终讼为能"；"袁人好讼，闻之久矣"；"韩琚司封尝通判虔州，其民善讼"；饶州、信州"垄断小人，嚣讼成风"，而且"锥刀必争，引条指例而自陈"，"致有讼一起，而百夫系狱，辞两疑而连发不决"。② 书判中也记载"江西之俗，固号健讼，然亦未闻有老黠妇人如此之健讼者"。③ 北宋的杨侃在知袁州时就总结道："袁之江南，中郡也。地接湖湘，俗杂吴楚，壤沃而利厚，人繁而讼多。"④ 南宋的黄震对于江西"好讼"之风也讲道："当职自交割后四五十日之间，已判过吉州不切公事七八百件。今住司人来尚复有之。"⑤

当然，宋代不仅是经济文化发达地区"好讼"，经济文化不发达地区也喜争讼。如宋代川峡之民"散居山谷，生理单薄，憔悴饥饿，殆如猿揉，以此争斗最多，讼碟最甚"⑥。其中峡州"每遇祠时，里民数百共馂其余，里语谓之擦鬼，因此多成斗讼"⑦。北方不发达地区的一些民众"大抵夸尚气势，多游侠轻薄之风，甚者好斗轻死"⑧。所以出现州县之间因接壤之田"民相与争之五十余年，吏不能决"的情况。南方不发达地区之民也"率多好讼，邵阳虽僻且陋，而珥笔之风亦不少"⑨。另外，妇女也加入到争讼的行列之中。如宋代广州一女"凶悍喜斗讼，虽遭刑责而不畏"，司马光在他写的《家范》中还记载了一女为争嫁资，不顾乡里耻笑与其兄弟争讼的案例。从史料看，竟然有少儿争讼的记录，如循州海丰郡有"五尺之童""刚悍嚣讼""庭白是非，无端恐"⑩。可见，宋代社会民间兴讼之风的影响之

---

① 施由明：《宋代江西的好讼之风》，《文史知识》2008年第11期。
② 陈景良：《讼学、讼师与士大夫——宋代司法传统的转型及其意义》，《河南省政法管理干部学院学报》2002年第1期。
③ （宋）黄干：《勉斋集》，台湾商务印书馆2008年版，第197页。
④ 《（光绪）江西通志·卷六十七》。
⑤ 刘昕：《宋代讼学与讼师的形成及其影响下的民间好讼风尚》，《邵阳学院学报》（社会科学版）2011年第6期。
⑥ （宋）度正：《性善堂稿》，台湾商务印书馆1986年版，第754页。
⑦ （宋）欧阳修、苏轼：《欧阳文忠公文集》，上海古籍出版社1993年版，第304页。
⑧ 《宋史·卷八七》。
⑨ 《名公书判清明集》，中华书局1987年版，第280页。
⑩ 陈景良：《讼学、讼师与士大夫——宋代司法传统的转型及其意义》，《河南省政法管理干部学院学报》2002年第1期。

广，真可谓"遍地词讼，妇孺兼哗"了。其中争讼涉及最多的当属田宅之讼。

(二) 宋代民间"好讼"之风的核心内容——田宅之讼

在宋代，土地、屋舍是社会各个阶层的主要财富，也是人们追逐和争夺的主要对象。同时，宋代又是一个"千年田换八百主"的时代，田宅流转非常频繁，如南宋绍兴年间，江南东路的饶州有一所宅院几经易主，一直从李氏先后经过四手，最终交易到王氏之手中。① 这样，就会出现大量的关于田宅归属的纠纷和相关侵权行为。例如北宋陈宁与范致虚之间关于田土争讼竟"积二十余年不决"。② 南宋的胡颖叹道："此等词讼，州县之间，无日无之。"③ 正所谓："人有田园山地，界至不可不分明。异居分析之初，置产、典买之际，尤不可不仔细。人之争讼多由此始。"④《名公书判清明集》中大量的判词与田宅归属纠纷有关。

①宋代平民之间的田宅之讼。关于宋代平民之间的田宅争讼《名公书判清明集》卷五《揩改文字》中记载："照得龚敷与游伯熙互争第四十八都第一保承字二百八十七、二百八十八号、二百八十九共三号地，两下各持其说，官司初亦未知其谁是谁非。及将本厅出产图簿与两家所执干照参对，得见二百八十七号及二百八十八号地见系龚敷管佃，二百八十九号地见系游伯熙管佃。其二百八十七号地计五亩四十五步，其二百八十八号地计四亩一角三十二步，参之官簿，并无毫发差舛。其二百八十九号地，据游伯熙干照内具载，计一十亩五十五步，参之官簿，却只计五亩一十五步。及与之研穷契勘，乃是续于干照内增益亩数，更改字画，浓淡疏密，班班可考。况各人管业年深，前此即无词诉，是则游伯熙用意包占龚敷地段分明。合押两争人到地头，集邻保从公照古来堑界摽迁，付两家管业。今据龚敷所陈，乃称古来活树篱堑，已被游伯熙锄斫，然亦须有锄斫踪跡可考，并仰从公指定摽迁，不得观望。如再惹词诉，定追邻保勘断。"⑤ 此案就是通过篡改书契内容恶意占有他人田土的案件。这里的"干照"就是指宋代田宅诉讼中有关田宅转移的契约文书，同时又是田宅交割后的纳税凭证以及田产簿、砧基簿，甚

---

① 《夷坚支戊·卷三·李巷小宅》。
② 《宋会要·职官六八之一二》。
③ 《名公书判清明集》，中华书局1987年版，第438页。
④ 《袁采世范·卷三·田产界至宜分明》。
⑤ 《名公书判清明集》，中华书局1987年版，第154页。

至还是案件法律卷宗的总称。①

再如《田邻侵界》中记载:"照对准县衙委请摽钉聂忠敏与车言可所争之田。当职拖照使、府台判,如本人赎回祖产分明,车言可有揩改图簿实迹,合与追究,从公结绝。寻契勘车言可所收干照,得见图簿之中,有无揩改,虽事涉暧昧,然其供具元买车迪功田步亩四至,与见争田段四至不相照应。及追索聂忠敏赎回韩鲸典契,虽止据赉出本人批退文字一纸,然唤上乡司陈坦,当厅点对税簿,其聂忠敏已的于嘉定八年就韩鲸户收回产钱七十二文,参之祖上砧基簿内具载产数,即无同异。"可见,知县已经发现了车言可所述田土的四至与其所持干照的内容不相符合,所以知县决定"躬亲前去定验",经实地勘察后,发现"聂忠敏所供东西南北四至,与其祖来砧基簿具载四至,节节明白,并无差舛,而车言可所供四至,与见争田段四至,只有一至相合,自余三至并不相照应"。而且聂家原有田地"七亩二角二十一步三尺",现在"却近自亏折二亩","止有五亩三角二十三步"。这样,根据已有的证据和多方询问,令双方"仰聂忠敏、车言可各据元收干照,依未争前疆界管佃,不得妄有争占,如再支蔓,以为公私之扰,合行科坐。今画到地图,连粘在前,更取自台旨"。可见,这也是涉及田土界至和归属的民事纠纷。该案例中还提到在此案之前,聂家一些田土就因"聂家开垦土力不具,为西向田邻张大宗、嗣宗兄弟侵占耕作",也是涉及田土归属的侵权行为,"后来张家兄弟相继倾亡,其家将所侵占田并己田同立契出卖,凡经数年,而后归诸蒙彦隆、韩国威之家"。又可知宋代土地交易的频繁,以至本是聂家之田,现在"乃蒙彦隆、韩国威之田也"。②

另外,还有涉及屋舍的案例,如镇江金坛县吴干村的郁家与张家相邻,郁家"屋柱址已尽"其家界至,"而檐溜所滴者张地也"。于是郁氏就"阴利其处,巧讼其官而夺之,凡侵地三尺许"。③ 像以上的平民之间因为田宅而争讼的案例还有很多,另外地主豪强侵占平民田土的案件也大量存在。

②宋代平民与豪民之间的田宅之讼。宋代平民与豪民之间的田宅争讼,史料中也有记载,如建阳平民傅三七与乡里豪富俞行父、俞定国兄弟之间关

---

① 陈景良:《释"干照"——从"唐宋变革"视野下的宋代田宅诉讼说起》,《河南财经政法大学学报》2012年第6期。

② 《名公书判清明集》,中华书局1987年版,第155—157页。

③ 《夷坚甲志·卷一六·郁老侵地》。

于山地归属的争讼。"俞行父、傅三七争山之讼,昨已定夺,而行父使弟定国妄以摽拨界至为词,套合保司,意欲妄乱是非。当职欲将俞行父重断,有祖主簿者来相见,自称是俞行父、定国表亲,以行父兄弟为直,以傅三七为曲。当职寻常听讼,未尝辄徇己见,惟是之从,尚恐祖主簿所言有理,遂委县尉定验。及县尉亲至地头,祖主簿欲以私干县尉,县尉不敢纳谒,祖主簿不胜其忿,将紧切邻人藏匿,公然用祖主簿条印封闭邻人门户,不容官司追唤。既而县尉见得俞行父所买山,去傅三七所买田,凡隔一堑,二山二处,判然不相干涉,祖主簿、俞行父、定国自知理曲,不伏官司定夺,辄用不洁,将傅三七新坟浇泼作践。小民买地葬亲,与行父、定国兄弟无相侵犯,始则假作保司朱记,假作究实,变白为黑,改东为西,中则买觅保司,共为欺罔,终则挟寄居以求必胜。"可见,平民傅三七买地是为了"葬亲",却被豪强俞行父、俞定国兄弟侵夺,而且手段非常恶劣。最终知县维护了平民傅三七的权利,判决傅三七所买之山"与俞行父山全无干涉,先给还傅三七管业安葬。行父、定国恃豪富压小民,挟寄居抗官府,各勘杖一百,拘契入案"。① 本案中,法官维护了平民的合法权益,但是在很多情况下,平民的土地所有权得不到保护,被地主豪强所侵犯。如建康府城外一地主豪强为了侵占平民甲某故意在栽禾之际,命令其仆人掘开了两家的田界,甲某不服诉至县衙,却因"吏纳赂"而败诉。② 又如江南东路的饶州德兴县齐村,有一豪强种竹数亩,竹子的"根鞭延蔓于民田"。数年后,竹根已在邻人田中大量生长,就此,该豪强"削平耕堑,缭以筱墙",强行侵占了邻人的田地。邻人不服诉至县衙,却又因知县"受赇畏势"而败诉。③

(三) 宋代民间"好讼"之风的深度——"飞入"寻常百姓家

宋代的"好讼"之风还表现在社会逐利之风大兴、民众义利观转变的情况下,家庭成员、亲戚族人之间屡屡发生争讼现象。

①宋代亲属之间的争讼。以叔侄争讼为例,宋代叔侄之间的争讼很多,《名公书判清明集》卷六的"叔侄争"就是一例。"盛荣与盛友能为从叔侄,贫富盖有不同,衅隙已非一日。友能必饶于财,素无周给之恩;盛荣乃饶于舌,遂兴连年之讼。观盛荣方诉其侄包占古路,而友能复发其叔私贩糯米,

---

① 《名公书判清明集》,中华书局1987年版,第157—158页。
② 《夷坚三志辛·卷六·操执中》。
③ 《夷坚志补·卷七·齐生冒占田》。

其情大略可见。盛荣所诉，未必尽实，但察推谓予夺田地之讼，所据在契照，所供在众证，此说极是。盛荣所以未甘屈服者，正以官司未索两家之契照，参合众人之公论耳。今切见盛荣所诉四事，其虚妄无可疑者二，谓友能包占古路，侵占祖墓是也；其虚妄而尚有可疑者二，谓友能占竹地及桑地是也。"① 由案例可知，叔诉侄侵占自己坟地、竹地和桑地，并且侵占公共道路。而侄反诉叔"私贩糯米"，而且叔侄之间已争讼多年，仍然连年兴讼不止。类似叔诉侄侵占其田土案例还有很多，如"阿李蔡安仁互诉卖田"一案，蔡安仁没有成家，所以在分家时"将所受分田逊与二兄，藉以供养，其意甚佳"，而"二兄俱丧，其侄却欲给据出卖"，故此蔡安仁为了维护自己的权利将侄子诉至官衙。②

不过，叔侄争讼不光是侄子有侵权行为，叔叔存在侵权的也大量存在，如"业未分而私立契盗卖"一案，"方文亮生三男，长彦德，次彦诚，前妻黄氏生，幼云老，妾李氏生。彦诚已死，有男仲乙，云老年方二岁，家业尽系长男彦德主掌。昨据彦德入状，论男仲乙非理赌博，盗卖田产。及追到仲乙，详所供状，并考族长所画宗枝，乃知仲乙非彦德之男也，实其侄也。据彦德称，曾抱养仲乙为子。以侄为子，于理虽顺，但彦德已自立一男，名仲二，仲乙亲父彦诚又无他子，岂应无故变乱宗枝，绝灭彦诚继嗣。此皆是彦德起意并包，利取全业，指侄为儿，名不正，言不顺，此仲乙所以不伏，此非理破荡之由也"。③ 可见，此案中叔叔方彦德为侵吞家业而侵犯了侄子所有权。

当然，叔侄之间的争讼，往往与宋代"先问亲邻"的制度有关系。"先问亲邻"就是法律规定在同等条件下，亲邻在田宅典卖中有优先购买权。其实在宋代之前，"先问亲邻"的现象就已经存在了。唐代中后期，民间土地交易中就出现了先问亲邻现象，五代十国时的后周，则将"先问亲邻"制度正式写入了律典。④ 宋代沿袭了这一规定，在《宋刑统》中就有详细规定曰："应典卖倚当物业，先问房亲；房亲不要，次问四邻；四邻不要，他人并得交易。房亲着价不尽，亦任就得价高处交易。如业主、牙人等欺罔

---

① 《名公书判清明集》，中华书局1987年版，第188—189页。
② 同上书，第115页。
③ 同上书，第303页。
④ 陈熙：《浅析宋代"先问亲邻"制度》，《科教文汇》2008年第5期。

邻、亲,契贴内虚抬价钱,及邻、亲妄有遮吝者,并据所欺钱数,与情状轻重,酌量科断。"① "吕文定诉吕宾占据田产"一案便涉及"先问亲邻"制度。"吕文定、吕文先兄弟两人,父母服阕,已行均分。文先身故,并无后嗣,其兄文定讼堂叔吕宾占据田产。今索到干照,系吕文先嘉定十二年典与吕宾,十三年八月投印,契要分明,难以作占据昏赖。倘果是假伪,自立卖契,岂应更典。县尉所断,已得允当。但所典田产,吕文定系是连分人,未曾着押,合听收赎为业,当元未曾开说,所以有词。当厅读示,给断由为据,仍申照会。"② 此案叔侄争讼中的"着押"就是亲邻放弃田宅典卖优先购买权的批退。"未曾着押"就意味着吕文定仍然有权收赎典于堂叔的田土。除了叔侄之间的争讼,宋代亲戚族人之间的争讼,还体现在绝户继承的纠纷上。

绝户就是"男子死而无继"③,即男性被继承人已与他的兄弟分家,而且已经独立成户,同时男性被继承人已经亡故且没有留下直系男性卑幼血亲作为继承人的家庭。④ 两宋民事法律以维护家庭私有财产权为出发点,对绝户家庭采取立继与命继两种方式来选定子嗣,以指定继承户绝之家的财产。⑤ 立继就是妻子为亡夫指定宗祧及财产继承人的制度;命继则是在夫妻均已亡故,或夫先亡而妻又改嫁的前提下,由亡夫的近亲尊长代为指定继承人的制度。⑥ 在宋代绝户之家中,除少数因有在室女而没有确定子嗣外,一般情况下都采取了立继和命继的手段选定继承人。因为这一过程中涉及绝户家庭财产的继承问题,自然会成为亲戚族人追逐的对象,争讼自然也就在所难免了。

《名公书判清明集》中涉及族人为争遗产而争讼的案例很多,如"熊赈元生三子,长曰邦,次曰贤,幼曰资。熊、资身死,其妻阿甘已行改嫁,惟存室女一人,户有田三百五十把。当元以其价钱不满三百贯,从条尽给付女承分。未及毕姻,女复身故。今二兄争以其子立嗣,而阿甘又谓内田百把系自置买,亦欲求分。立嗣之说,名虽为弟,志在得田。后来续买,亦非阿甘

---

① 《宋刑统·卷一三·典卖指当论竞物业门》。
② 《名公书判清明集》,中华书局1987年版,第106页。
③ 薛梅卿、赵晓耕:《两宋法制通论》,法律出版社2002年版,第316页。
④ 白凯:《中国的妇女与财产:960—1949年》,上海书店出版社2003年版,第11—21页。
⑤ 杜栋:《宋代户绝财产继承制度初探》,《韶关学院学报》(社会科学)2006年第2期。
⑥ 殷啸虎:《试论唐宋以后的财产继承制度》,《法制史研究》1990年第3期。

可以自随。律之以法，尽合没官，纵是立嗣，不出生前，亦于绝家财产只应给四分之一。今官司不欲例行籍没，仰除见钱十贯足埋葬女外，于田均作三分，各给其一。此非法意，但官司从厚，听自抛拈。如有互争，却当照条施行"。① 再如"尤彬由铺兵起家，积累既无根源，生聚素昧礼法。彬与彦辅，兄弟也，析居各爨已数十年，不知有手足之义久矣。彬为兄，瞽而无子孙，彦辅于其垂亡之时，胁以官司，强以其八岁之孙荣哥为之后。越一年，彬死，而彦辅又兴户绝检校之讼。于是彬之妻阿陆心怀不平，但拨田八亩、会千缗、屋一所，给付荣哥，归本生家抚养，乃与其女百三娘削发为尼，弃屋为寺，盖欲绝彦辅父子并吞之计。彦辅复讼之，累经台府，陆兼金所拟，固已曲尽其情矣。切详彦辅、阿陆不义之心，皆有可诛者。使彦辅果有爱兄念嫂之意，怜其绝嗣，思所以继之，以己之孙为兄之孙，本合理法，又能以骨肉真情委曲区处，夫岂不可，何为于彬之方殁也，又兴户绝之讼。盖彦辅本非笃天伦之爱，不过欲以其孙据有其家资耳"。② 又如"吴烈以祖母遗嘱影射，不肯为季八立嗣，盖欲奄有其全业，固不知有死者矣。吴登云已过房为季五子，今又欲为季八后，亦不过贪图其产业，岂真为死者计哉！二人之心，见利忘义，已大可诛，况祖母遗嘱，已知身后不得所托，但撩拨产业，自为殡葬之资，未尝有不与季八立嗣之说。烈乃妄辞违法，诬其祖母绝其伯父之嗣，尤为可罪。至于登云以一身而跨有两位之产，又出何条令？前断任内邓权命所定，已得其情，何为两年犹未施行，遂使两家困于终讼。今司户所拟，参以人情，尤为详允。除照朱氏遗嘱摽拨外，于一分产业，别行命继。庶几季八瞑目于地下，烈与登皆可以绝垂涎之念，而遗本然之心。仍就亲房季一秀、季七秀两位，选立一人。照所施行，先申宪台照会"。③

②宋代家庭成员之间的争讼。中国传统社会民众多是以"满村无别姓"的血缘关系而聚居在一起，所以街坊四邻可能多半是自己的亲戚和族人，因此在买卖和典当物业时，往往会涉及他们的利益。在宋代社会逐利成风、义利观改变的背景下，以及"先问亲邻"制度的存在，像叔侄之间这样的族人之间的争讼，尚可理解。但是，在家庭成员之间，特别是在父母与子女、夫妻以及兄弟姐妹之间时有发生的争讼，显得与古代宗法社会"格格不

---

① 《名公书判清明集》，中华书局1987年版，第110页。

② 同上书，第229页。

③ 同上书，第208—209页。

入",但是却从另一个侧面反映了宋代民风"好讼"的程度之深,真可谓是"'飞入'寻常百姓家"了。

《名公书判清明集》卷五的"妻财置业不系分"便是一例。"陈圭诉子仲龙与妻蔡氏,盗典众分田业与蔡仁,及唤到蔡仁,则称所典系是仲龙妻财置到。执出干照上手,缴到阿胡元契,称卖与陈解元装奁置到分明,则不可谓之众分田矣。"① 本案是父讼子的案例,再看母讼子的案例。"寡妇阿蒋,茕然孑立,所恃以为命者,其子锺千乙而已。其子狼狈如许,既不能营求勺合,以赡其母,阿蒋贫不聊生,至鬻其榻,以苟朝夕,剥床及肤,困穷极矣! 锺千乙又将其钱妄用,久而不归,致割其爱,声诉于官,此岂其情之得已哉! 锺千乙合行断治,今观其母羸病之余,喘息不保,或有缓急,谁为之倚,未欲置之于法,且责戒励,放。自此以后,仰革心悔过,以养其母。本州仍支五斗,责付阿蒋,且充日下接济之须。"② 还有"魏峻不肖饮博,要得钱物使用,遂将众分田业,就丘汝砺处典钱。"魏峻母亲知道其私自出典家庭共有财产而诉至官衙。③ 兄弟之间的争讼则更为多见,丁瑠、丁增系亲兄弟,丁瑠"垂涎其弟,侵渔不已。丁增有牛二头,寄养丘州八家,丁瑠则牵去出卖。丁增有禾三百余贴,顿留东田仓内,丁增则搬归其家。丁增无如兄何,遂经府、县,并牵牛搬禾人陈论。"经审理后,知县判曰:"丁瑠挟长而凌其弟,逞强而夺其物,而到官尚复巧辨饰非,以盖其罪。官司不当以法废恩,不欲尽情根究,引监丁瑠,备牛两头,仍量备禾二贴,交还丁增。"④ 再如黄居易"霸占管业,逐远诸弟,未必不以父母之财私置产业",由此为其兄弟所诉。知县本想"示三名取无争状"为他们调解结案,却不曾想"寻唤上各人读示",三人"并不状",都没有接受调解。⑤ 又如潘琮、潘桱是亲兄弟,因"潘琮出典于兄弟未分之前",而潘桱则"断卖于兄弟既分之后",就此为了"不满一亩"之田,"互争之讼不止数年","县断既不伏而经府,府断又不伏而陈词,反覆嚣讼",竟有四年之久,"遂使兄弟之义大有所伤而不顾"。⑥ 再看夫妻争讼的例子,先看夫讼妻的案例,"江滨臾

---

① 《名公书判清明集》,中华书局1987年版,第140页。
② 同上书,第364页。
③ 同上书,第301页。
④ 同上书,第374页。
⑤ 同上书,第367页。
⑥ 同上书,第173—174页。

设心措虑，欲弃其妻，事出无名，遂诬以闺门暧昧之私，而加以天下之大恶，辞穷理屈，又谓妻盗搬房奁器皿，及勒令对辨，则又皆虞氏自随之物。古者交绝不出恶声，谓其实有此事，犹当为之掩覆，今江滨臾撰造事端，以鸟兽之行诬其妻，虞氏亦人尔，尚何面目复归其家。虞士海既称情义有亏，不愿复合，官司难以强之，合与听离。虞士海先放，江滨臾勘杖八十，押下州学引试，别呈"。① 再看妻讼夫的案例。阿张为朱四之妻，"朱四目能视，耳能听，口能言，手能运，足能行"，而阿张"无故而谓之痴愚"，诉至官衙"欲相弃背"。②

二 宋代民间讼学的兴起和讼师群体的出现

(一) 宋代民间讼学的兴起

从上文的论述中，可以鲜明地看到宋代"好讼"之风的广度和深度。面对如此之多的争讼，民众自然会自觉地学习民事法律知识和各种诉讼技能，以求赢得诉讼的胜利和最大限度地维护自己的民事权利。这样，宋代民间就兴起了专门教人词讼之学，即如何打官司的学问——讼学。③ 讼学是以"传授辩捷""教授词讼文书""教引讼理""给以利口"为内容的民间诉讼之学。④ 宋代民间习讼学律之风盛行，《名公书判清明集》记载了"契勘王方、王用之父子，以识字健讼为家传之学"⑤ 这一民间学讼之风。当然习讼最盛的还要数有"好讼"传统的江西了。《袁州府志》记载江西之地"编户之内，学讼成风；乡校之中，校律为业"。⑥ 江西州县"百姓好讼，教儿童之书有如四言杂字之类，皆词诉语，乞付有司禁止"。⑦ 虔州、吉州等地"专有家学，教习词诉，积久成风"。⑧ 歙州"民习律令，家家自为簿书"。⑨

---

① 《名公书判清明集》，中华书局1987年版，第381页。
② 同上书，第379页。
③ 陈景良：《讼师与律师：中西司法传统的差异及其意义——立足中英两国12—13世纪的考察》，《中国法学》2001年第3期。
④ 郭东旭：《宋代的诉讼之学》，《河北学刊》1988年第2期。
⑤ 《名公书判清明集》，中华书局1987年版，第517页。
⑥ 《袁州府志》，北京图书出版社2000年版，第102页。
⑦ 《宋会要·刑法》。
⑧ 《辑宋会要·刑法二之一五〇》。
⑨ （宋）欧阳修、苏轼：《欧阳文忠公文集》，上海古籍出版社1993年版，第382页。

江西已经出现了专门教人词讼的教学机构。南宋周密记载："江西人好讼，是以有簪笔之讥，往往有开讼学以教人者，如金科之法，出甲乙对答及哗评之语，盖专门于此。从之者常数百人，此亦可怪。又闻括之松阳有所谓业觜社者，亦专以辩捷给利口为能，如昔日张槐应，亦社中之铮铮者焉。"① 可见，江西已经有了如同"业觜社"的专业教授词讼的机构。不仅如此，还有专门教人词讼的专业教材。世传江西有一书名为《邓思贤》，教人"讼喋法"。据沈括言："邓思贤，人名也，人传其术，遂以之名书。村校中往往以授生徒。"② 除了该书，还有《新刻透胆寒》《洱笔肯綮》《霹雳手笔》《萧曹遗笔》《刀笔菁华》《法笔警天雷》等。从这些书的内容来看，主要是律例的摘录和提要，取供时要注意的各种事项，书写状纸时的用词、格式和范例以及参语、审语和判词等。③ 按照田宅、侵权、户役、婚姻、继承等不同部门，分门别类地进行体例上的编排。为了便于人们从小就熟悉词讼，宋代还流传着《公理杂词》和《四言杂字》之类便于儿童诵读记忆的教科书，如史载："江西州县有舍席为教书夫子者，聚集儿童授以非圣之书，有如四言杂字，名类非一，方言俚鄙，皆词诉语。"④ "吉、筠等府书肆有刊行公理杂词，民童市而诵之。"⑤ 在讼学如此兴盛的情况下，以代写诉状、招揽词讼、替人说理为业的讼师群体，便应运而生。

（二）宋代讼师群体的出现

关于讼师最早是否出现在宋朝，学界尚无一致的看法。梁治平就认为讼师的起源是一件不容易确定的事，而且他认为，有了法律，讼师也就会相伴而生，讼师的起源应该是很古老的。⑥ 据此，有学者就依据《吕氏春秋》的记载，称春秋时期郑国的邓析就是中国历史上有史可考的最早讼师。⑦ 有学者也根据《唐律疏议》说讼师出现在唐朝。⑧ 但是，就讼师作为一个职业群体而言，以及史载"讼师"名词的记录，学界一般还是认为讼师主要出现

---

① 《癸辛杂识·续集上·讼学业觜社》。
② （宋）沈括：《梦溪笔谈》，李文泽、吴文泽译，巴蜀书社1996年版，第339页。
③ 杨一凡主编：《中国法制史考证》，中国社会科学出版社2003年版，第460—490页。
④ 《宋会要·刑法二之一五〇》。
⑤ 《棠阴比事原编·虔校邓贤》。
⑥ 梁治平：《法意与人情》，中国法制出版社2004年版，第275页。
⑦ 党江舟：《中国讼师文化——古代律师现象解读》，北京大学出版社2005年版，第25页。
⑧ 茅彭年、李必达主编：《中国律师制度研究》，法律出版社1992年版，第33页。

在宋代。① 如宋代洪迈的《容斋随笔》、罗大经的《鹤林玉露》，以及《名公书判清明集》等书中都已出现"讼师"。② 宋代讼师的重要业务就是代人书写各种法律文书，包括各种契约文书、各种词状、遗嘱以及官府告示等各类文书；其次便是代理诉讼，为委托人提供各种法律服务和咨询，并且在诉讼中为被代理人辩护，还经常在诉前对产生纠纷的当事人进行调解免去词讼。另外还有一些所谓的讼师则做着请托官府、串通衙司、把持公事、教唆词讼之事。《名公书判清明集》记载："西安词讼所以多者，皆是把持之人操执讼柄，使讼者欲去不得去。有钱则弄之掌股之间，无钱则挥之门墙之外。事一入手，量其家之所有而破用，必使至于坏尽而后已。民失其业，官受其弊，皆把持之人实为之也。郑应龙身居县侧，自称朝奉，孙又称宗女婿，专以把持为生。日在县门听探公声，凡有追呼，辄用钱买嘱承人，收藏文引，或得一判，则径驰极之所追之家，民讼淹延，皆此为祟。当职知之久矣。今所追缪元七等证对陈元享争产事，郑应龙公然收买陈元享，饮食于家，收藏缪元七，不与到官。隅官、保正信帖来往，指证明白。及承认上门，则推后产而使之窜，又殴打捕人家人吴元有伤，其冒法欺公有如此者。"③ 这里的郑应龙便是这些人中的代表。宋代讼师之所以会出现上述的各种行为，与讼师群体的出身大有关系。

宋代讼师构成较为复杂，有官吏和形势之家的豪强子弟，也有被斥罢的吏胥、落魄的宗室后代和困于科场的落第士子，还有市井无赖等"无图之辈"。《名公书判清明集》记载："哗徒张梦高，乃吏人金眉之子，冒姓张氏，承吏奸之故习，专以哗讦欺诈为生。始则招诱诸县投词人户，停泊在家，撰造公事。中则行赇公吏，请嘱官员，或打话倡楼，或过度茶肆，一镈可人，百计经营，白昼攫金，略无忌惮。及其后也，有重财，有厚力，出入州郡，顾指管徒，少不如意，即唆使无赖，上经台部，威成势力，莫敢谁何。"④ 可见这里的讼师张梦高，本是名为金眉的官吏之子。有学者曾以《名公书判清明集》为据做过统计，指出："有讼师的书判共二十四件，二十三人有具体姓名，其中记述讼师情况的有二十一人。而在这些讼师中，吏

---

① 郭东旭：《宋朝法制史论》，河北大学出版社 2001 年版，第 33 页。
② 漆侠主编：《宋史研究论丛》，河南大学出版社 1990 年版，第 133—147 页。
③ 《名公书判清明集》，中华书局 1987 年版，第 474 页。
④ 同上书，第 482 页。

人之子二人，父祖有官可以荫赎者二人，宗室或宗女婿四人，豪民五人、富民三人，罢役吏胥一人，士人或假儒衣冠、假手文解者七人，书铺茶食人二人，无赖子弟一人，干人之子一人。"① 而多种身份的混杂，词讼手段和地域的不同，也使得讼师职业在史料记载中出现了各种不同的称谓。首先当然是"讼师"的称谓。《名公书判清明集》卷十三第一个书判便名为"哗鬼讼师"；另外还记载："垄断小人，嚣讼成风。始则以钱借官吏，为把持公事之计；及所求不满，则又越经上司，为劫制立威之谋。何等讼师官鬼乃敢如此。"② 其次是"茶食人"，见于《名公书判清明集》卷十二中记载："李三六系茶食人，行赇公事，受钱五十贯，欲决脊杖十三，配三百里，并监赃所夺钱业，送案别呈。"③ 又有"成百四，夫耳。始充茶食人，接受词讼，乃敢兜揽教唆，出入官府，与吏为市，专一打话公事，过度赃贿。小民未有讼意，则诱之使讼"。④ 以朱熹的记载，茶食人当是在宋代民间书铺负责开雕被代理人状辞于官府专用的状纸之上的人，并担保被代理人所诉事情的真实性，以此收取诉讼费用。再者是"珥笔之民"，黄庭坚在《江西道院赋》中写道："江西之俗，士大夫多秀而文，其细户险而健，以终讼为能，由是匠石俱焚，名曰珥笔之民。""珥笔"即状笔插在帽后的意思，"珥笔之民"就是将笔插在帽后代人词讼的人，主要出现在宋代江南地区，以江西为盛。还有就是"佣笔之人"，见于《宋会要辑稿》刑法三中记载："仁宗天圣七年五月十一日太常博士王告言：昨通判桂州，每岁务开，民多争析财产。自今追鞫，多是积年旧事。按伪刘时，凡民祖父母、父母在，子孙始娶，便析产异烟，或敏于营度，资产益繁；或惰不自修，田亩荒废。其后尊亲沦逝，及地归中国，乃知朝廷编敕，须父母亡殁始均产，因萌狡计，以图规夺，或乡党里巷佣笔之人，替为教引，借词买状，重请均分。"⑤ 可见，"佣笔之人"与"珥笔之民"类似，也是代书词状、代理诉讼之人，只是主要出现在广西之地。除了上述这些称呼之外，讼师还有"健讼之民""哗徒""把持人""假儒衣冠""形势之家""无赖宗室"等称谓。

---

① 陈智超：《陈智超自选集》，安徽大学出版社2003年版，第353页。
② 《名公书判清明集》，中华书局1987年版，第473页。
③ 同上书，第464页。
④ 同上书，第476页。
⑤ 《宋会要·刑法·三之四三至四四》。

第三节　宋代民风"好讼"近代因素的分析

　　宋代民风"好讼"的近代因素，主要来自形成其自身的各种法律逻辑要素所透射出的近代因素。如上文所述，古代"讼"的定义是"争财曰讼"，可见财利、财富是"讼"得以发生最为基本的条件，用法律的语言表述就是财产及相关的权利。这也是现代民事诉讼产生的基础，因为只有财产及相关权利需要救济时才有诉讼的必要。财利、财富等作为一种"稀缺"产品，不"争"是很难获取的，因此要有一种"争财"的意识，用法律的语言表述就是民众要有追逐财利和保护自身利益的意愿和维权意识。同时具备"财"和"争"的情况下，"讼"的发生在所难免。另外，从法律逻辑上讲，还需要有了财产与权利的人成为适格的主体才有资格提起民事诉讼，否则也无法启动诉讼程序。而"讼"要被"好"，不仅须具备上述条件，而且还要有"叠加"效应的存在，即民间的财富激增、民众逐利之风盛行、适格主体扩大等因素综合"叠加"下，才会形成"好讼"的风气。唐宋社会的变革所带来的类似于近代的经济和文化生活的民间化，恰恰满足了"讼"兴起的法律上的动因，也透射出其所具备的近代因素。

　　有宋一代，经济制度出现了从汉唐以来以庄园农奴制为主的经济关系向封建租佃关系为主的经济关系的重大转型。从传统社会最主要的财富——土地及相关制度来看，唐中后期均田制的逐渐瓦解，国家用两税法代替租庸调制，按照实际占有土地和拥有财产的多少征收赋税，这样就不再严格限制对土地所有权及其流转的限制。随着宋代"不立田制""不抑兼并"的土地政策的实施，民众的土地私有权也逐渐为国家所认可，土地可以自由流转交易。土地的频繁买卖也成为普遍的社会现象，宋人有"千年田八百主""十年田地转三家"的说法。可见，过去对土地超经济手段的获取已经为类似于近代的经济手段所取代。这种近代经济手段的采用表明经济的民间化趋向，因为平民在交易中是没有任何特权的，一般都是以契约的形式进行交易，买卖双方将买卖土地的田契报送官府盖上印信，成为"红契"，缴纳田契钱，完成过户，土地的所有权就完成了转移。契约制度不仅出现在土地交易中，在手工业、商业中，在私人家庭劳动、服务业，特别是在农业生产中，也得到广泛的采用。如无地农民则可以租佃地主的土地维持生计，这种租佃关系的形成都是以签订契约的形式完成的，而且国家也要求佃农和地主形成租佃关系时要明立要契，收获之后"依契约分，无致争讼"。此时，地主仍然保有田土的所有权，佃农则可以获得对田土的租佃权或永佃权。契约关系的普及不仅进一步推动了经济生活的民间化，而且契约所带来的契约性权利也随之增长。这样，在没有超经济手段的制约下，以土地为代表的社会财富就逐渐向民间聚集，据漆侠估算，宋代的绝大部分垦田都为民间的地主与自由民所占有。同时，在日益普遍的土地流转过程中，出现了大量诸如典卖、绝卖、断骨、典、典质、典当、倚当、抵当、质、质举、质贸、抵典等多样化的交易形式，这也派生出一系列如典权、质权等国家认可的他物权。可见，宋代社会经济的变革，使得财富在民间得到了前所未有的积累，从而促进了民众财产及相关权利的增长。前文中我们已分析了上述民事法律财产关系的完善，是具有近代因素的。这一具有近代因素的财产关系也为"好讼"之风的兴起提供了最基本的物质和权利基础，从而使"讼"在物质和权利基础的意义上具有了一定的近代因素。

前文也论述了国家已由过去的控制"人"为主向近代控制人们的"财富"为主转化，资源的配置也由按身份等级配置向按财富配置转化。人们的社会地位亦由身份等级地位向近代的经济地位转型，即由贵贱等级向贫富分层转化。① 上述"有钱则买，无钱则卖"的近代化交易方式，必然导致财富向富人集中，造成社会的贫富分化，西方近代资产阶级的崛起早已印证了这一点。② 因此，富人为了维持地位，就需要不断争取财富，穷人为了维持生存不被社会淘汰，也需要不断争取财富。这样，宋代必然逐利之风盛行。自宋代逐渐崛起的庶族士大夫群体，大多数来自民间，甚至出自寒门。他们都是得益于民间经济力量的抬升，因此作为时代思想文化的塑造者，士大夫们必然要重新塑造自儒家思想成为正统意识形态以来"重义轻利""贵义贱利"的"义利观"，抬升"利"在"义""利"关系中的地位。通过士大夫们对义利关系的重新塑造，使民间逐利的文化思想得以提升，进一步地推动了民间逐利之风的兴盛，同时也催生了民众争利与维权的意识，民间维权意

---

① 曹端波：《唐宋户籍制度的变革与社会转型》，《安顺学院学报》2008 年第 4 期。
② 林文勋在他的《唐宋社会变革论纲》中提出了宋代"富民"阶层的出现，即"富民"首先是平民，但却拥有财富。同时，他认为宋代已经是一个"富民社会"，并上承汉唐的"豪民社会"，下启近代的"市民社会"。显然，他已经认为富民阶层是向资产阶级过渡的一个形态。参见林文勋《唐宋社会变革论纲》，人民出版社 2011 年版。

识的兴起，恰恰是近代民间力量崛起和民事权利勃兴在意识形态领域的体现，因此从这一意义上讲，宋代民间"好讼"之风的兴起也是具有近代因素的。

另外，宋代之前，适格的诉讼主体主要是我们称为"四民"的士、农、工、商，"四民"之下的"贱民"，是没有这样的主体资格的。如在汉唐社会，农奴、部曲和奴婢等都被视为"贱民"，《唐律疏议》就明文规定："部曲，谓私家所有"，"奴婢、部曲，身系于主"。他们是地主豪强的私人财产，主人可以随意买卖他们。这些"贱民"不可能有独立的户籍，也不可能拥有独立的主体资格。自然也不能自主参加民事活动与日常民事交往，未经主人同意不能自由迁移，不能随意置产和与人交易，甚至婚丧嫁娶也要由主人作主。他们只能依托豪强，成为依附性极强并束缚在世家大族庄园里的农奴、部曲和主人家庭里的奴婢。

国家由控制"人"为主向控制人们的"财富"为主转化，人们的社会地位由身份等级地位向经济地位转型。那些被束缚在世家大族庄园里耕作的广大农奴、部曲和主人家庭里的奴婢等，随着世家大族的式微和庄园制经济的瓦解，在人身地位和法律上有了显著变化，并有了重大的突破性的提高。这些阶级状况的变动，如王曾瑜先生所言，主要体现在户籍制度的变化上。[①] 这些"贱民"从汉唐以来主人的"私属"上升为拥有法定户籍的客户和人力、女使等，成为国家的"编户齐民"，在法律上有了一定的民事主体资格，在权利和人身受到侵害时，可以得到法律的救济。例如，客户虽然佃耕地主的田土，但是国家是不容许地主像对待农奴、部曲那样私自处罚佃农的。法律一再规定，主客户之间因租佃契约引起的诸如违约、侵权等种种纠纷，不准地主私自处罚佃农，要由官府做出决断。否则，地主要承担各种法律责任。而且在官田租佃期间，佃农在履行完自身应负的义务外，有权拒绝其他的无理要求，国家赋予佃农以越诉之权。佃农也可以在履行完自身应负的义务后，自由起移。如果佃农退佃起移受到地主的无理阻拦，佃农可以向官府申诉，请求司法保护来维护自己的权益。前文我们也分析了这一民事法律人身关系的发展在整体上的近代因素，认为在制度供给上具有进步性。从这个角度出发，曾经在"四民"之下的"贱民"取得了可以提起诉讼的资格，从客观上扩大了宋代能够进行"争讼"的主体范围的规模。同时在

[①] 王曾瑜：《宋朝阶级结构》，河北教育出版社1996年版，第4页。

主观上也催生了他们主体意识的萌发，在权利和人身受到侵犯时，不再会像以前那样受制于主人和法律的规定，无法维护自己的权益，而是积极维护自身的利益，维护作为人所应有的尊严和价值，这正是西方近代文艺复兴运动基本的价值追求。从这个意义上讲，宋代民间"好讼"也萌发出了这一近代的"光辉"，因此也使其具有了近代的因素。

当然，这里还有一个问题没有解决，即宋代民众为何将争讼作为解决民事纠纷的主要手段，而不是采用其他的救济手段。关于这一点，笔者认为是因为宋代对民间的管控正处在汉唐社会宗法组织向"宋型社会"[①]的民间基层组织过渡的空白期，政府将直接面对广大的民众，从而形成了类似于近代社会国家政府与民间社会二元互动的局面，民众如有民事纠纷则主要寻求政府的公力救济，而不是原始形态的私力救济。这样"讼"就成了解决民事纠纷的主要手段。但是，随着过渡期的完结，该近代因素也随之消失，这样宋代民间的"好讼"之风便渐次衰落。这一问题将在后文中进行深入的分析，此处不再冗述。

第四节 小结

本章从宋代思想文化领域的变革中找到有利于民事法律发展的因素，并以此论证民事法律自身的发展，及其所具有的近代因素。思想文化的变革中能够有利于民事法律发展的便是宋代义利观的转变。宋代"义利观"的改变带来了民间"重利""好讼"之风的兴起。宋代处于社会的大变革期，商品经济的迅猛发展、生产方式和阶级结构的深刻变化，使得逐利行为越来越普遍。这样人们的价值观发生了转变，出现了反传统的倾向，使传统的义利观受到了强烈的冲击和挑战。宋代相较于前代宽松和务实的政治氛围，以及宋代"三冗"问题的严重，为义利观的转变提供了广阔的思想空间，日臻崛起的庶族士大夫阶层则成为这场思想变革的主力军。

[①] "宋型社会"的提法可参见宣朝庆的《近代乡村危机的制度反应》（《人文杂志》2014年第2期）。虽然该文是针对乡村社会提出的这一概念，但中国传统社会的社会形态主要是乡村社会，而且费孝通也提出中国传统社会的乡土性质，所以"宋型社会"也可以认为是对宋代以来传统社会的概括性提法。本书也采纳这种提法。

宋代的士大夫阶层大多来自社会底层，因此相对汉唐以来的士大夫，在思想上更为务实，面对社会的发展和国家的财政困局，他们对财利问题更加关注。因此他们不再强调传统的"重义轻利"的"义利观"，而是提倡"义利相合"的"义利观"，更强调利的作用和价值。这样，士大夫阶层出现的功利主义倾向和务实的态度，使得宋代朝廷敢于"言利"，公开追求财利，将国家理财放在了极为重要的地位上来。商人的地位也在这样政治氛围中，得到了前所未有的提高。

在宋代社会舆论义利观的转变和国家重视理财、追逐财利的政治氛围下，宋代的社会风气发生了巨大改变，民间逐利之风大兴，财利在民众生活中占据了重要位置。大量的民众，甚至是官僚、僧尼等都参与经商，并且成为宋代社会一种普遍的现象。在这样逐利之风盛行的社会中，人们的婚姻观念也发生了转变，男女的择偶标准由过去的"看家世""问阀阅""重门第"转向以财利为重。更有甚者，为了追逐财利出现了亲友为利而相争的现象，尤其是家庭成员之间因家庭产业、分家或养老田、墓祭田的归属问题，出现兄弟之间、父子之间的纠纷。为了维护自己的民事权益，"争讼"便成为人们解决民事纠纷的重要手段。有宋一代，人们的诉讼观念发生了历史性的改变，"好讼""健讼"之风由此大兴于世。

关于宋代民间的"好讼"之风，至迟在宋仁宗之后，便逐渐开始兴起，而且决非一时一地的特有现象，据史料记载来看，宋代所辖各路都有涉及的记载，其中，"好讼"之风最盛的当属自唐朝后期就形成好讼传统的江西诸州县了。在人们的争讼中，涉及最多的是田宅之讼，因为在宋代，土地、屋舍仍然是社会各个阶层的主要财富，也是人们追逐和争夺的主要对象。如《名公书判清明集》中大量的判词便与田宅归属纠纷有关。争讼的主体也不只是平民之间，还涉及地主与平民、家庭成员、亲戚族人之间屡屡发生的争讼现象。面对大量的争讼，民众自然会自觉地学习民事法律知识和各种诉讼技能，以求赢得诉讼的胜利和最大限度地维护自己的民事权利。这样，宋代民间就兴起了专门教人词讼之学，即如何打官司的学问——讼学，当然习讼最盛的还要数有"好讼"传统的江西了。讼学的兴盛也使得以代写诉状、招揽词讼、替人说理为业的讼师群体应运而生。宋代讼师首要的业务便是代人书写各种法律文书，包括各种契约文书、各种词状、遗嘱以及官府告示等各类文书；其次便是代理诉讼，为委托人提供各种法律服务和咨询，并且在诉讼中为被代理人辩护。同时，还经常在诉前对产生纠纷的当事人进行调解免去词讼。另外，还有一些所谓的讼师则做着请托官府、串通衙司、把持公事、教唆词讼之事。

由于争讼所产生的权利基础和主体基础所具备的近代因素，也使宋代的民事维权意识，在法律基础上具备了一定的近代因素，民事维权意识兴起本身也在意识形态层面体现了近代民间力量的崛起和民事权利的勃兴。

第四章

宋代新型宗族组织的家族法及宗法伦理对民事法律近代化的阻碍

法律史学界对宋代法律的历史地位有着很高的评价,认为其是传统法律的"最高峰""成就最辉煌的朝代",有些规定既超越于唐,也为明清所未能企及。[1] 更有学者视其为有了"质的突破","意味着一个新时期的历史大幕正在拉开",[2] 宋代法制贡献最大的就是民事法律的勃兴。众所周知宋代是一个非常重视法制的朝代,立法活动极为频繁,其中最具特色的就是民事立法方面所取得的成就。

宋代的民事立法是我国古代民法史上的重要发展时期,较之于唐代有了大规模的发展,从现存的《宋刑统》《宋会要辑稿》《续资治通鉴长编》《庆元条法事类》《名公书判清明集》《宋史》《文献通考》等史料的记载来看,有关民事法律的内容广泛、条文细密,涉及物权、债权、继承、婚姻家庭等十几个方面的内容,远较唐朝有了大规模的发展,如《宋刑统》的"户婚律"中就新增了户绝资产门、典卖指当论竟物业门、死商钱物诸蕃人及波斯附门、婚田入务门等,对女子继承权、户绝财产的继承、交易中的优先购买权和对卑幼私自典卖田宅与质举财物等行为的处罚、死商财物的处理与官私遗失物的处理,以及对婚田争诉的诉讼时效等问题都有明确而详细的规定。同时,有关民事实体法的内容在两宋敕令中也占有相当大的比重。尽管两宋通行全国的、综合性的编敕,如《嘉祐编敕》《元丰敕令格式》等今已失传,但像《天圣户绝条贯》《遗嘱财产条法》《户婚敕》等部门敕,则

---

[1] 张晋藩:《中华法制文明的演进》,中国政法大学出版社1999年版,第323页。
[2] 戴建国:《唐宋变革时期的法律与社会》,上海古籍出版社2010年版,第454页。

明确属于单行的民事立法。大量民事法律的出现，必然与宋代经济社会的巨大变革有着息息相关的联系。

宋代土地制度发生了重大变革，出现了由庄园农奴制的经济关系向封建租佃关系转型的重大历史局面。两税法取代租庸调制，按照实际占有土地和拥有财产的多少征收赋税。宋代实行了"不立田制""不抑兼并"更为宽松的土地政策，土地买卖的盛行，促进了私权制度的完善，使以土地所有权为核心的所有权制度进一步深化，土地所有者的合法性也得到了整个社会的认可。出现了大量的诸如典卖、绝卖、断骨、典、典质、典当、质、质举、质贸、抵典等多样化的由国家认可的他物权。租佃制的盛行，导致了所有权各种权能的分离和重新组合，使所有权的占有、使用、收益等权能分离，推动了土地用益物权的形成和发展。随着宋代商品经济的发达而普及，那些与商品经济的发展密切相关的各种契约关系也迅速出现在社会关系的各个方面，雇佣、合伙、居间、委托、担保、仓储、承运、承揽、借贷、租赁等契约形式普遍发展起来。宋代对民事财产权的保护则综合反映在对宋代的土地交易中，宋代的土地交易主要包括绝卖、活卖和倚当等主要形式。宋代在土地交易中对法律制度的创新，对契约双方交易的全程保护以及类似于物权公示制度的出现，综合反映了宋代契约在私主体以土地为核心的各种财产交易中的普遍应用，以及物权、债权等民事财产权利长足发展和法律对保护财产权利的各项制度的革新与进步。

在宋代阶级结构的变化下，从前"四民"（士农工商）之下的"贱民"成为国家的"编户齐民"，他们的民事行为能力不再受以前的种种限制，成为具有民事法律主体资格的客户和人力、女使，从而促使了民事主体范围的扩大和社会的平等化。其中的客户即佃农，大部分是由宋代之前作为世家豪强的"私属"——"部曲"转变而来。他们在宋代由地主的"私属"上升为佃农，成为国家的"编户齐民"，有了法律上的民事主体资格，能够享有一定的民事权利，也能够承担相应的民事义务，在社会经济生活中能够以自己的意志参加民事活动和自由迁徙。其中的人力、女使则是大部分由宋代之前作为主人的"私属"——"奴婢"转变而来，他们作为法律上的一种民事主体，已不再是主人的私人财产，而是国家的"编户齐民"，能够享有一定的民事权利，也能够相应地承担民事义务，是在社会经济生活中能够以自己的意志参加民事活动的"良人"。除了上述"贱民"的法律地位得以提高，宋代女性的民事法律权利也得到了显著的改善，表现为离婚和再嫁条件的放宽，而且妇女在丈夫死亡后，成为寡母时所享有的尊长权。

随着商品经济和生产方式的变革，财产法领域的物权制度和契约制度都得到了前所未有的发展，物权的行使和契约的订立比以往任何一个朝代都更具有自主性和自由度。阶级结构的变化，使得从前无法成为民事主体的部曲、奴婢等"贱民"，成为国家的"编户齐民"，女性的权利也有所增多。反映在民事法律人身关系上，就是各民事主体的法律地位有了一种更为平等的趋势。社会经济的变迁也带动了思想领域变革，整个社会变得更为功利，传统"重义轻利"的"义利观"，在宋代则变成了"义利相合"的社会思潮。民间在这种"义利观"的带动下，民众的思想得以"解放"，开始公开追逐"私利""私财"，并萌发了朴素的维权意识，从而掀起了有宋一代的"好讼"之风。

我们的确依稀"嗅到"了如经济社会其他领域的那种趋向于近代的"气息"。因为近代民法的理念和制度基础，就是建立在财产权绝对、契约自由、人格平等和私权神圣不可侵犯等伦理价值要求之上的。因此，宋代民事法律所显现出的这些进步，可以说在中国民事法律发展史上具有了划时代的贡献。①

不管是宋代还是其后的中国传统社会，以及我们所讨论的民事法律，都没有从自身"进化"出类似于西方的近代性或是现代性，而是出现了停滞甚至是倒退的现象。究其原因，自然是一个非常复杂而且难以完全说透的过程。就民事法律来说，近代民法是建立在财产权绝对、契约自由、人格平等和私权神圣不可侵犯等私法精神的伦理价值要求之上，才使其具备了与近代社会相适应的近代性。但是，恰恰就是在这一点上，宋代民事法律所萌发出来的私法精神和近代因素并没得以延续和发展壮大。其原因何在？学者们众说纷纭，给出了许多的答案。但笔者看来，宋代及其后诸朝代的民事法律之所以没有最终"进化"出近代性，是因为自宋代以来民间宗族组织与家族法所奉行的儒家宗法伦理对人"身份"的逐步强化和对人主体性和价值的漠视，以及理学"尚公"的经济伦理对民众私权意识不断弱化，使得尚处于"襁褓"之中的宋代民事法律的私法精神和近代因素被"扼杀"了，并成为宋代以后中国民事法律的核心价值观，最终使中国古代民事法律走上了一条与近代民法之宗旨完全相背离的路径。笔者将在下文对上述的论断进行

---

① 郭尚武：《论宋代民事立法的划时代贡献》，《山西大学学报》2005年第3期。

详细深入地论证和分析。

第一节　宋代新型宗族组织的重构

宋代新型宗族组织是一种"民间宗族组织"[①]或称"普及型宗族组织"[②]。它是指在宋代建立起来的一种以平民化为主的宗法家族组织，有别于先秦以王室贵族为主的宗族组织和汉唐以世家大族为主的宗族组织。[③]这种"普及型宗族组织"自宋代建立以后，便成为中国传统社会后期基本的社会组织形态。然而这种宋代产生的新型的宗族组织并不是一种全新的社会组织形态，而是前代宗法组织的"变异"。[④]因此有必要对中国宗族组织的演变进行一番梳理。

一　宋代宗族组织的"前形态"

（一）王室贵族式的宗族组织

宗族组织即宗法家族组织，就是以一种以血缘关系为基础的家族制度，[⑤]起源于西周的宗法制下的王室家族组织。宗法制就是以嫡长子继承制为核心，根据亲属关系的长幼、嫡庶、远近来决定政治上不同的地位或尊卑，从而实现国家政权与王室的家族组织结构合一的制度，[⑥]也即合"宗统"与"君统"为一体的宗君合一的宗法形态。[⑦]《礼记·大传》中就有对周代宗法制概括性的描述："别子为祖，继别为宗。继祢者为小宗。有百世

[①]　徐良梅、朱炳祥：《"宗族弱化"的历史原因探析》，《武汉大学学报》（哲学社会科学版）2005年第6期。
[②]　刘广明：《宗法中国：中国宗法社会形态的定型、完型和发展动力》，南京大学出版社2011年版，第76页。
[③]　吾淳：《宋代：伦理的普遍性何以可能》，《孔子研究》2005年第5期。
[④]　冯尔康：《秦汉以降古代中国"变异型"宗法社会试说——以两汉、两宋宗族建设为例》，《天津社会科学》2008年第1期。
[⑤]　金景芳：《论宗法制度》，《东北人民大学人文科学学报》1956年第2期。
[⑥]　范忠信：《中国法律传统的基本精神》，山东人民出版社2001年版，第86页。
[⑦]　刘广明：《宗法中国：中国宗法社会形态的定型、完型和发展动力》，南京大学出版社2011年版，第10页。

不迁之宗。有五世则迁之宗。百世不迁者,别子之后也。宗其继别子之所自出者,百世不迁者也。宗其继高祖者,五世则迁者也。"孔颖达疏曰:"此一经覆说大宗小宗之义。"① 具体而言周天子是天下的大宗,天子之位传于其嫡长子,其他儿子则被分封到各地建立并且统治诸侯国。诸侯相对于天子而言处于小宗的地位,在诸侯国中,诸侯亦为大宗,同时也是一国之君。君之位传于嫡长子,其他儿子被封为大夫。大夫相对诸侯而言,又处小宗地位,在大夫的封地"采邑"中,大夫是大宗,又是采邑的行政首长。大夫之位传于嫡长子,其他儿子为士。士的嫡长子继承士位,其他儿子则是庶人。庶人家里也有宗族组织,嫡长子自然承袭族长之位,是大宗,其余是小宗。② 大宗则"百世不迁",小宗"五世则迁"。一些异姓功臣贵族也通过联姻等方式成为这一宗法关系的组成部分。而平民百姓则只能依附于大大小小的诸侯与贵族等宗族组织,成为宗法制模式控制下的"子民"。③ 这样,宗族就通过此种分层的血缘关系与人身隶属关系对社会进行直接控制,由此形成了以大宗率小宗、小宗率群弟的宗族内部的权利义务或身份关系为基础而建立起来的国家政治隶属关系,家是国的根本,积家而成国。④ 这样,家国同构,从天子到庶民,从国家到家户,在政治和亲属关系上都浑然一体,真可谓"天下一家""家国一体"。⑤ 同时也确立了嫡庶不平等、"亲亲"(爱亲)、"尊尊"(敬长)、"不以亲亲害尊尊"的指导思想,从而在意识形态层面上体现了国家制度中的等级关系对宗族性血缘关系的超越。⑥

春秋以后,由于作为天下大宗的周天子逐渐式微,王权不断没落,各诸侯国则强大起来。至战国出现了一些诸侯国卿大夫夺权成为新诸侯并纷纷称王的情况,如战国七雄中只有燕王室还为姬姓,其他六国兼为异姓。战国后期则出现诸侯称王的情况。⑦ 周天子已无法有效地控制各诸侯国,各诸侯公

---

① (清)阮元校刻:《十三经注疏》,上海古籍出版社1997年版,第1508页。
② 范忠信:《宗法社会组织与中华法律传统的特征》,《中西法律传统》2001年第0期。
③ 李静:《论北宋的平民化宗法思潮》,《重庆师院学报》(哲学社会科学版)2002年第4期。
④ 梁漱溟:《国文化要义》,上海人民出版社2005年版,第15页。
⑤ 马小红:《礼与法:法的历史连接》,北京大学出版社2004年版,第111—112页。
⑥ 徐良梅、朱炳祥:《"宗族弱化"的历史原因探析》,《武汉大学学报》(哲学社会科学版)2005年第6期。
⑦ 姚伟钧:《宗法制度的兴亡及其对中国社会的影响》,《华中师范大学学报》(人文社会科学版)2002年第3期。

室以下亦发生了权力下移的现象，各级官员的任用也不再体现以"亲亲"为原则的王室血缘关系。这种僭越礼制、以下凌上的现象屡屡发生，即所谓的"礼崩乐坏"，这样以宗法制为构架的周代宗族组织也因此最终土崩瓦解了。[①] 然而，宗法制以"亲亲""尊尊"为指导思想的宗法性伦理却为儒家学说所继承，并成为其学说的核心价值观念。随着汉代"罢黜百家，独尊儒术"的实行，这一宗法伦理思想得以复兴和发扬，并最终在其指导下，在东汉时期催生了新样态的宗族组织，并在此后魏晋南北朝和隋唐时期发展壮大，成为这一时期古代中国宗法家族的基本组织形态，这就是所谓的"世家大族"式的宗族组织，也可称为"门阀士族"。

（二）世家大族式的宗族组织

世家大族式的宗族组织仍然以血缘关系为纽带，并以姓氏为单位世代相沿、大规模聚族而居的宗族，形成于东汉末年，鼎盛于魏晋南北朝和隋唐。[②] 有代表性的强宗巨姓、世家大族如东汉末期的司马氏家族和东吴孙氏家族，晋朝的王、谢二大士族，以及隋唐的"崔、卢、李、郑及（长安）城南韦、杜二家"等。这种宗族组织的形成与宗法伦理知识成为入仕的必备条件和选官制度有着直接的关联。自汉代"罢黜百家，独尊儒术"，儒家的宗法伦理知识就成了入朝为官的必备条件，在文化不发达的中国古代，文化知识往往为富有大族所垄断，这样就促成了豪族强宗与儒家士族的合流。豪强子弟读书成为儒家士族，儒家士族通过入仕做官不断扩充自己的政治势力和经济实力成为豪族强宗。与此同时，豪族强宗与儒家士族还控制着选仕权，如汉代的"察孝廉"要通过豪族、名士的"清议"才能被推荐，名士几乎无不出自豪族强宗，魏晋的"九品中正制"也为豪族强宗所把持，凡掌握选官任仕的官吏，如功曹、中正、主簿之类都由他们担任，而且从地方到中央的告官也由他们占据。由此，豪族强宗与儒家士族的合流获得了世代享受高官厚禄的特权，宗族便代代显赫，成为一方之名族、郡望，成为集政治、经济、军事等权力为一身的豪门大族。在政治上，由于他们往往手握重权，又拥有自己的军事力量予以自保和割据，因此能与君主分庭抗礼，甚至操纵王室。君主往往需要他们的支持才能维持其统治，著名的"王马共天下"就是代表性的例子。经济上，他们以封建土地私有制为经济基础，拥

[①] 高婧聪：《"宗法"语词考索》，《青海社会科学》2011 年第 4 期。
[②] 罗炳良：《宗法制度与宋代社会》，《北方工业大学学报》1992 年第 4 期。

有自给自足的庄园经济。宗族的宗主就是大地主，在宗族中拥有最高的权力。而且宗主通过自己强大的政治、经济特权，将众多同宗的小家庭的户籍注销，使他们不用负担国家赋役，聚合在自己的宗族中，使他们完全依附于自己的宗族，由自己来指使号令、征敛租赋。这些小家庭只能将人身完全依附于宗主和宗族，并且不得不变成宗主的私人所有且没有独立人格和人身自由的部曲或农奴。而且这些部曲、农奴地位低下，与同样为宗主"私属"的奴婢一样，身份是不能改变的，只能世代为奴。[①] 在宗族内部，"亲亲""尊尊"的儒家宗法伦理仍然是维系宗族秩序的指导思想，尤其是谱牒之学的兴盛，就是这一伦理价值的集中体现。谱牒源于周王室用来表明身份和维系血统的家谱，世家大族为了凝聚族人、维护森严的等级秩序，以及张扬门阀士族高贵的地位和炫耀自己的贵族出身和血统，因此极其重视谱牒之学。世家大族们竞相修谱、藏牒，非常崇尚谱牒之学，凡举官、交游、婚姻必查谱牒，真可谓盛极一时。谱牒学对人身份的强化，出现了上品无寒门，下品无士族的局面，同时也促使了取士看门第、交游限士庶、婚姻问阀阅等在社会上的普及和固化。世家大族之间的联姻或结盟又形成了一个宗族的大网，笼罩在社会之上，成为社会上最为重要的组织形态，几乎控制了整个社会的分层和运行，自东汉至隋唐延绵不绝。

二　宋代新型的宗族组织形态

（一）世家大族式的宗族组织的瓦解

宋代新型的宗族组织的出现自然与世家大族式的宗族组织瓦解有密切的关系。世家大族式的宗族组织瓦解的直接原因是安史之乱、唐末五代长期频繁的战乱和农民起义，以及五代兵权决定一切的武人专权，其不仅造成了社会的动荡不安，更重要的是对世家大族的毁灭性打击。一者战乱使得宗族离散，无法聚集，宗族观念也随之越来越淡薄，世家大族又是农民起义重点打击的对象，在唐末的农民起义中即便是皇族也无法幸免，更何况这些士族。五代又是一个"礼废乐坏"的时代，在武人专权、兵权决定一切的社会中以儒家伦理标榜的门阀士族根本无立足之地。当然，世家大族式的宗族组织的瓦解更有其政治和经济上的深层次原因。

世家大族式的宗族组织的形成是源自豪族强宗与儒家士族的合流，以及

---

① 王静雯：《宋代的宗法家族组织》，《辽宁行政学院学报》2012年第7期。

对选官权力的世代垄断，这使其有了强大的政治经济特权。北宋立国后，科举考试制度的确立，完全取代了门阀士族的世袭选官制和对选官权力的垄断，入仕大门面向社会的各个阶层，贫寒之家与富贵之家的子弟通过科举考试公平竞争。取士不再看门第而是才学，门阀制度的功能丧失殆尽，世家大族再无任何特权可言。士庶之间身份已无差别，交游不限士庶，婚姻也不问阀阅了。宋代的任官制为了防范官僚士大夫们培植自己的势力，规定了官员任用的流动制。官员成资或满阙则离任，不得连任。士大夫只能宦游四方，不能在其宗族聚居地做官，因此无法在任内购置田产，也难以形成大宗族聚居。由此，世家大族式的宗族组织所存在的经济基础也不复存在。商品经济的冲击和均田制的瓦解，以及"不立田制""不抑兼并"的土地政策，使得地主兼并土地已经不能再依靠政治手段，只能用经济手段来完成。而且田产交易频繁，产权处于频繁更替的状态，可谓"田宅无定主，贫富无定势"①。因此，一旦地主经济地位不稳固，就不可能世代承籍而拥有田产，即便如富弼、王安石这样的官僚地主也很少有历数世代而不衰者。这样，世家大族的庄园经济根本无法维系，而租佃制则成为主要的土地经营方式，契约租佃关系逐渐普遍化。由于世家大族政治特权和经济基础的泯灭，以前人身依附于世家大族的奴婢、农奴、部曲等不再"私属"于宗族的宗主，而成为国家的"编户齐民"，获得了身份上的独立，可以自由迁徙和行使权利承担义务。这样世家大族式的宗族组织没有了存在的社会经济基础，自此退出了历史舞台。

（二）宋代新型的宗族组织的形成与原因

世家大族式的宗族组织在社会上的瓦解，使得宗法观念在宋代进一步淡化，所谓"人家不知来处，无百年之家，骨肉无统，虽至亲，恩亦薄"。②同时，社会成员之间的人身依附关系松弛，契约关系得到普及，庶族地主和士大夫的崛起，以及民众主体意识的增强、身份差异的缩小、流动性的加快，使得社会出现了平民化和自由化的趋向。当然，社会自由化的倾向是统治者不愿意看到的，因为这是对中央集权专制体制最大的危险；而"世道衰，人伦坏"，儒家伦理的淡漠是积极倡导"新儒学"的理学家和士大夫们无法忍受的。为了维护统治阶级的利益和儒家的纲常伦理，理学家主张恢复

---

① 周宝珠、陈振：《简明宋史》，人民出版社1985年版，第152页。
② （宋）张载：《张载集》，中华书局1978年版，第259页。

社会的宗法秩序。宋代早期的思想家李觏就以周礼为依据，提出从"家道"出发，建构以宗法组织为基本架构的社会模式，用宗法伦理来调整社会关系。① 当然，系统地倡导恢复宗法传统的应首推理学家张载，甚至"宗法"一词都是张载首创。② 张载在《经学理窟·宗法篇》的开头就讲道："管摄天下人心，收宗族，厚风俗，使人不忘本，须是明谱系世族与立宗子法。"③ 又说："宗法不立，则人不知统系来处。"④ 他还与程颐把宗法提到了天理的高度，不管是皇族、士大夫还是平民，兼应顺从天理，建立宗法家族。同时也为宗法家族组织在社会上的普遍化提供了理论依据。当然，这一理论并不是要复建周代的宗法制和恢复汉唐以来的世家大族，因为已经没有相应的社会基础和维持其存在的政治经济特权了。因此，理学家眼中的宗法家族是用来"明宗收族"，管控日益"自由"的民众和维护儒家的宗法伦理的一种社会基本组织结构。这一理论恰恰又迎合了统治者的需求，满足了通过科举制形成的士大夫阶层寻求宗族官僚世袭化的要求。⑤ 同时，也使通过拥有众多土地而没有政治经济特权的大批庶族地主，找到了既可光耀门楣，又可稳定自身地位，使其后人长享富贵的出路。因此在北宋建国百年后，以范仲淹在苏州长洲、吴县设立"义庄"，苏洵、欧阳修编写本族新族谱为标志，一种民间化的与新兴官僚和地主经济、政治相适应的宗法家族组织在宋代社会上下慢慢普及开来。⑥

（三）宋代新型的宗族组织的内容

宋代新型的宗族组织，仍然是一种以血缘为纽带，奉行宗法伦理的宗法家族共同体，以族长权力为核心，以族产、家谱、祠堂和家法族规为主要特征的新兴宗法家族组织。一般分为两类：一类是有魏晋遗风，但没有门阀士族特权的世代同居共产的大家庭，合门为一户，财产属大家庭所有，史称"义门"。这种宗族组织以财产家庭共有为基础，在宋代社会，这样的大家庭很难维系，宋史中只记载了诸如陆九渊和赵鼎为代表的几十户这样的世代

---

① 李静：《论北宋的平民化宗法思潮》，重庆师院学报（哲学社会科学版）2002年第4期。
② 高婧聪：《"宗法"语词考索》，《青海社会科学》2011年第4期。
③ 邱汉生：《宋明理学与宗法思想》，《历史研究》1979年第11期。
④ （宋）张载：《张载集》，中华书局1978年版，第258页。
⑤ ［日］井上彻：《中国的宗族与国家礼制》，钱杭译，上海书店2008年版，第22页。
⑥ 刘广明：《宗法中国：中国宗法社会形态的定型、完型和发展动力》，南京大学出版2011年版，第76页。

同居共产的大家庭。当然最主要、最普及的还是另一类宗法家族组织，即以血缘为纽带的个体小家庭聚族而居的宗法家族。这些小家庭本身即成一户相互别立，拥有自己的生活和生产资料，但因为是同一祖先的后代按照一定的方式聚家而成族。这一定的方式就是由族（家）长、族产、族（家）谱、祠堂、家法族规来实现的。

族长是宗族内地位最高的人，同时也是族内的"最高首领"，是族中大小事务的指挥者和监督者，族内的其他人都要对其马首是瞻。族长由族人共同推选，一般是德高望重、有组织才能者居之。这样一来，族长不一定再像以前的宗法组织那样由该宗族中年龄辈分最长的嫡子出任，还可以是其他有能者。这正是官僚和地主恢复宗族组织的初衷，他们可以凭借自己在族中的政治影响力和经济地位来赢得族长一职，成为宗族的核心，以此来控制整个宗族组织，实现其巩固既有身份、地位和财富的目的。这样的宗族组织毕竟是由各有私产、血缘关系远近不同的小家、小户组成，族长推选制使得宗族的维系更为方便。

族产可以说是宋代宗族组织最为重要的特征，是家族公有的财产，以田产为主。一般由族中有地位有财富的族人捐赠或族人集体筹措而成，主要用于救济族人、祭祀祖先、设义学教育族中子弟等公共事务。所以往往称其为"义庄""义田""义宅""祭田""役田""劝节田"等。如北宋名臣范仲淹就置买良田十多顷，以每年所得租米来赡养宗族。这就是"义庄"或"义田"。范氏义庄的设立为其宗族的稳定与发展提供了可靠的经济来源。这也为历代士大夫所仿效，使"义庄""义田"逐渐得以普及。族产的存在，可以说是对宗族的巩固具有决定性意义的。官僚或地主往往通过自己的族长身份直接支配这笔宗族财产，甚至还借以谋取私利或侵夺。通过对族产的支配来控制族人，族人往往只有服从族长的命令，并恪守家法族规和宗法伦理才能得到这份宗族的福利，对于贫穷的族人来说更是如此。

族谱本是周代王室和汉唐贵族用以彰显其高贵血统和等级秩序的标志，与平民百姓毫无牵扯。自世族毁散，族谱流失，族谱之价值尽失，谱牒之学备受冷遇。然而随着宋代宗族组织的建立和宗法伦理的恢复，族谱又为各个宗族所青睐。但此时的族谱已无前代标榜身份和地位的功能，仅起着"敬宗收族"、凝聚族人的功效。在北宋仁宗时，苏洵和欧阳修就以不同的体例编写了各家的族谱。自此，编修族（家）谱逐渐成为各个宗族组织一项重要的活动，并在民间普及开来，一些宗族甚至将修谱作为宗族后代的义务写入族规，至明清社会已是每个宗族的必备之物。族谱中除了本宗族血缘世代的记载外，还有族中的重大文件、历代名人、家法族规等内容，从而进一步起到了加强伦理训诫和控制意识形态的作用。

祠堂可以追溯到唐代的"家庙"，但当时只有士族或官僚才能设立家庙。到北宋仁宗庆历年间，也只是允许官僚建立本族的家庙。然而在张载、程熙的大力提倡下，民间也逐渐开始有了自己的祠堂。祠堂往往是宗族中最为显眼的建筑物，可以说是宗族的象征，在宗族组织中的作用十分重要，不仅与族谱一样起着"敬宗收族"、团结族人的作用，还是祭祀祖先、重大仪式、族人聚会、宴饮议事的中心场所，甚至是处理纠纷、处分族人的"法庭"。朱熹在《家礼》中一再宣扬祠堂的重要性，并且对祠堂的方位、内部结构、陈设道具、活动流程等做了详细的记述。祠堂在民间的普遍兴起，还是在宋代以后的明清社会，一般的宗族组织不仅有全族同祭的总祠、宗祠或族祠，而且宗族内部还细化出各房或支房的支祠。

家法族规宋代之前就已有少量出现，之所以在宋代大量出现，是因为宋代形成的宗族组织是各个小家庭的结合，凝聚力显然不能同世家大族式的宗族相比，为了加强对族人的控制，防止族人不受宗族管理，建立了以"家范""家训"等以伦理训诫为内容的劝谕性家法族规，和"家法""家规"等具有惩罚性功能的家法族规。在家法族规中涉及大量的民事关系且足以代替国家的民事法规，使得大量的民事法律关系由宗族内部调整，大量的民事纠纷也由宗族内部所处理。家法族规的进一步发展阻碍了国家民事法律制度的发展，使得中国古代的民事法律在经历了宋代的大发展后停滞不前。因此，本章将在后文中对宋代的家法族规进行详细的论述，此处就不再冗述。

在族长权、族产、族谱、祠堂、家法族规的不断完善中，宋代新型的宗法家族组织便在宋代社会生根发芽，逐渐成为社会中最为基本的组织形态。随着各个宗族之间的联姻和结合，几乎除了一些城市居民和流民外，社会上的所有民众都无一例外地被划归到各个宗族组织之中，成为各个宗族中各个层次的成员。社会民众人身再一次地依附于一个宗法组织，被"亲亲"（爱亲）、"尊尊"（敬长）、三纲五常等宗法等级伦理所束缚，刚刚兴起的主体意识被压制，并随着这一宗族组织在中国社会后期的加强而消磨殆尽。

第二节　宋代宗族组织的家族法对国家民事制定法的逐步取代

一　宋代家族法与国家制定法之间的关系

家族法（或称宗族法）就是上文提及的家法族规，是指宗族权贵为了保护自身的特殊利益和维系宗族组织的长治久安，制定的一种在宗族内部具有普遍约束力的规则。它将儒家宗法伦理、国家法律、民间习惯进行加工整理、删减增补而成，多为成文法规。[①] 家族法一般由全体宗族成员共同商议制定，也可以由族长或族内的"族望""贤达"单独或共同制定。于祭祖之日在祠堂中将家族法草案向全体族人宣读或公布，在经得半数以上的族人同意并由族长签署后，即具有了约束力，有如"祠壮""祠丁"等宗法家族力量保证家族法的实施。其后，大多数宗族多要将制定好的家族法送到官府备案或批准，这样就得到了国家作为其后盾来保证家族法的强制执行力。国家之所以会允许或默认在国家制定法之外还另行存在家族法，一者是因为宗族法的实体宗法家族组织的存在，本身就是在统治者的支持下成立并发展起来的，而且家族法的内容主要也是依照宗法伦理和国家法律的规定制定出来的，与统治者制定的法律在立法指导思想和维护利益，以及内容上是一致的，基本不存在冲突的地方，即所谓"国与法无二理也，治国与治家无二法也，有国法而后家法之准以立，有家法而后国法之用以通"，"立宗法实伸国法也"。[②] 再者家族法对国家制定法也起到了补充的作用。因为中国古代的制定法有着"重刑轻民"的传统，制定法基本上是刑法典。[③] 而民事法律关系因为危害性小，大都是"小民之琐事"，故被看作是"细故"，不受统治者重视。因此，民事制定法方面的内容所占比例少，条文也不多，涉及的面也较为有限。而在家族法中调整的正是国家制定法"鞭长莫及"的道德伦理教化、家长里短、对恶习陋俗的惩治，以及大量的民事规范，对统治

[①] 曹智：《论民间的民事习惯法——宗族法》，《广州大学学报》（社会科学版）2006年第1期。

[②] 李交发：《论古代中国家族司法》，《法商研究》2002年第4期。

[③] 杜路：《中华法系"重刑轻民"成因研究》，《西北农林科技大学学报》（社会科学版）2013年第5期。

秩序并无实质性妨害的内容。对社会的控制，主要的手段就是道德、宗教和法律，通过人们对每个人所施加的压力来保持。① 也就是费孝通先生所说的，社会的控制真正是要通过社会力量来完成的。② 国家法与家族法二者之间是互为表里、相互配合、相辅相成的，二者不存在如西欧中世纪教会法、世俗法和城市法之间的横向竞争，而是一种法律秩序和民间秩序的直接结合，即一种"官——民秩序格局"。③ 因此，统治者自然乐于见到这种既能维护其统治秩序，又能减少国家的管理社会、进行司法的成本。这样，在国家和统治者以及宗族组织的联合支持下，家族法迅速在社会上生根发芽了。

二 宋代家族法的主要类型

在家族法中，并不是所有的家族法规都是具有强制执行效力的规范，亦有劝谕说教为主的家族法规，如"家训""家范"等，早期的家族法规大多是以这种形式出现的。早期的这种家族法规可以追溯到汉初有任公及邴氏的家约，以及此后武侯、班昭等的戒书。至魏晋南北朝，家族法规也以劝谕说教为主，如北齐著名的《颜氏家训》。唐时家族法规逐渐增多，其强制性也有所增强，如史称刺史穆宁的"家法最峻"，稍不如意，便要"杖之"。④ 然而随着唐末五代宗法家族组织的衰落和瓦解，刚刚兴起的家族法规随之不传。直到宋代宗族组织的重新建立，家族法规才又一次兴盛起来，而且发展迅速，各个宗族组织都根据需要制定了本族的家族法规。如宋人赵鼎说："聚族既众，必立规式为私门久远之法。"⑤ 明人谢肇淛也说："汉称万石君家法，唐则穆质柳公权二家，为世所崇尚；至宋则不胜书矣。"⑥ 宋代家族法亦有劝谕说教为主的"家训""家范"等类型，早期较为多见，如司马光的《温公家范》、黄庭坚的《家戒》、赵鼎的《家训笔录》、朱熹的《朱子家礼》、袁采的《袁氏世范》、真德秀的《教子斋规》、陆游的《放翁家训》等等，而王应麟的《三字经》更是流传甚广。随着家训的进一步发展，一

---

① ［美］罗·庞德：《通过法律的社会控制·法律的任务》，商务印书馆1984年版，第9页。
② 费孝通：《社会学概论》，天津人民出版社1984年版，第181页。
③ 梁治平：《中国法律史上的民间法——兼论中国古代法律的多元格局》，《中国文化》1997年第15、16期。
④ （宋）王谠：《唐语林》，古典文学出版社1957年版，第208页。
⑤ （宋）赵鼎：《忠正德文集》，上海古籍出版社1987年版，第765页。
⑥ （明）谢肇淛：《五杂俎》，河北教育出版社1995年版，第522页。

些家训如司马光的《居家杂仪》、朱熹的《朱子家礼》等则逐渐从说教式的家训转换为具有强制执行性质的家法族规，如包拯就在他的遗训中表明："后世子孙仕官有犯赃滥者，不得放归本家。"① 可见，已强化了家训的惩戒性。当然，带有惩罚性的家族法规主要还是见于宗族组织的族谱里。前文提到族谱中除了本宗族血缘世代的记载外，还有族中的家法族规，家族法规的制定往往和修谱是连在一起进行的。家族法规主要包含在族谱的家训、家范、家规、祠规、祠堂记、义庄记、义田记、宗约等普例中。北宋钱惟演的《谱例》中就有五条是关于违反家族法规应予"叱之"或"罪之"等惩罚性的条款。南宋《锡山邹氏家乘》中的《凡例》也承袭了类似的内容。如擅自通婚者"通族不许称呼"；砍伐祖坟之木者则"送有司治罪"；为僧道者"不得录其备于谱，如入者削之"。② 另外，宋代还有一类家族法，就是世代同居的大家庭制定的"义门"家法。这种"义门"前文已经说明过，因为这种宗法家族系统庞大、人际关系复杂，极易产生各式各样的纠纷和矛盾，所以非常需要订立一系列严格的家族法规保持其能正常存续和运转。因此，这种"义门"都有自己的家族法，其中影响大的是江州陈氏"家法"与浦江郑氏的《郑氏规范》。③ 这种家族法在编写体例上更加规范，有类似于国家法律的正文、行为规范、法律后果和注疏等部分。在内容上也与国家制定法相近似。④

不管是哪种形式、哪种效力的家族法，其核心部分始终是大量的民事性规范，涉及家庭、婚姻、继承、物权、债权等民事法律的各个方面，主要来源于对国家法律规定的吸收。在国家制定法没有规定和涉及的情况下，用宗法伦理和民间习惯来代替。因此，家族法中的民事规范不仅涵盖了国家制定法中的民事法规，而且还调整了国家民事法律制度中无法涉及或遗漏的部分，可以说家族法本身就可以被认为是民间的民事法。这样家族法就承担了大量民事关系的调整，进而平抑甚至取代了国家民事制定法对广大民众民事法律关系的调整和规范。

---

① （宋）张田：《包拯集》，中华书局1963年版，第136页。
② 费成康：《中国的家法族规》，上海社会科学出版社1998年版，第244—245页。
③ 方小芬：《家法族规的发展历史和时代特征》，《上海社会科学院学术季刊》1998年第3期。
④ 苏洁：《宋代家法族规与基层社会治理》，《现代法学》2013年第5期。

三 宋代家族法中的民事规范

（一）宋代家族法中婚姻家庭方面的民事规范

在家族法的民事规范中，由于看重家庭、婚姻、继承等方面的民事规范对于维系国家和宗族组织的秩序和发展中起到的作用，所以一般的家族法对于家庭、婚姻、继承等方面的民事规范要比财产方面多，而且也更为详细和具体。《礼记·婚义》中就明确提出："婚姻者，合二姓之好，上以事宗庙，下以继后世。"可见，婚姻是扩大宗族势力、告慰先祖、宗族繁衍昌盛的大事，这样重要的事务是由不得作为婚姻当事主体的男女个人的意志来决定的，正所谓"婚姻为男女终身之大事，迥非寻常契约所可比拟，理宜慎重。若一任诸当事者之自由，诚恐年轻女子阅历未深，血气未定，只计目前，不虑远大，致贻后悔"①。因此，不管是国家法律还是家族法都明确规定，婚姻大事须由家长（父母或祖父母）、族长来安排和决定，子女不能违抗，而且不管子女是否同意，只要得到家长、族长认可，婚姻就是有效的，即还必须遵守"父母之命、媒妁之言"的古训。家族法中还规定婚姻的缔结须经过"六礼"的执行、婚约的签订，以及婚礼的举办等程序才算结婚。如南宋《锡山邹氏家乘》的《凡例》中就规定："当其娶日，亦必会诸族男女，以知尊卑称呼。或茶、或饭、或酒、或撰，随家丰俭勿论。"② 对于"同姓为婚，其生不蕃"的自然规律，家族法中都明确规定同姓族人严禁通婚。对于两个宗族之间的联姻，家族法也进行了细致的规定。在宋代，婚姻已经不注重门第，民间多求财，士大夫则多求德。如司马光的《温公书仪》中就要求子女婚姻"勿苟慕其富贵"，而要重德行。朱熹在《朱子家礼》中也要求"当先察其婿与妇之性行及家法如何"。袁采的《袁氏世范》中也一再强调"男女议亲不可贪其阀阅之高、资产之厚"。宋以后的家族法则一般讲究"门当户对"，如泾川万氏《家规》就明确规定："嫁娶不拘贫富，惟择阀阅相当"；"果系名门，方许缔姻"。③ 另外，对于国家法不是十分重视的婚配年龄，家族法中却有严格的要求。同时对于婚姻存续期中的规定，家族法一般贯彻的是儒家的三纲五常和男尊女卑的教条，要求女子三从四德，服

---

① 徐朝阳：《中国亲属法溯源》，台湾商务印书馆1973年版，第100—101页。
② 费成康：《中国的家法族规》，上海社会科学院出版社1998年版，第237页。
③ 朱勇：《清代宗族法研究》，湖南教育出版社1987年版，第42页。

从于自己的丈夫,这可以说是国家制定法的进一步补充和完善。家族法对国家法的补益还表现在离婚问题上,国家法虽然规定如"七出""和离""义绝"等离婚事由,但要将其付诸实施还得依靠家族法的落实。可以说,离婚基本上是由家长决定或族长认可的,而且家长或族长还可以强制命令男女双方离婚,可以说这已超出国家制定法的规定了。

在家庭或宗族内部,与在婚姻中一样,权利都掌握在家长或族长手里,家族法不仅赋予家长对家庭财产的支配权,还赋予家长或族长对家庭成员或族人的教令权及由此发展出来的责罚权等治家之权。[①] 如教导监管、当面叱责、贬抑(生活中歧视)、掌嘴、打手、罚跪、杖责、标示(公告罪状)、押游(游街)、枷号、磕锁、共攻(族人共讨)等。[②] 家长或族长还可以将子孙或族人送交官府,由国家法来惩处,称为"鸣官",现在的学者称之为"送惩权"。[③] 送惩时,家长或族长一般都会"连名出首"以示对子孙或族人的惩罚为合族之公意。此外,家长或族长对于家人或族人的身体自由有决定权,他们不但可以行使亲权,还可以凭借法律的力量,剥夺家人或族人的自由或放逐边远。这些家人或族人将被排斥在宗族之外。被排斥于宗族之外,也就意味着无法在社会上立足。[④] 严禁卑幼或族人冒犯尊长,如浦江郑氏的《郑氏规范》就规定:"卑幼不得抵抗尊长。"以及禁止家人或族人将一般民事纠纷不经家长或族长处理就擅自告官。如司马光的《温公书仪》中就明确要求:"凡诸卑幼,事毋大小,毋得专行,必咨察于家长。"

(二) 宋代家族法中继承方面的民事规范

继承问题是关乎宗族延续和血缘结构的大事,因此作为家庭或宗族的领导者,家长或族长,都极为重视。不管是家族法还是国家法都规定了继承必须遵循的各种原则,并赋予了家长和族长在继承中的各项权利。宗族内的继承一般包括财产继承和宗祧继承。宋代,家族法在财产继承中一般推行的是"诸子均分"的制度,而女儿出嫁后就基本丧失了财产继承的权利。虽然被继承人可以通过"遗嘱"或者在生前就直接分割遗产,但这会受到家族法

---

① 俞荣根:《寻求法的传统》,群众出版社 2009 年版,第 426—427 页。
② 费成康:《中国的家法族规》,上海社会科学院出版社 1998 年版,第 98—104 页。
③ 陈志:《古代中国父权与古代西方父权的比较》,《江苏警官学院学报》2005 年第 6 期。
④ 瞿同祖:《瞿同祖法学论著集》,中国政法大学出版社 1998 年版,第 14 页。

的限制，即不能过度地违背"诸子均分"的制度，也不能破坏财产继承人的顺位。继承人不仅要继承被继承人的遗产，而且还要履行被继承人生前所负担的债务，其不同于现代的继承法，继承人对此债务要承担不以遗产范围为限的无限偿还义务。而且，也不能发生现代财产继承法中子孙和父辈之间的双向继承，即只能是子孙对父辈遗产的继承，不能发生父辈继承子孙遗产的逆向继承。当然，这与古代财产继承和宗祧继承总是绾连在一起有关。宗祧继承是对宗族祖宗血脉的正宗继承，严格实行宗族组织世代相袭的嫡长子继承制，凡是承继香火者必定享有财产继承的权利，所以古代继承是无法实现双向继承的。但是，嫡长子一旦亡故，而又无子嗣或者后裔，则宗祧继承就难以延续。这对宗族的维系和延续是非常危险的事情，所以在此种情况下，不管是家族法和国家法都赋予了家长或族长各种权利来保证宗祧继承顺利执行和家族血脉的延续。宋代法律中规定："立嗣合从祖父母、父母之命，若一家尽绝，则从亲族尊长之意。"① 同时，法律还赋予了家长或族长命继权和立继权。命继是在夫妻均已亡故，或夫先亡而妻又改嫁的前提下，由亡夫的近亲尊长代为指定继承人的制度；立继则是由家长或族长为亡夫指定宗祧及财产继承人的制度。② 宋法规定："命继者谓夫妻俱亡，则其命也当惟近亲尊长。"③ "族长，握继立之权"。④ "立继由族长，为其皆无亲人也。"⑤ "凡立继之事，出于尊长本心，房长公议，不得已而为人后可也。"⑥ 在命继或立继中，继承人与被继承人之间可能仍然具有一定的血缘关系，如被继承人兄弟或亲属的子嗣或后裔。当然，也有立养子为宗祧继承人的。关于养子的继承权，国家法律中没有明确的规定，这就给家族法留下了调整的空间。各宗族的家族法由于所秉承的宗法伦理的差异，对此的规定也不尽相同。一般的宗族不会禁止族人收养异姓子女，不过会对养子的各项权利给予限制，如不得享受宗族族产的救济、被收养人不得记入族谱等。有的宗族则将族人收养异姓子女视为是"渎姓乱宗"行为，明令禁止族人收养异姓子女。

---

① 《名公书判清明集》，中华书局1987年版，第211页。
② 殷啸虎：《试论唐宋以后的财产继承制度》，《法制史研究》1990年第3期。
③ 《名公书判清明集》，中华书局1987年版，第266页。
④ 同上书，第264页。
⑤ 同上书，第260页。
⑥ 同上书，第204页。

(三) 宋代家族法中财产方面的民事规范

家族法中关于财产关系的规定，虽说没有像婚姻、家庭以及继承这些关乎宗族命运的内容那么周详，但是也为宗族所重视，毕竟财产关系处理不好会危及宗族组织的稳定和繁荣。宋代虽然是财产法律关系大发展的时期，但是主要集中在与田宅相关的方面，而且还是略显原则，日常经济生活中的大量财产关系还是得依靠家族法来补充规范。家族法对这些民间"细故"的调整得到了统治者的认可和支持，成为规范财产关系的主要法律渊源。说起宗族中的财产关系，应该从宗族的基础经济单位——小家庭开始。

宋代的宗族组织一般都是由数个小家庭组成的聚合体，每个小家庭本身又是国家的"户"相互独立。中国古代是以"户"（家庭）为民事主体的，极少承认自然人个体的民事主体资格，因此每家每户都拥有自己的生活和生产资料，并由户主或家长作为户或家庭的法定代表人来支配和管理家庭的财产。① 因此，宗族中各个家庭有独立占有、使用、收益、处分自家财产的权利，宗族组织一般不予干涉，只是和国家法一样确认家长在家庭财产上的支配地位。宗族组织主要表现就是禁止卑幼私自使用家庭财产，禁止家庭成员蓄积私财，以及禁止子孙脱离家长而别籍异财。周礼中就要求"父母在，不许支以死，不有私财，不有私财者，家事统于尊则关尊者，故无私财"。"子妇无私货，无私蓄，无私器，不敢私假，不敢私与，家事统与尊也。"因此法律明确规定："诸家长在，而子孙弟侄等不得辄以奴婢、六畜、田宅及余财物私自质举，及卖田宅。"② "卑幼私辄用财者，十匹笞十，十匹加一等，罪止杖一百。"③ "诸祖父母、父母在，而子孙别籍异财者，徒三年。"④ 法律对于卑幼未经家长意思表示就处分家财的行为进行了规范。宋法规定："专擅典卖、质举、倚当，或伪署尊长姓名，其卑幼及牙保引致人等，并当重断，钱业各还两主。"⑤ 即如果家长不同意的话，此即为无权处分，交易当属无效。⑥ 如果说宗族对家庭财产权利有什么干涉的话，就是在私产（尤

---

① 马建兴：《中国宗族制度与封建国法之关系》，《长沙铁道学院学报》（社会科学版）2002 年第 1 期。

② 《宋刑统·卷一三》。

③ 同上。

④ 同上。

⑤ 同上。

⑥ （宋）释文莹：《玉壶清话》，中华书局 1984 年版，第 123 页。

其是田土）的处分中为了维护宗族组织赖以存在的物质基础，维护宗族秩序的稳定，家族法要求"产不出族"，即在族人处分私产时，亲族有先买权。要"先尽本房，次及族人"，族内无人购买时，才可处分给非本宗族之人。国家法律也确认了这一原则，即"先问亲邻"原则。宋律中就有详细规定曰："应典卖倚当物业，先问房亲；房亲不要，次问四邻；四邻不要，他人并得交易。房亲着价不尽，亦任就得价高处交易。如业主、牙人等欺罔邻、亲，契贴内虚抬价钱，及邻、亲妄有遮蔽者，并据所欺钱数，与情状轻重，酌量科断。"① 如果族人违反亲族的这一优先权，就算是交易已经完成，也会被族长勒令赎回产业，并受到家族法的惩处。

说完了宗族组织内部各个小家庭的私产，就要说到宗族组织的公产，即前文提到的族产。族产一般由族中有地位有财富的族人捐赠或族人集体筹措而成，主要用于救济族人、祭祀祖先、设义学教育族中子弟等公共事务。由此，家族法规定族产是宗族的共有财产，所有权人是宗族的先世祖先，宗族后世子孙只能享有族产的占有、使用、收益等权利，严禁擅自处分族产。家族法还对族产的诸如买卖、转移、典当、质押、借贷、租赁关系等方面都做出详细的规定。如范仲淹就在设立义庄后，制定了《义庄规矩》规范族产的使用。族产的管理权，一般是由族长行使。如《名公书判清明集》中记载江齐戴因户绝而其财产作为其宗族的族产，即江氏义庄来使用，管理义庄的就是该宗族族长。②

以上是家族法中的民事内容，可以说涵盖了民事法律关系的各个方面，而且还超出了国家民事制定法所能调整的范围。在国家法律对其认可和确认的基础上，家族法可以说完全能够取代了国家制定法对民事法律关系的调整。从真正意义上使家族法成为中国古代实质意义上的民事法律规范进而代替国家制定法的是国家制定法给予了家族法以"准司法权"（或"半司法权"）的特权。

四 宋代家族法的"准司法权"

中国古代社会实行的是权力高度集中的中央集权制政体，其实质是帝王

---

① 《宋刑统·卷一三·典卖指当论竞物业门》。
② 《名公书判清明集》，中华书局1987年版，第265—267页。

个人独裁的专制政体，在广大的基层社会，国家权力的有效行使却是缺失的。① 从历史上看，不管是先秦时的分封制和秦汉时的郡县制，还是唐宋及明清时的府州县制，代表国家权力的行政机构和司法机构一般只设到了县一级，即通常所说的县衙。县以下虽有乡、里、保、甲、亭、村等建制，但都不是国家机关意义上的行政机构，自然也没有国家意义上的司法权。偌大的一州一县从小到大、百姓的家长里短、口角争纷到杀人放火、谋财害命的全部案件都呈诉至县衙由其一一处理，显然对于官府来说是非常困难的事情。"天高皇帝远"，交通信息闭塞，许多村镇都处在官府的直接控制和监督之外。再加上自宋以后县令又必须亲自坐堂审理，不能由其他官吏分担其审理之责。② 这些官僚士大夫们又深受宋代理学尚公思想的影响，多以劝谕息讼等方式压制民众的维权行为。所以，在中国传统社会里，往往从县一级就出现司法空缺乏力，甚至混乱不堪的情形。宗族组织及家族法将大量的诸如田宅、户婚、钱债、民事纠纷等众多被统治阶级视为对国家不具有危险性的小民"细事""细故"纳入其调整的范围，是对维护国家统治秩序最为理想的分担和补充。如上文所说，国家与宗族之间的利益是一致的，将民间"细故"交由宗族处理既能维护国家统治秩序，又能减少国家管理社会和进行司法的成本。所以，统治者一般会将轻微的刑事案件和民事纠纷的处理下放给宗族，并明确认可或默许由家长或族长执行这一准司法权或半司法权。宗族的家长或族长便在皇权难以触及的领域中充当了统治者的半司法者，帮助统治者管理其"臣民"。③

家长或族长便成为宗族内部的"法官"，拥有族内的司法权和对族人的惩罚权。有的宗族还在族长之下设"族副""宗纠""通纠"等来辅助族长进行审判和监察。④ 广大的族人则成为家长或族长实施家族法规的对象，族人一旦违反家法族规就要受到家长或族长的审讯。族长在适用家族法规时，轻则教育批评，重则棍棒相加。对于族内的家长里短、婚丧嫁娶、分家析产、田界宅址、买卖租赁等民事纠纷，一般都是以调解为主。由族长或族长认可的德高望重的"族耆绅衿"，依据家族法同双方当事人协商解决纠纷。

---

① 李交发、原美林：《传统家族司法价值论》，《湘潭大学学报》（哲学社会科学版）2010年第6期。
② 李交发：《论古代中国家族司法》，《法商研究》2002年第4期。
③ 武树臣：《中国传统法律文化》，北京大学出版社1994年版，第728页。
④ 李交发：《论古代中国家族司法》，《法商研究》2002年第4期。

如果调解不成，再由族长召集族内一些有威望的族人听取双方当事人不能调和的原因，然后进行劝谕，最后依照家法族规公断是非。对于那些拒不执行裁决的族人，家族法还采取诸如辱骂、训诫、记过、罚跪、罚银、除位，甚至是活埋、迫其自缢等一系列的处罚方式来维护宗族司法的严肃性和裁决的有效执行。可见，宗族内部的司法俨然成为国家司法机关以外的最为基层的一级司法机构。家族法一般规定，民事纠纷不经族内处理和裁决，严禁上告官府。对于不先禀明族长、不听劝谕息讼擅自兴讼告官的族人，族长有权对其实行诸如责打、罚钱、到祖宗面前数落其罪，甚至不许其入祠或者从族谱中直接将其除名等。① 这一"族内先断权"得到了官方的明确支持。同时，对于绝大多说民事案件来说，这一司法机构所做出的裁决具有"终审判决"的效力，双方当事人必须遵守，其他族人也不得提出异议。虽然一些家族法规定如果族人不服族内的司法裁决，双方当事人均可到衙门提起诉讼。但是，坐堂断事的县令不重视民事"细故"，也无力处理大量的民事纠纷，在理学公利思想的影响下，往往采用的是"息事宁人"息讼方针，一般都是维持宗族的原判或者发回宗族由族长再次审理。不管是官方还宗族组织都在灌输争讼告官不但有辱家族门面，招人嘲笑，而且还容易伤害族人乡里的感情阻碍宗族内部的和睦相处，如司马光在《温公家范》中说道："争匿其财，遂至斗讼"则"为乡党笑"。② 让民众产生一种"厌讼""惧讼"的心理，使民众不愿甚至不敢去诉讼。如陆游的《放翁家训》中就讲道："诉讼一事，最当谨始，使官司公明可恃，尚不当为，况官行关节，吏取货贿，或官司虽无心，而其人天资简弱，为吏所使，亦何所不至。有是而后悔之，固无及矣。"③ 由此，家族法中对于民事关系从调整、规范、处理再到执行系统的全面控制，以及对民事案件的这种"终审性"，使得宗族家族法在真正意义上代替了国家民事制定法的作用和地位，成为传统中国事实意义上的民事法。

宋代的宗族组织和家族法毕竟是在宗法观念淡薄，以及"人家不知来处""骨肉无统"的社会环境中重新建立起来的，而且从上一类型的宗族组织到宋代新型宗族组织的建立之间，相隔了百年之久。故而，虽然宗族组织

---

① 王静雯：《宋代宗法家族制度对诉讼的影响》，《绥化学院学报》2012年第3期。
② （宋）司马光：《温公家范》，天津古籍出版社1995年版，第25页。
③ （宋）陆游：《放翁家训》，中华书局1985年版，第6页。

和家族法在功能和效力上都已经基本齐备，但是对民间的控制还需要时间的积累和进一步的强化。所以，不管是作为"法律名流"的官僚士大夫对宗法伦理和公利思想如何大力倡导，还是宗族组织和家族法多么迅速地普及和兴盛，宋代的民间还是兴讼成风，个体意识和维权意识空前高涨。随着宋代中后期及明清社会理学成为官方的正统思想、宗法伦理更为深刻地影响家族法之后，宗族组织和家族法得到了空前的巩固和强化。明清时期宗族组织则完全在社会上确立，宗族无论大小几乎都制定了本族的家族法，用以控制族人并维护宗法伦理和统治阶级的社会秩序。统治者也更加支持宗族组织和家族法，朱元璋就在教民榜中规定凡是户婚、田宅、钱债、民事纠纷禁止诉官，须经宗族族长先行处理。[①]《大清律例》则将民事纠纷，尤其是婚姻继承之类的案件转宗族处理为主。可见，家族法这样的民间法在清代社会，起着比国家法更为广泛更为重要的作用，其地位不可替代，构成了社会秩序的基础。[②] 最终这也阻碍了中国古代国家制定法意义上的民事法律制度在广度和深度上的发展和进步，既没有诞生形式意义上的民法典，也因为宗法伦理的统治地位，没有形成实质意义上的类似于西方社会的近代民法。

第三节　新型宗族组织与家族法的宗法伦理对人"身份"的逐渐强化

一　宋代家族法对族长权的维护

从上文的论述中我们可以鲜明的发现，几乎所有家族法的内容及其执行程序都在不遗余力地维护家长或族长等尊长的特权和地位。在婚姻关系中，家长或族长拥有绝对的主婚权，其实就是所谓的包办婚姻。家长或族长无须征得婚姻当事人的同意，只要自己满意，就可以随意决定，可以随意命令或决定其子女与任何自己认为合适或满意的人结婚，更不容子女违抗。如果婚姻当事人自己作主进行了婚配，则会受到上至国法下至家法的一致制裁。如果婚姻当事人不同意家长的决定甚至以死反抗，一切都无济于事，依然要受

---

① 刘广安：《家法族规与封建民事法律》，《法律学习与研究》1988 年第 2 期。
② 梁治平：《清代习惯法：社会与国家》，中国政法大学出版社 1996 年版，第 16 页。

到惩罚。由此可见，作为子女的婚姻当事人根本就没有结婚的自主权，只能听任家长的安排。不仅如此，即使是在离婚上，也要由家长决定或得到族长的认可，家长或族长甚至可以强令子女离异。

在家庭中，家长不仅对家庭财产具有支配权，而且对家庭成员的人身也具有支配权。在家中，家长掌握着家庭的经济大权，有管理和监督家庭成员进行生产、支配消费的权利。除了家长，其他家庭成员是没有资格和权利支配家中财产的。卑幼在经济上没有独立的地位，在财产方面也始终处于无权状态。在古代中国，家族法和国家法都禁止卑幼自己拥有私产，而且不经家长同意，子女不得擅自使用或处分家财。[①] 如在绝卖、典卖、抵当财产的交易条件和程序上都要求家长亲自过问商议或签字画押署名。也就是说必须由家长出面财产交易才具有法律上的效力。[②] 同时，家族法和国家法也禁止家长在而子孙"别籍异财"的行为，这不仅防止了家庭财产的分散导致的家长财产支配权的落空，而且从家族和法律上保证了家长终身的家庭财产支配权。在人身上，除了上述的主婚权，家长还有教令权及由此发展出来的责罚权等治家之权。家庭成员必须服从家长的命令，在家长的监督下生活。家庭成员要听从家长的管教，否则要受到家法的惩戒。家长还有送惩权，即将不听管教和违反家法的家庭成员送交官府，由官府进行制裁。将家扩大至宗法家族，族长对族产也具有管理权，族人也被严禁私自处分族产。族人也要服从族长的管理和监督，否则要受到族规的惩罚。如同家长一样，族长也有将不听管教和违反族规的族人送交官府的送惩权。另外，家长或族长在继承中被赋予了命继权和立继权。

二 宋代宗族与家族法所奉行的宗法伦理对身份等级的要求

几乎在民事法律的各个方面，家长或族长都享有绝对的权利优势，这些权利又得到了国家的认可和族内司法权的有力保障。而作为家庭成员或宗族成员，不仅没有独立的民事权利，而且还承担了各种义务。他们地位低下，实际上是丧失了独立的人格。[③] 家族法之所以会如此竭力地维护家长权或族

---

① 郑定、马建兴：《论宗族制度与中国传统法律文化》，《法学家》2002 年第 2 期。
② 陈志英：《宋代民间物权关系的家族主义特征》，《河北法学》2006 年第 3 期。
③ 蒋先福、柳思：《中国古代"富民"理想流产的法律原因——以中国古代家族财产共有制为例》，《海南大学学报》（人文社会科学版）2008 年第 1 期。

长权，是因为宗族组织所赖以建立的指导思想是儒家"亲亲""尊尊""不以亲亲害尊尊"的宗法伦理。这一伦理思想的核心就是维护一种"上下之分，尊卑之义"的伦常秩序、等级服从和权力崇拜的理念，① 而且从根本上否认社会是整齐平一的。② "换算"成法律语言，就是要维护人与人之间的身份地位。个人主要依靠身份关系，而不是契约关系来分配自己的权利和义务。③ 即孔子的"名不正则言不顺"。这样，家族就根据血缘关系的尊卑长幼、嫡庶亲疏等身份关系确定族人的地位和相应的权利义务，不同的族人因为身份地位的不同享有不同的权利、履行不同的义务。在宗族组织中，族长享有最高的权利，几乎在宗族的各个方面都享有着决定权和支配权，俨然就是宗族内部的"君王"。依次类推，各支支长、各房房长、各家家长又在自己的范围内垄断着权利的运行，宗族中的普通成员和边缘族人以及家中的卑幼因为处在身份等级的底层，地位低下，他们在各级尊长面前几乎没有任何权利可言，完全处于一种无权状态。将这种权利义务关系反映在国法和家规上就是对家长或族长权利的竭力维护，对卑幼或族众的权利却极少提及，反而令其承担了各种不对等的义务。在这样的法律体系中是不存在近代意义上的平等和个人权利本位的，人们总是互相依附着而没有自由，有的只是人们的身份等级观念和以义务为本位的宗法伦理性的法律体系。

随着宗族组织在社会上的不断强化，逐渐成为基本的社会组织形态，宗法伦理的身份等级观念也在社会上弥漫开来。本来不是家族成员的奴婢、佃户、雇工等也被纳入到宗法家族的身份等级制度中来，其地位类似于族中的卑幼之辈，甚至更低。④ 虽然，在宋代以后，奴婢、佃户、雇工等与地主或雇主之间本是通过契约来约定各自的权利义务，奴婢、佃户、雇工等通过出卖劳动力来换取自己的利益或报酬。但是由于奴婢、佃户、雇工等在社会的发展中，与地主或雇主的经济地位越拉越大，虽然不再像从前一样附属于地主或雇主，但是还得依附于地主或雇主生活，否则无法在社会中立足甚至生存。随着宗族组织的普及和家族法得到统治者的认可，奴婢、佃户、雇工等不得不屈从于宗族组织和家族法的控制，雇佣奴婢被纳入家族同居范围使得

---

① 甘德怀：《论中国传统法律的伦理属性》，《法制现代化研究》1999年第0期。
② 瞿同祖：《中国法律与中国社会》，中华书局2003年版，第270页。
③ 曲秀君、王松涛：《略论从身份到契约的转变——兼论其对中国身份社会的影响》，《枣庄师范专科学校学报》2003年第6期。
④ 费成康：《论中国古代家族法的执行》，《社会科学》1992年第12期。

这一契约关系成为一种实质意义上的"主仆关系"。① 北宋仁宗至和元年（1054年）下诏曰："士庶之家，尝更佣雇之人，自今毋得与主之同居亲为昏，违者离之。"②③ 可见，这一诏令的规定是基于奴婢、佃户、雇工等为家族同居成员这一观念而制定的。因此，在雇佣期内，地主或雇主往往是以家长或族长的身份对奴婢、佃户、雇工等进行监督和管理的。而且家长或族长有权像对待卑幼或族人那样，对奴婢、佃户、雇工等具有人身支配权，在违背"主仆名分"和家族法的情况下实施训诫和惩处的权利。④ 也就是说，奴婢、佃户、雇工等与主人发生纠纷时也要先适用家族法，受到家族司法的管辖。可见，在这种主仆名分的身份关系下，奴婢、佃户、雇工等与主人之间的法律地位是不平等的，与家族中的卑幼一样没有实质意义上的自主权。这样，身份关系逸出了宗法家族的范围，成为社会关系方面的基本要素，造成了中国古代社会身份意识的高度发达。⑤

三 家族本位传统对个人权益的漠视与压制

在上文的论述和分析中，我们可以发现不管是家族法还是国家法在维护家长或族长的权威和身份地位的同时，也无时无刻地奉行着家族利益至上的原则。如在婚姻中，婚姻的意义完全是为了宗法家族的繁衍昌盛和扩大宗族势力，作为婚姻真正主体的个人，意志根本无足轻重，其结婚完全是为了完成宗法家族的传宗接代、后继有人，以此宗族香火不断，告慰祖先。婚姻哪里有什么个人的儿女情长，有的只是宗法家族的利益。同样，在继承中，宗祧继承是最为重要的，因为这同样是关乎宗族延续和血缘结构的大事。财产继承这一现代继承法的核心部分却不被宗族重视。不仅如此，宗族还要干涉族人的私有财产权。族人处分自己的财产必须遵循"先尽本房，次及族人"的原则，即亲族对族人处分私产有先买权。如果违反这一原则，就算是交易

---

① ［日］仁井田陞：《中国法制史研究——奴隶农奴法·家族村落法》，东京大学出版社1980年版，第169页。
② 《长编·卷一七七·至和元年十月壬辰条》。
③ ［日］仁井田陞：《中国法制史研究——奴隶农奴法·家族村落法》，东京大学出版社1980年版，第169页。
④ 戴建国：《"主仆名分"与宋代奴婢的法律地位——唐宋变革时期阶级结构研究之一》，《历史研究》2004年第4期。
⑤ 梁治平：《"从身份到契约"：社会关系的革命》，《读书》1986年第6期。

已经完成，也会被族长勒令赎回产业，并受到家族法的惩处。这还是为了维护宗族组织赖以存在的物质基础，维护宗族秩序的稳定，所以家族法都要求"产不出族"。家长或族长对卑幼或族人的训诫、管教、惩罚，卑幼或族人都必须严格服从，对族内司法形成的判决必须完全执行，如有违抗必受制裁。这也是在维护宗族的权威，个人只能服从，根本无权反抗。可见，家族法的任何方面都在不遗余力地维护宗法家族利益至上的原则，统治者和国家法对其"无微不至"地认可和扶植，更使得整个社会都笼罩在一种以宗法家族为本位的社会氛围中。这样，一种以轻个人而重家族，先家族而后国家的宗法家族本位，或称家族本位在社会上蔓延开来。[①] 家族本位最大的特点就是对个人利益的漠视和对个人权利的抑制，其与现代意义上的个人本位原则是根本对立的。[②]

家族本位的形成，使得宗法家族组织这一"永生不灭"的团体成为社会的单位，而不是现代意义上的个人。[③] 个人只能完全淹没在处于社会核心地位的宗法家族中，成为其中的一个成员，将自己置身于一个高度系统化的身份等级体系之中。[④] 正是在这一身份体系中，家族成员的利益被赤裸裸的权力专横所压抑，所谓个人的主体性、自觉性根本不可能存在。这样，个人不是以独立的个体而存在的，只是被看作某个宗族的成员，这是个人所具有最基本的身份。个人无法与宗族分离，一旦没有宗族的这一身份背景和这一身份衍生出的其他社会关系，个人在社会上将难以立足，更不用说还有其他的发展。[⑤] 因为个人不是传统社会的经济单位，也没有实质意义上的私有财产，财产都属于一个个家庭和宗族所有，故而个人不会产生真正独立的人格和主体意识。这样，个人就无法通过自己设定权利义务关系，来体现自己的独立性和个人价值，更遑论什么个人财产权、人身权了。[⑥] 所以，我们看到的只有家

[①] 陈顾远：《中国法制史》，商务印书馆 1959 年版，第 63 页。

[②] 甘德怀：《法制变革与传统宗法伦理关系探析》，《法制现代化研究》2004 年第 0 期。

[③] Henry Sumner Maine, *Ancient Law*, Beijing: China Social Sciences Publishing House, 1999, pp. 121-122.

[④] 程德文：《从宗法伦理法到现代理性法——中国法制现代化的一种过程分析》，《法制现代化研究》1999 年第 0 期。

[⑤] 梁治平：《寻求自然秩序中的和谐——中国传统法律文化研究》，中国政法大学出版社 1997 年版，第 118 页。

[⑥] 王玉亮：《漫谈西周宗法伦理下的社会格局及其法律影响》，《廊坊师范学院学报》2003 年第 1 期。

长或族长的权利，却看不到个人的权利，自然也无法看到个人通过自己的意思自治来与他人创设社会关系的可能。① 个人的权利和义务只能来自宗族的授权，来源于宗族为个人设定好的身份和施与的财产。因此，个人主义意义上的个人在中国传统的家族本位社会里是根本无法生存的，这也必然导致近代民法意义上私权的羸弱。因为，中国传统社会里所谓的民法，维护的是一种宗法伦理的身份等级秩序和宗法家族为本位的社会秩序，权利和地位都赋予了宗法家族和它的代表人，个人不会被赋予太多的权利，反而承担了各种不对等的义务。在这样的权利体系中，私权根本无从谈起，发达的却是公法、公权力，国家重要法典是刑法典和行政法典，民法这样的私法不被重视，而推给宗族制定，宗族制定出的民法也自然不会维护什么"私权"，必然维护的是宗族整体的"公益"了。② 个人及其私人权利是不被重视的，正如学者林剑鸣所说的那样，中国古代私法不发达的最根本的原因是个人所应有的地位始终没有得到承认。③ 外加上理学家"公利"思想和对宗法伦理的极力倡导，宗法伦理将家族、社会的整体利益作为个人利益的唯一参照物，所以那些诸如"私利""私权""个人主义""个人利益"等观念自然无法与如"公利""公权""集体主义""群体利益"等价值相提并论。④ 由此，这种以宗法家族为本位的社会观念，自宋代形成后，逐渐发展壮大，最终成为影响中国传统社会发展的基本观念，就连清末民初的大学者梁启超也感叹："吾中国社会之组织，以家族为单位，不以个人为单位，所谓家齐而后国治也。周代宗法之制，在今日其形式虽废，其精神犹存也。"⑤

虽然在宋代中前期出现了社会成员人身依附关系松弛，契约关系普及，以及民众主体意识增强、身份差异缩小等趋势，但是随着宗法家族组织的建立和家族法的兴盛，以及其在宋元明清各代统治者大力支持下的普及和强化，宋代中前期社会上出现的自由化和契约化的进程没有能够继续进行下去，反而强化了人们的身份等级观念和对个人利益的漠视。国家法和家族法一脉相承的家族本位主义也使身份等级上的这种不平等和个人的无权固化为

---

① 李少伟：《中国传统社会民法缺失的法律文化分析》，《宁夏社会科学》2005 年第 2 期。
② 沈小明：《儒家文化影响下的家族法》，《中山大学研究生学刊》2002 年第 2 期。
③ 林剑鸣：《法与中国社会》，吉林文史出版社 1988 年版，第 249 页。
④ 杨丽娟：《宗法伦理对现代中国法治社会建设的影响》，《广西师范大学学报》（哲学社会科学版）2004 年第 2 期。
⑤ （清）梁启超：《新大陆游记》，《梁启超选集》，上海人民出版社 1984 年版，第 432 页。

一种制度，从而在实质意义上阻碍了中国古代民法向近代民法发展的核心动力。同时，也使得梅因所说的"从身份到契约"① 的进步运动最终没有走向它的"完成式"。

第四节　小结

从本章开始，论文要解决宋代民事法律在具备了一定的近代因素后，为何没能进一步发展走上近代化的问题。本部分主要是从政治和社会领域的变革中寻找阻碍宋代民事法律进步的因素，这就是新型宗族组织在宋代的重构。宋代宗法家族组织重建后，所秉承的儒家宗法等级伦理和家族法对国家民事制定法产生了冲击和不良影响。宋代宗法家族组织是一种有别于先秦以王室贵族为主的宗族组织和汉唐以世家大族为主的宗族组织，呈现出一种没有特权、趋于平民化的宗法家族组织。当然，宋代产生的这一新型宗族组织并不是一种全新的社会组织形态，而是前代宗法组织的"变异"，仍然是一种以血缘为纽带，奉行宗法伦理的宗法家族共同体。但它是以族长权力为核心，以族产、家谱、祠堂和家法族规为主要特征的新兴宗法家族组织。

它的家法族规即家族法，是指宗族权贵为了保护自身的特殊利益和维系宗族组织的长治久安，制定的一种在宗族内部具有普遍约束力的规则。它是将儒家宗法伦理、国家法律、民间习惯进行加工整理、删减增补而成的，多为成文法规，而且得到国家作为后盾保证其强制执行。国家之所以会允许或默认在国家制定法之外还另行存在家族法，是因为宗族法的实体宗法家族组织的存在，本身就是在统治者的支持下成立并发展起来的，而且家族法的内容也主要是依照宗法伦理和国家法律的规定制定出来的，与统治者制定的法律在立法指导思想和维护利益，以及内容上是一致的，基本不存在冲突的地方。同时，家族法对国家制定法也起到了补充的作用，因为中国古代的制定法有着"重刑轻民"的传统，制定法基本上是刑法典。民事法律关系因为危害性小，大都是"小民之琐事"，故被看作是"细故"，不受统治者重视。因此，民事法律方面的内容所占比例少，条文也不多，涉及面也较为有限。在家族法中调整的正是国家制定法"鞭长莫及"的道德伦理教化、家长里

---

① ［英］亨利·梅因：《古代法》，高敏、瞿慧虹译，中国社会科学出版社2009年版，第129页。

短、对恶习陋俗的惩治，以及大量的民事规范等，对统治秩序并无实质性妨害的内容。

家族法中的民事内容，可以说涵盖了民事法律关系的各个方面，而且还超出了国家民事制定法所能调整的范围。在国家制定法对其认可和确认的基础上，家族法可以说完全能够取代国家制定法对民事法律关系的调整。从真正意义上使家族法成为中国古代实质意义上的民事法律进而代替国家制定法的是国家法律给予家族法以"准司法权"（或"半司法权"）的特权。基于上述原因，统治者一般会将轻微刑事案件和民事纠纷的处理下放给宗族，明确认可或默许由家长或族长来执行这一准司法权或半司法权。这样，宗族的家长或族长便在皇权难以触及的领域充当统治者的半司法者，帮助统治者管理其"臣民"。家长或族长便成为宗族内部的"法官"，拥有族内的司法权和对族人的惩罚权。

宗族组织所赖以建立的仍然是儒家的"亲亲""尊尊""不以亲亲害尊尊"的宗法伦理思想。这一伦理思想的核心就是维护一种"上下之分，尊卑之义"的伦常秩序、等级服从和权力崇拜，从根本上否认社会是整齐平一的。"换算"成法律语言，就是要维护人与人之间的身份地位。个人主要依靠身份关系，而不是契约关系来分配自己的权利和义务。所以，这里不存在近代意义上的平等和个人权利本位的，人们总是互相依附着而没有自由。在这样的思想氛围下，家族本位、家族利益至上的原则被时刻奉行着。个人只能完全淹没在处于社会核心地位的宗法家族中，成为其中的一个成员，将自己置身于一个高度系统化的身份等级体系之中。[①] 正是在这个身份体系中，家族成员的利益被赤裸裸的权力专横所压抑，所谓个人的主体性、自觉性根本不可能存在。个人不是以独立的个体而存在的，只是被看作某个宗族的成员，这是个人所具有的最基本的身份。个人无法与宗族分离，一旦没有宗族的这一身份背景和这一身份衍生出的其他社会关系，个人在社会上将难以立足，更不用说还有其他的发展了。

[①] 程德文：《从宗法伦理法到现代理性法——中国法制现代化的一种过程分析》，《法制现代化研究》1999 年第 0 期。

第五章

宋代"新儒学"——理学的"公利"思想与"尚公"伦理对民事法律近代化的阻碍

第一节 宋代理学"公利"思想的兴起

一 "新儒学"与"理学"的界定

"新儒学"是指从宋代开始发端并有别于先秦原儒（孔子开创的原始儒学和经由孟子与荀子发展的战国儒学）和汉唐经儒（汉代儒子更新过的儒学——经学）的新儒学形态，也即自宋以后在中国封建社会占统治地位的主流思想——"理学"，又称为"道学"或"宋学"。"新儒学"这一提法原为20世纪早中期的陈寅恪、冯友兰等学者所采用，后来主要为国外学者普遍沿用，国内部分学者采用"新儒学"这一提法，出现在二十世纪八九十年代。但是现今学术界，尤其是国内学者还是采用"理学"这一自南宋开始出现，并通行于明清社会的专属称谓。① 故此，本书主要采用"理学"这一称谓，与"新儒学""道学""宋学"通用。

"理学"这一中国传统社会后期的正统思想有广义和狭义之分。狭义的"理学"专指"程朱理学"，而稍广一点的说法是明代以来的划分，即既包括"程朱理学"，还包括了"陆王心学"。但是当代学者则有更广义的划分，即除了"程朱理学""陆王心学"外，还将以周敦颐为代表的"濂学"、以张载为代表的"关学"、以邵雍为代表的"象数学"、以王安石为代表的

---

① 徐洪兴：《思想的转型——理学发生过程研究》，上海人民出版社1996年版，第3—4页。

"荆公新学"、以司马光为代表的"涑水学"、以苏轼为代表的"蜀学"、以张栻为代表的"湖湘学"、以吕祖谦为代表的"吕学"等各家学说也包括在"理学"范围之内。这一划分的依据是在性质上。狭义的"理学"指的是"性理之学"或"心性之学",即将研究的重点放在对"理气""心性"等概念范畴的探究。从这个意义上讲"程朱理学""陆王心学"都是狭义"理学"的内容。广义的"理学"则指不同于汉唐儒生将研究重心放在章句训诂之上的经学,而将注意力转向探求儒家经典所蕴含的道理和大义,故称其为"义理之学"。"理学"在其出现的南宋,就既可指"义理之学",也可指"性理之学",或兼指二者,并且二者可以通用。[①] "义理之学"早于"性理之学","义理之学"中又包含了"性理之学",而"性理之学"是"义理之学"的精华,是"义理之学"的又一方面,即论人之当然的义理之本源所在者。[②] 因此,学界谈及"理学"一般只涉其精华的"性理之学",但是如要谈及"理学"的形成和发展则就必须论及"义理之学"了。

二 宋代"新儒学"——理学的形成

儒家学说作为中国两千多年封建社会的正统思想,其地位并不是一成不变的。自汉武帝"罢黜百家,独尊儒术"之后,儒学从先秦诸子百家的"显学"之一,成为汉帝国的正统学说,并经汉代儒生改造更新,成为流行于汉唐的经学。然而,随着东汉王朝总体性危机的持续发展和接踵而来的统一帝国的崩溃,自西汉中后期以来,思想文化领域占统治地位的经学,受到先秦子学、魏晋玄学和佛教思想的冲击,逐渐开始没落,失去了其"独尊"的优势,儒学的地位受到了极大的削弱。在唐代中晚期,一批文学家兼思想家通过"古文运动"提出了"文以明道""文以载道"的口号,这里的道便是儒家之道,并要求恢复和发展儒家的学说。其中,韩愈在他的《原道》中就提倡儒家的圣人之道,并首次提出了"道统说";与韩愈同时的柳宗元和刘禹锡还提出了诸如理、物、数、势等后世理学研究的范畴。李翱更是在他的《复性书》中较为系统地提出了性情学说,这为后来理学的天人合一的性命之学提供了理论源泉。[③] 可以说以"古文运动"为旗帜的新思潮,是

[①] 徐洪兴:《思想的转型——理学发生过程研究》,上海人民出版社1996年版,第17—22页。
[②] 封祖盛:《当代新儒家》,三联书店1989年版,第17页。
[③] 孟培元:《理学的演变——从朱熹到王夫之戴震》,福建人民出版社1998年版,第2—4页。

一次儒学的复兴运动，同时也为宋代掀起更为广泛的新儒学运动打下了坚实的基础。

宋代初期便兴起的新儒学运动，是以范仲淹、欧阳修为领导的"庆历新政"为背景发展起来的。这一时期，以思想家兼社会改革家的范仲淹为代表，团结了欧阳修、李觏、"宋初三先生"（胡瑗、孙复、石介）等一批思想家，从经济、政治、文教、史哲等诸多方面掀起了一场改革思潮，提倡儒家学说，重视经世致用的"义理之学"的新学风。即摆脱汉唐经儒们的章句训诂之学，而是从义理上求解，并且反对将儒家权威神化，主张自由解经和尊重理性的治学之风。在自由解经和疑经精神的"义理之学"指引下，学者们通过全面研究和阐发儒家经典，进而对自然、社会、人生等诸多问题展开了广泛而深入的研究，并提出了各自具有特点的学说，从而揭开了理学思潮的序幕，为北宋中期理学各派的学说提供了理论源泉。

北宋中后期，是宋代理学思潮发展的第二个阶段，汉唐以来的儒家经学体系已经在宋初新儒学运动冲击下瓦解，理学思潮再一次成为中国社会的主导思潮，不但出现一批重要的理学家，而且还形成了各自的学说。首先出现的就是周敦颐的"濂学"。学界一般认为周敦颐是"程朱理学"一脉的开创者。周敦颐将宇宙本源道德化，并从中探求儒家伦理道德的永恒性依据，这一思想学说具有鲜明的理学特征，尤其是他的易学思想和"诚"的思想，对后世的理学发展产生了深远的影响。邵雍也是"程朱理学"一脉的代表人物，他以道教思想，建立了囊括世间万物的"先天象数学"，但这一学说体系的基本立场却是儒家的，邵雍甚至以孔孟事业的继承者自居。以张载为代表的"关学"，则是"程朱理学"形成阶段的重要环节。"关学"是以地域而得名，即是关中之学，其萌芽于庆历之际的侯可与申颜，至张载正式成为一个理学学派。张载建立了气本体的宇宙论，批判了佛道以空、无为世界本体或本源的学说，在理学史上做出了重要的贡献。他提出的"气化之谓道""天地之气，虽聚散攻取百涂，然其为理也，顺而不妄"的命题，赋予"理"以新的意义，其气本体论也是"程朱理学"中"理气"思想中"气"论的思想来源。

与张载同时的"二程"（程颢、程熙）开创的"洛学"，又称"伊洛之学"，也因地域而得名（产生于洛阳）。"洛学"作为北宋理学中"理本论"的首创学派，他们把"自家体贴出来"的"天理"，作为最高的哲学范畴，说成是世间万物的本体，并用"理"来规定人的本性，提出了著名的"性即理"的观点,认为社会的道德原则是人类永恒不变的本性,大大发展了儒家的性善论。二程的"洛学"与其后南宋的朱熹之学合称为"程朱理学",他们都以"理"作为最高的哲学范畴,把儒家传统"天人合一"的思想,用"天人一理"的形式表述出来,将传统的"天"所具有的本体地位用"理"来代替,这可以说是"洛学"及"程朱理学"对中国古代哲学的一大贡献。

王安石的"荆公新学"也是北宋理学中影响力较大的学派,"新学"不仅注重经世事功,而且也注重对"性理之学"的研究。王安石也把世界道德化,从宇宙本源中引申与论证儒家伦理的神圣性与永恒性。另外,以司马光为代表的"涑水学"和以苏轼为代表的"蜀学"则分别从史学和文学等方面对北宋理学做出了重要的补充。

宋代理学思潮发展的第三个阶段,可以说是二程之"洛学"在南宋不断壮大为主要内容。南宋中期后,"洛学"的"道南学派"逐渐崛起,出现了以朱熹为代表的"理学"、以陆九渊为代表的"心学"、以吕祖谦为代表的"吕学",以及以张栻为代表的"湖湘学"等学派,尤以"理学之集大成者"朱熹的"理学"学派最为兴盛,并在南宋孝宗时成为显学,于南宋晚期得到了政府的支持。[①] 南宋理宗宝庆三年,将朱熹的《四书章句集注》诏行于天下,将朱熹的"理学"奉为统治阶级的官方哲学,并追封朱熹为太师、信国公(后改封徽国公)。此后,朱熹的地位被不断抬高,而他的理学思想则继续被明清统治者奉为圭臬,真正成为影响中国传统社会后期近七个世纪的官方正统的核心意识形态。

三 宋代理学的"公利"主义思想

如何看待公利和私利在社会中的地位以及它们之间的相互关系,直接影响了私权观念能否在社会和民众观念意识中孕育并得以深入发展,以及民事权利等私权能否得到法律与政府保障的重大意识形态和经济伦理问题。近代西方社会工商业的勃兴、私权观念的普及与深化,以及物权法、债权法、商法等私法发达,与西方社会和思想界对私利、私权、个人主义等观念极力肯定和积极倡导,有着极其密切的关系。宋代处于社会的大变革期中,商品经济迅猛发展、生产方式和阶级结构发生深刻变化,使人们的逐利行为越来越

[①] 漆侠:《宋学的发展和演变》,河北人民出版社2002年版,第42页。

普遍，私权意识出现萌芽之态势。走在社会思想前沿的社会新思潮的倡导者——理学家们，自然已敏锐地觉察到了社会和民众心理的变化，对"私利"问题，即公与私之间的地位和相互关系，做出深刻的论述，他们对公私关系的探讨和阐发不仅影响了宋代社会，也深刻影响了其后的明清社会。下文将以朱熹的思想为主，对该问题进行探讨和论述。因为朱熹本人不仅是宋代理学思想的集大成者，而且他的理学思想是中国传统社会后期占统治地位的官方哲学。谈及朱熹的公私观，则须从其对理欲和义利关系的看法说起，因为它们是其公私观的理论基础和价值观基础。

（一）朱熹的理欲观——存天理，灭人欲

朱熹（1130—1200年），字元晦（一字仲晦），号晦庵（别号紫阳）。徽州婺源（今属江西）人，侨寓建阳（今属福建）。朱熹是宋代理学的集大成者，一生著述颇丰，但是其思想的要旨，依其自己的话来说便是："圣贤千言万语，只是教人明天理，灭人欲。"[①] 朱熹对"天理"与"人欲"的区分直接师传自北宋的"二程"兄弟。二程以是否符合其"自家体贴出来的'理'"为依据，把人的诸如充饥、止渴、避寒等基本生理和生活需求说成是天理，是符合儒家的宗法伦理秩序；而把追求美味华服等欲望说成是人欲、私欲，是恶的根源。因此二程强调"无人欲即皆天理"的"天理"与"人欲"对立的思想，主张"损人欲以复天理"。而朱熹的理欲观不仅源自二程的"天理"与"人欲"的划分，而且进一步与其"双重人性论"的"人心说"紧密地联系起来。朱熹认为，人有人心与道心两心，人心是"生于气血"，具有气质之性；道心是"生于义理"，具有天命之性。当然这里朱熹并不是说人有两颗心，而是表现为不同的趋向。即人心是人生理上和物质上的欲求，而道心是使人的欲求符合"理"，符合儒家的宗法伦理的要求，即所谓"知觉从耳目之欲上去，便是人心；知觉从义理上去，便是道心"[②]。进而朱熹认为，人心是"人欲之萌""泛泛无定向"且"危殆而难安"，即有善与恶之分；而道心则体现了"天理之奥""微妙而难见"，而且容易为人心所蒙蔽。因此，如果处理不好二者之间的关系，人就会有迷失方向，走上歧途的危险。所以要"使道心常为一身之主，而人心听命焉"[③]，

[①] 唐凯麟、陈科华：《中国古代经济伦理思想史》，人民出版社2004年版，第312页。
[②] 《朱子语类·卷七十八·尚书·大禹谟》。
[③] 《四书章句集注·中庸章句·序》。

即用道心来统治和限制人心。

人心有善与恶之分,即朱熹不否定人维持生存和基本的生理欲求,认为这是"善的"。他否定的是人的物质之欲与享乐之欲等私欲,认为这是"恶的"。基于上述的分析,朱熹将人心中善的内容与道心结合而统称为"天理",将人心中恶的内容取出来,称为"人欲",即所谓"饮食者,天理也;要求美味,人欲也"。① 朱熹与二程一样,认为天理和人欲是善与恶的根本对立,得出了"天理与人欲,不容并立"的结论。朱熹坚决地宣称:"人之一心,天理存,则人欲亡;人欲胜,则天理灭,未有天理与人欲夹杂者。"因此要"革尽人欲,复尽天理"②,要"克之、克之而又克之",而且要"日日克之,则私欲净尽,天理流行而仁不可胜用"。可见,只有私欲克尽,天理才能分明,才能达到天地一体的境界。③

在朱熹的理欲观里,人之追求物质享受的私欲是被其完全否定的,人如果追求私欲将被其认定为罪恶之举。④ 多数理学家也将人之私欲看成是有危险性的东西,故而也强调天理为善、人欲为恶,主张"存天理,灭人欲"。⑤

(二) 朱熹的义利观——贵义贱利

循着天理和人欲绝对对立的思路,朱熹的义利观表现为"贵义贱利",认为义是善的,利是不善的。⑥ 即"义者,天理之所宜","利者,人情之所欲"。可见,朱熹的义利观是其理欲观在价值观层面的延伸,并确立了以"义"为行动方针的价值观。⑦ 朱熹认为:"凡事不可先有个利心,才说着利,必害于义。圣人做去,只向义一边做。"⑧ 并且将求义还是求利作为君子和小人的根本分野,他说:"小人之心,只晓会得那利害;君子之心,只晓会得那义理。"⑨ 在朱熹看来,人们在行为时要看其是否合乎义理的要求,根本无须考虑其中利害。当然,朱熹也不得不承认,为了人自身的生存是不

---

① 《朱子语类·卷十三·学·力行》。
② 同上。
③ 孟培元:《理学的演变——从朱熹到王夫之戴震》,福建人民出版社1998年版,第56页。
④ 朱林、温冠英、罗蔚:《中国传统经济伦理思想》,江西人民出版社2002年版,第126页。
⑤ 魏义霞:《理学与启蒙——宋元明清道德哲学研究》,商务印书馆2009年版,第191页。
⑥ 朱林、温冠英、罗蔚:《中国传统经济伦理思想》,江西人民出版社2002年版,第126页。
⑦ 唐凯麟、陈科华:《中国古代经济伦理思想史》,人民出版社2004年版,第315页。
⑧ 《朱子语类·卷五十一》。
⑨ 《朱子语类·卷二十七·论语·里仁下》。

能完全否定和排斥利的存在和价值的。因此，他又说："利，谁不要"，"若说全不要利，又不成特地去利而就害？"① 但是，朱熹"恐人一向去趋利"，见利忘义，以利害义，"又不成模样"。所以他十分理解孔子的"罕言利"，因为，很难把握好其中的度。故而，其主张：如要言利、从利，必须摆正两者之间的关系，必须遵循"顺理无害""不至妨义"的原则，让利从属于义。朱熹讲道："利，是那义里面生出来底。凡事处制得合宜，利便随之。""盖凡事只循这道理做去，利自在其中矣。"② 所以，孟子之所以说"何必曰利"，因为"正其义则利自在，明其道则功自在"。③ 在朱熹的义利观中，在"为义"的过程中，表现出了一种"利他"的价值取向，即已经表现出了一种"公利"主义的倾向。

以朱熹为代表的"程朱理学"一脉的理学家，在义利问题上，是符合中国传统"重义轻利"传统的。在宋代，出现了北宋以范仲淹、李觏、王安石为代表，南宋以陈亮、叶适为代表的事功、功利主义学派，他们非常重视"利"的价值，主张"义利并重"的反传统义利观。由于范仲淹与王安石等在宋代朝廷地位举足轻重，以他们为代表的功利主义思想，基本上在大部分时间里是宋代的官方价值观（以朱熹为代表的程朱理学在南宋中后期才成为宋代及其后中国传统社会的官方意识形态），功利思想在整个宋代社会得以推行，掀起了有宋一代重视功利的社会风气，也有了宋代民间热衷于私利和"好讼"的民风。虽然功利主义学派在义利观等问题上与朱熹为代表的程朱理学存在分歧，但是在公私关系上，他们却不像宋代民间那样追逐个人私利，没有将"利"引向只顾个人私利的利己主义，却不约而同地出现了"利人、利天下、利天下人"的"公利"主义倾向。④

（三）朱熹的公私观——大公无私

在明确了朱熹公私观的理论和价值观的前提——理欲观与义利观后，朱熹的公私观念也就可以明确了，即"尚公灭私""大公无私"。朱熹曾反复宣称："凡一事便两端：是底即天理之公，非底乃人欲之私。""将天下正大底道理去处置事，便公；以自家私意去处之，便是私。"⑤ 可见，朱熹如同

---

① 《朱子语类·卷三十六·论语·子罕上》。
② 同上。
③ 《朱子语类·卷三十七·论语·子罕下》。
④ 王云玺、王彦秋：《中国传统功利主义刍议》，《铁道师院学报》（自然科学版）1996年第3期。
⑤ 《朱子语类·卷十三·学·力行》。

他的理欲观和义利观，一脉相承地将公作为与天理、义相一致的概念相统一；将私与人欲、利归为一类。这样，公与私便有了同天理与人欲、义与利一样的善恶之分、是非之分，君子与小人之分了。他说："人只有一个公私，天下只有一个邪正。"① 又说："君子小人，即是公私之间"，"君子公，小人私"，"君子小人之分，则在公私之际，毫厘之差耳"。② 故此，朱熹一再呼吁要以公灭私、大公无私。

与朱熹一样，程朱理学的理学家都极力推崇公的地位和价值，把作为"万善之源"的仁直接解释为公，私则成了"万恶之源"，并将天理与人欲、义与利、仁与不仁、善与不善的对立最终归结到公与私的对立。这使公私关系的涵盖面急剧扩大、变得异常重要的同时，也使公的价值和地位得到进一步强化与突显。③ 如上所说，功利主义的理学家也提倡尚公灭私的观点。如李觏就明确提出："天下至公也，一身至私也，循公而灭私，是五尺竖子咸知之也。"④ 可见，尚公的这种"公利"主义倾向，是宋代理学各派思想家的共识，也是宋代以至其后传统中国共同的价值取向，成为中华文化"天下为公"的理论源泉和文化基因。私权以及与其相关的私欲、私利和个人主义等概念，则不断被弱化和漠视，追求私利和私权则必然被认为是不合乎道德标准的，甚至是罪恶的。所以有宋一代，虽然私权意识已经在民间得以萌发，但是在思想家这里似乎从未发生过，而且还更加蔑视。

与此同时，这些思想家们往往以士大夫的身份将"公利"思想渗透到法律的适用中，通过劝谕息讼，打压民间讼学与讼师等方法，压抑人们对私欲、私利的追逐以及私权意识的发展，抑制民众对私权的伸张和维护。士大夫之所以能将"公利"思想通过法律的适用来推行，是因为他们类似于西方法学意义上的职业法学家阶层——法律名流。⑤ "法律名流"的称谓是由著名社会法学家马克斯·韦伯（Max Weber, 1864—1920 年）提出的，他认为"法律名流"是各种法系形成过程中，法律传统的维系者和传承者，同时他们的活动及有意识的创造也将直接导致不同类型的法律传统模式出

---

① 《朱子语类·卷十三·学·力行》。
② 《朱子语类·卷二十四·论语·为政下》。
③ 魏义霞：《理学与启蒙——宋元明清道德哲学研究》，商务印书馆2009年版，第223页。
④ 《李觏集·卷二十七·上富舍人书》。
⑤ 陈景良：《试论宋代士大夫的法律观念》，《法学研究》1998年第4期。

现。① 可以说"法律名流"是各种法系的形成中具有决定性影响的一批特定的领头人物,譬如大陆法系的罗马法学家和印度、伊斯兰法系的神学家们。② 张晋藩教授认为,虽然士大夫不同于西方的"法律名流",但是在中华法系的形成和发展中,士大夫恰恰有着类似的功能。③ 宋代士大夫不仅是知识精英与政治官僚,而且也有良好的法律素养,这源于宋代统治者对法律的重视和法律教育的发达。

第二节 宋代"法律名流"——"息讼"理念及其对民众民事维权意识的打压

一 宋代对士大夫法律素质的培养

"整个12世纪是一个法律的世纪。"④⑤ 这是著名的英国法史学家梅特兰对当时世界法律发展的评价。的确,不仅西方的法律因为罗马法的复兴而蓬勃发展,处于12世纪的宋代也是中国传统法律发展的最高峰。在过去许多朝代中,中国的法治要推宋朝首屈一指。⑥ 正如宋人陈亮所言:"汉,任人者也;唐,人法并行者也;本朝任法者也。"宋代法制能够在中国法律发展史上取得如此的地位,与统治者对法律的重视息息相关。

宋代自开国以来,宋太祖、宋太宗便开重法之先河。宋太祖开宗明义道:"王者禁人为非,莫先法令。"⑦ 因此建国伊始就颁布基本大法《宋刑统》,其后又颁布四卷的《建隆编敕》。宋太宗还反复告诫朝臣官员必须要学习法令,强调"法律之书,甚资政理,人臣若不知法举动是过,苟能读

---

① 陈景良:《讼学与讼师:宋代司法传统的诠释》,《中西法律传统》2001年第0期。
② [美] 格伦顿、戈登、奥萨魁:《比较法律传统》,米健、贺卫方、高鸿钧译,中国政法大学出版社1993年版,第55页。
③ 张晋藩:《中国法律史》,法律出版社1995年版,第254—257页。
④ Frederic William Maitland and See Sir Frederick Pollock. *The History of English Law before the Time of Edward I* (Second Edition), Cambridge: Cambridge University Press, 1968, pp. 111.
⑤ Harold J. Berman. *Law and Revolution: The Formation of the Western Legal Tradition*, the President and Fellows of Harvard College, 1983, p. 120.
⑥ 徐道邻:《中国法制史论集·宋律中的审判制度》,台湾志文出版社1975年版,第89页。
⑦ 《宋大诏令集》,中华书局1962年版,第739页。

之，益人知识"。① 北宋太祖与太宗皇帝对法律的高度重视尊崇，直接影响了宋代后代统治者对法律的关注，北宋仁宗说道："自古帝王理天下，未有不以法制为首务。法制立，然后万事有经而治道可必。"② 宋代最具变法精神的北宋神宗，不仅法律建树颇丰，而且还提出了"法出于道，人能体道，则立法足以尽事"的理念。③ 同样，南宋的高宗、孝宗、理宗也非常重视法律，不仅开创了"条法事类"这一新的立法形式，而且在法律制度和司法制度上，都有不少的贡献。可以说与中国的其他任何朝代相比，宋代的统治者都是"最懂法、最尊重法律的"④。统治者对法律的高度关注，必然反映在对朝臣官员的选拔和任用上，士大夫可以说就是官僚的代名词。

宋代为培养在朝为官的士大夫的法律素养，在科举考试中专门设立明法科，选拔法律人才。明法一科作为专门选拔法律人才的考试，从唐朝时就有，到了宋朝这一最讲究法律的朝代，明法科考试，进入了鼎盛期。⑤ 宋初，凡参加明法科考试被录取后，可"入上州判司、紧县簿尉"，即任上州各司参军，或各州县的主簿与县尉。⑥ 到北宋神宗时，为进一步变法图强，对科举制进行了改革，其中改明法科为"新科明法"，并规定："凡新科明法中者，吏部即注司法，叙名在及第进士之上。"⑦ 这样，新科明法一跃成为士子们获得高官厚禄的重要途径，并使得宋代出现了"天下争诵法令"的局面。新科明法虽然在北宋徽宗时出现停顿，但是在南宋高宗时又得以恢复，终宋不断。

宋代不仅在科举考试中设置明法科和新科明法，而且要求考中的文武举人和恩荫入官者必须在出官（做官）前要进行法律考试。宋初，宋太祖和宋太宗就在出官前增加了法律考试的内容。北宋仁宗时，又将出官试律归于吏部流内铨，使得法律考试成为出官受职的法定考试。⑧ 熙宁八年北宋神宗又进一步将出官试律作为进士注官的必备条件，虽然进士试律这一举措在后

---

① 《宋朝事实类苑·卷二·太宗皇帝》。
② 《长编·卷一四三·庆历三年九月》。
③ 《长编·卷三三四·元丰六年五月辛未》。
④ 徐道邻：《中国法制史论集·宋律中的审判制度》，台湾志文出版社 1975 年版，第 89 页。
⑤ 同上书，第 188 页。
⑥ 《宋史·卷一五八·选举志四》。
⑦ 《宋史·卷一五五·选举志一》。
⑧ 郭东旭：《宋代民间法律生活研究》，人民出版社 2012 年版，第 49 页。

来没有得以继续执行，但是出官试律的制度终宋未被废除。不仅如此，宋代在转官（晋升或提拔司法官员）时，也要对法律进行考试，史称"试法官""试法律"等。北宋太宗时就有该项考试，要求各地的州县官、通判、幕职等，秩满到京的，都要"试法律"。仁宗时，又把不定期的由大理寺和刑部主持的"试法官"，改成了一年考试两次的定制。宋神宗还专门制定"试法官条贯"，不仅京官和选人可以自动乞试，地方官也可经由两名长官的推荐就试。此制至南宋也得以延续，成为促进士大夫不断熟悉法律的制度保障。正是统治者的重视和上述制度的催化，使得宋代的法律教育非常盛行，作为知识精英的士大夫，自然也深受法律教育的影响。

宋代建立之初，便在国子监中设立了律学馆，并且设置律学博士教授法律。神宗时又置经"教官试"选拔的教授四名掌授法律，后又设明法科出身的举人担任律学正。法律教育的对象也空前扩大，招入的学生不以品官子弟为限，庶人之子也可被录取，而且"凡命官、举人皆得入学习律令"[①]，且招收对象不受名额和年龄的限制。元丰时，国家还允许律学生可以参加明法科考试来获取官职或在公试律义、断案的律学考试中取得第一名的，可以去吏部直接注官。可见，将法律教育与科举、注官等结合起来，极大地促进了士大夫学法的热情，使得律学成为士大夫的知识体系中的重要组成部分。

通过上述强有力的制度保障和法律教育，宋代士大夫们成为民众眼中的"名公"，也具有了类似于西方职业法学家群体"法律名流"的功能。他们不仅深谙律令之道，而且能够熟练而巧妙地操控法律。但是宋代的这些"法律名流"们，并没有用他们深谙的法律响应民间私权的勃兴和维权意识的增强，而是在上述"公利"思想的支配下，通过劝谕息讼等手段，代表官方对民众追逐私利、维护私权的意识和行为不断予以打压和抑制，最终导致了中华法系官方"息讼"，民众"厌讼"的法律性格。

二 宋代士大夫"公利"思想下对民间的劝诫息讼

《礼记》礼运篇讲道："大道之行也，天下为公，选贤与能，讲信修睦，故人不独亲其亲，不独子其子，使老有所终，壮有所用，幼有所长，矜寡、孤独、废疾者皆有所养；男有分，女有归。货恶其弃于地也，不必藏于己。力恶其不出于身也，不必为己，是故谋闭而不兴，盗窃乱贼而不作。故外户

[①] 《宋史·卷一五七·选举志三》。

不闭，是谓大同。"这可以说宋代士大夫所信仰之"公利"的"标准答案"。我们不能说其代表了诸民之利，但其反映的确是一种人文关怀和社会公益，讲究社会和谐，排斥谋求私利和相互争斗。在这样的"公利标准"之下，准"法律名流"——士大夫们的劝谕息讼，也必然是维护社会和谐，抑制民众为争夺私利而兴讼的。

宋代理学的集大成者朱熹以士大夫的身份发布《劝谕榜》《漳州晓谕词讼榜》等劝民息讼止争，维护社会和谐、宗族和睦，并以此宣扬"公利"的思想。他宣扬"乡党族姻，所宜亲睦，或有小忿，宜各深思，更且委曲调和，未可容易论诉"，否则"遂失邻里之欢，且亏廉耻之节，甚则忘骨肉之恩，又甚则犯尊卑之分"，即使得理"亦须伤财废业"，如果无理，则"不免坐罪遭刑，终必有凶"，所以对争讼要"切当痛戒"。[①] 朱熹理学传人黄震也以《词诉约束》的形式，言道："讼乃破家灭身之本，骨肉变为冤仇，邻里化为仇敌，贻祸无穷，虽胜亦负，不祥莫大焉。但世俗惑于一时血气之忿，苦不自觉耳。"[②] 表达了与朱熹一样的戒争止讼的理念。朱熹理学传人真德秀同样以《隆兴劝农文》的形式，劝谕百姓不可"以小利致争"，不可"以小忿兴讼"，"喜争""乐讼"都会招致"杀身""破家"之祸。袁采也在其《袁氏世范》中不遗余力地告诫其族人要戒争戒讼，如争讼"至于经县、经州、经所在官府，累数十年，各至破荡而后已"，连年争讼必然"妨废家务，及资备裹粮"，为诉累所困。[③]

以"清明"标榜的"名公"士大夫们，同时也是息讼的"主力军"。《名公书判清明集》中记载了很多"名公"劝谕民众戒争息讼的内容，其中以胡颖（胡石壁）的判词最为典型。胡颖在《乡邻之争劝以和睦》和《妄诉田业》的判词中劝诫乡里邻人要和睦相处，这样就可以互敬互爱，相互帮助，大家都能得利。如果不能友善相处，只为急眼前利益或为小利就去争讼，则上述的好处全无；如果与家族内部人争讼，则必然伤害族人之间的感情；与乡里乡亲争讼，则必然损害人们之间的和睦。同时他强调争讼成本很高，"使了盘缠，废了本业，公人面前陪了下情，着了钱物，官人厅下受了惊吓，吃了打捆，而或输或赢，又在官员笔下"，而且会使本业荒废，减损

---

① 《晦庵先生朱文公文集·卷一〇〇》。
② 《名公书判清明集》，中华书局1987年版，第637页。
③ 《袁氏世范·卷三·民俗淳顽当求其实》。

家财,"胥吏诛求,卒徒斥辱,道涂奔走,犴狱拘囚"。就算赢了诉讼,所损已多,"今日之胜,乃为他日之大不胜也"。"不幸而输,虽悔何及"。这样"冤冤相报",又何时得了。① 真可谓从各个层面分析了兴讼之害,宣扬了社会公益的价值。正如梁治平先生所评价的那样,就算实有事端则须明白伸理或听人劝处,如果自受小屈,反而转得无事之福,还为乡里所称道。如果非要争胜,即使赢了官司,却失了名声,只得一讼棍之名。② 宋代士大夫不仅以劝谕榜文、判词的形式戒争止讼,宣扬"公利",而且还以民俗诗和歌谣的形式更加直白地劝民息讼,维护社会和谐。如陈宓的《止讼诗》云:"劝尔小争须隐忍,破家只在片时间";又如谢艮斋的《劝农诗》云:"莫入州衙与县衙,劝君勤理旧生涯";歌谣《戒讼录》则更为形象地言道:"些小言辞莫若休,不须经县与经州,衙头府底陪茶酒,赢得猫儿卖了牛。"③

"法律名流"士大夫们除了通过劝谕息讼的方式"感化"民众戒争止讼、倡导公益外,还常常通过不予受理、拖延审理等"拒绝术"和"拖延术"阻却民众的兴讼之路,还积极打击帮助民众维权的民间"讼师"。④

三 宋代士大夫对讼师群体的打压

在中国传统社会里,一提及"讼师",就会让人联想到"搬弄是非"等类似的恶行。⑤ 的确,讼师虽然有帮助民众维权的职能,但是在奉行"公利"思想,劝谕民众戒争之讼的士大夫眼中,他们却是鼓动民众追逐私利,教唆词讼,扰乱社会道德风气与民众和谐的"敌人";是捏词辨饰、颠倒黑白、渔人之利的"小人"。⑥ 在宋人吕大忠编写的《吕氏乡约》中,将"斗讼"列为"背义六过"之首。在这样的舆论环境下,讼师始终在社会的"阴暗面"里生活,他们得不到官府和法律的承认,自然也就根本谈不上什

---

① 《名公书判清明集》,中华书局1987年版,第393—394页。
② 梁治平:《寻求自然秩序中的和谐——中国传统法律文化研究》,中国政法大学出版社1997年版,第233页。
③ (宋)范公偁:《过庭录》,孔凡礼点校,中华书局2002年版,第328页。
④ 马作武:《古代息讼之术探讨》,《武汉大学学报》(哲社版)1998年第2期。
⑤ 费孝通:《乡土中国》,生活·读书·新知三联书店1985年版,第54页。
⑥ 陈伯海:《中国文化之路》,上海文艺出版社1992年版,第9页。

么主体资格、法定权利了。① "法律名流"士大夫们极力对讼师进行贬斥和诋毁,往往将讼师称作"哗徒""哗鬼""官鬼""渠魁"等加以斥责。《名公书判清明集》中将讼师与奸秽、豪横等一并列入卷一二和卷一三的"惩恶门"中,如士大夫马光祖就在《哗徒反复变诈纵横捭阖》的判词中言道:"浙右之俗,嚣讼成风,非民之果好讼也,中有一等无籍哗徒,别无艺业,以此资身,逐臭闻腥。索瘢寻垢,事一到手,倒横直竖,一惟其意,利归于此辈,祸移于齐民。若不痛加蕴崇,风俗何由可变。"② 又如温甫在《专事把持欺公冒法》中讲:"西安词讼所以多者,皆是把持人操执讼柄,使讼者欲去不得去,欲休不得休。有钱则弄之掌股之间,无钱则挥之门墙之外。事一入手,量其家之所有而破用,必使至于坏尽而后已。民失其业,官受其弊,皆把持之人实为之也。"③ 可见,"名公"们对讼师的厌恶和蔑视之甚。同时,讼师们帮助百姓维权的行为,也被士大夫们认为是挑拨是非、教唆词讼的祸害。

胡颖认为老百姓其实并没有"好讼之心",而且大都"愚民无知","口不能辨,手不能书,自非平时出入官府之人",皆因"奸猾之徒教唆所至"。"当职疾恶此曹,如恶盗贼,常欲屏之远方,以御魑魅",因此,针对讼师所谓教唆词讼之行为,胡颖都"不以轻重,定行决配"。故在其审理彭才富一案时,对案中涉及的所谓"教唆之人"予以"勘杖一百,市曹令众半月"的惩治。④ 蔡杭也认为"小民未有讼意,则诱之使讼;未知贼嘱,则胁使行赇",兼是讼师哗鬼教唆所致,因此,针对"茶食人"成四百"兜揽教唆""接受词讼"的行为,予以"勘杖一百,编管衢州"的制裁。⑤ 对于"迭为唇齿,教唆哗徒,胁取财物,大为民害"的金千二,蔡杭也予以"决脊杖十五,编管二千里"的处罚。⑥ 士大夫方岳更认为宋代袁州之所以"好讼"皆因"不知何时有此一等教讼之笔,不事生业,专为嚣嚣,遂使脑后插笔之谣,例受其谤"。因而,断定为十二岁之少年写诉状,也是一种教唆词讼

---

① 陈景良:《讼师与律师:中西司法传统的差异及其意义——立足中英两国12—13世纪的考察》,《中国法学》2001年第3期。
② 《名公书判清明集》,中华书局1987年版,第484页。
③ 同上书,第474页。
④ 同上书,第476—479页。
⑤ 同上书,第476页。
⑥ 同上书,第481—482页。

的行为，故给予"写状人"易百四郎"杖一百，枷项本州，其四县各令众五日，镂榜晓谕"的制裁。① 谈及"写状人"之类代写书状的讼师，士大夫们也对其百般约束。朱熹在其《约束榜》中要求"写状人""直述事情，不得繁词带论二事"，同时"言词不得过二百字，并大字依式真谨书写"。他还要求讼师写状必须用"印子"。所谓印子就是官府交给写状人的木印子，上面刻有写状人的信息，要求印在代写书状文字的年月之前，以备官府事后传讯。印子须由官府指定的茶食人开雕并由其担保诉状内容的真实性，一旦"人户理涉虚妄"则写状人和茶食人要与民户"一例科罪"，并"追毁所给印子"。如果"告论不干己事"，写状人要与民户"一等科罪"。② 朱熹的理学传人黄震也在他的《词诉约束》中继承了朱熹思想，要求"不经书铺不受，状无保识不受，状过二百字不受，一状诉两事不受，事不干己不受，告讦不受，经县未及月不受，年月姓名不的实不受，披纸枷布枷、自毁咆哮、故为张皇不受，非单独无子孙孤孀、辄以妇女出名不受"。③

当然，讼师中的确存在一些挑唆民讼、把持公事、捏造事实诬告他人的不良分子，但是这与社会舆论和制度安排对讼师的排挤不无关系，因为不良社会舆论让道德良好之人不愿进入该群体，没有法律上的合法身份使得他们中一些人只能通过非法手段来谋取利益，甚至铤而走险。讼师群体大量出现的宋代，讼师的职能和价值因为与"法律名流"士大夫们奉行的"公利"思想和息讼理念背道而驰，讼师无法得到应有的尊重和认可，自然也无法发展成为西方社会中维护公民合法权益的律师阶层了。

自宋代社会变革带来私权勃兴和民众维权兴起的"好讼"之风，在"法律名流"士大夫们的"公利"思想下，不断予以压制。随着南宋后期程朱理学成为统治者的正统哲学，这一"公利"思想更是得以进一步强化。之后明清社会对理学思想的继承和推崇，更使得"公利"思想支配下的息讼理念固化为中华法系的一种核心价值，成为历代士大夫处理争讼的指导思想。在士大夫"息讼""贱讼"思想和对争讼的打压之下，民众也逐渐丧失了维护私权的积极性，慢慢形成了"厌讼"的心理，认为为了维护自己的"私利"上"公堂"是一件丢人而且没有面子的事情，更有甚者认为争讼是

---

① 《名公书判清明集》，中华书局 1987 年版，第 479—480 页。
② 同上书，第 641 页。
③ 同上书，第 637—638 页。

有损家庭和有损祖宗声誉的"大丑事",正如陆游告诫其子孙所说:"争讼,实为门户之羞、门户之辱。"

第三节 理学"尚公"的经济伦理对民众私权意识的不断弱化

经济伦理就是关于人们如何看待和处理赢利欲望与伦理道德之间关系的价值问题。理学的公利主义思想就是儒家"尚公"经济伦理的体现。理学只将人的基本生理和生活需求说成是天理,是符合儒家伦理善的价值;将追求物质享受和追求赢利等欲望说成是人欲、私欲,是恶的根源。认为"天理存,则人欲亡",否则"人欲胜,则天理灭,未有天理与人欲夹杂者"。因此要"革尽人欲,复尽天理"。理学又将"公"作为与天理相一致的概念,将"私"与人欲归为同类。由此,公与私被截然对立起来,并将这种对立提升到善与恶这样根本的道德对立上来。如果要追求利,就要追求"利他"的公利,这样才是善的,是"君子"的行为。否则,如果追求私利就是恶的,是自私自利的"小人"行为,即所谓"君子公,小人私","君子小人之分,则在公私之际,毫厘之差耳"。① 故此要以公灭私、大公无私。

我们发现,理学"尚公"的经济伦理其实是将人趋利避害、追求享乐与幸福的基本人性与自私自利的利己主义思想盲目地等同起来,不承认人的客观本性的存在,而是盲目地强调"利他"的公利主义思想,把人当作"圣人"看待,而不是作为一个世俗的人去看待。这完全与西方个人主义主导的经济伦理背道而驰。西方奉行的个人主义恰恰不是所谓自私自利的利己主义,而是对人趋利避害、追求享乐与幸福的基本人性的认可和尊重。承认人的现实性和世俗性,不是用"圣人"的道德标准去衡量每个"凡人"。人们追求个人私利不是一种不道德行为,而是一种人性的自然延伸,理应得到社会的尊重和法律的保护。在这种经济伦理指导下,就有了近代自由经济中追求利益最大化的理性经济人的基础设定,反映在法律领域,就是民法中对私人权利最大限度的保护,其中诸如私权神圣不可侵犯、所有权绝对、契约自由等都是这一经济伦理在民法领域的价值再现。正像孟德斯鸠所说的

---

① 《朱子语类·卷二十四》。

那样:"在民法的慈母般的眼里,每一个个人就是整个的国家。"①"民法是以私人的利益为目的的。"②

我们再回到理学儒家"尚公"的经济伦理上来看,我们发现,"私权"是不会得到社会尊重和法律保护的。因为,追求私利是一种"小人"行为,而"小人"怎么能被社会所尊重,难道让人们放着正人君子不去尊重,而去尊重小人?既然追求私利为人们所"鄙视",那么基于此而发生的"私权"又从何被人们所看重呢?前文中我们提到了宋代义利观的改变和统治者对财利的重视,放松了对民众追逐私利的限制,从而促成了社会逐利之风的形成,以及在此基础上形成的"好讼"之风。"好讼"之风的出现也说明私人的逐利行为带来了人们维护私人权利意识的萌发与勃兴。上文中我们也分析过,即使是提倡反传统义利观的功利主义思想家,也只是认为义与利同等重要,而不是"重义轻利"。但是他们所倡导的利仍然是"公利",而不是"私利"。如李觏就明确提出:"天下至公也,一身至私也,循公而灭私,是五尺竖子咸知之也。"③ 范仲淹、王安石等人也不约而同地主张"利人、利天下、利天下人"的公利主义思想。随着理学在南宋中后期成为"显学"和官方认可的意识形态,这一"尚公"的经济伦理为深受理学思想影响的官僚士大夫所推崇。他们一方面鼓吹理学"存天理灭人欲"的思想打击社会上的逐利之风和维护私权的意识,同时利用他们手中的行政和司法手段劝诫和打压人们的维权意识以及由此产生的争讼行为。由于理学是在宋代才逐渐兴起的,而且在南宋中后期以及此后的明清才得到推崇,并成为正统的意识形态,所以其对民众私权意识的控制与打压也是一个逐步强化的过程,私权意识也从宋代开始随之呈现出了一个不断"弱化"的过程,并最终被传统社会所"遗弃"。

虽然理学的"公利"思想与"尚公"的经济伦理对私权意识的弱化有着巨大的影响,但不可否认的是,它所蕴涵的深厚的教化与劝善功能,以及对"讲信修睦"和社会和谐的追求,又与近代民法所要求的诚实信用、公序良俗等基本原则相契合。诸如诚实信用、公序良俗等近代民法的基本原则本身就体现了某种意义上的"公利"思想与"尚公"的经济伦理。

---

① [法]孟德斯鸠:《论法的精神》,张雁琛译,商务印书馆1963年版,第190页。
② 同上书,第191页。
③ 《李觏集·卷二十七》。

诚实信用就是要求人们在参与各种社会经济活动中必须以一种善意的心理作为行为的出发点，主观上没有损害他人、国家或社会利益的恶意，也没有放任其行为给他人、国家或社会利益造成危害的故意，在参加社会经济活动中恪守承诺、尊重规则、不为欺诈、不造虚假，从而维护社会的公益和稳定，以及良好的社会风气的形成。中国传统就讲究"言必信，行必果""民以诚而立"等信条，同时将诚信与仁义礼智并列为基本的道德范畴。不只是中国，几乎历史上所有的人类文明和种族都将诚实信用作为人们立身处世的标准之一。如印度的《摩奴法典》将说谎定义为坏的行为；伊斯兰教的《古兰经》则多处涉及对不诚实行为的诅咒；《圣经》中也有不能做假证来陷害他人等诫律。可见，诚实信用是一项非常重要的道德要求，这一伦理要求反映在近代民法上就是被奉为民法"帝王条款"的诚实信用原则。

诚实信用原则是指社会经济活动的当事人，在进行民事活动时，应以善意出发正当行使权利和承担相应的义务，以平衡当事人之间以及社会三者之间的利益关系。从定义来看，它体现着一种"公利"的价值取向。这一原则起源于古罗马法的"一般恶意抗辩"，即因欺诈行为使得当事人一方受到侵害时，任何人都能对此行为提出抗辩。其思想来源于古希腊斯多葛派"诚实处事""毋害他人"等自然法思想。近代民法在继承罗马法的同时，也继承了诚实信用原则的衣钵。《法国民法典》规定契约要予以善意的履行，《德国民法典》则将这一原则扩大至各种债权关系中，《瑞士民法典》则进一步将其上升为民法的基本原则，适用于整个民法领域。[①]

就诚实信用原则的本质而言，它是一种使人们在经济活动中得到道德保障的经济伦理要求，体现了经济活动，尤其是契约关系的道德伦理化。梁慧星先生认为诚实信用原则是市场经济的基本道德伦理规范，是市场交易的道德基础，如果出现了违背通常情况下公平参与交易的利益平衡，即可认为其违背了诚实信用原则。在这一意义上讲，诚实信用原则本身就是一种经济伦理价值，而且与理学追求"讲信修睦"的经济伦理所契合，正如休谟所认为的那样，"恪守信用、履行诺言"是人类在交换关系中必须遵循的基本法则之一，对经济社会秩序的维系是绝对必要的。

与诚实信用原则相仿，民法中的公序良俗原则也体现一种"公利"思想，而且更为直接地表达了维护国家利益和社会公共利益的国家本位与社会

---

① 赵万一：《民法的伦理分析》，法律出版社2011年版，第143—145页。

本位思想。公序良俗可以说是公共秩序与善良风俗的合称，一般认为"公序"着眼于国家的公共秩序，"良俗"则更倾向于社会道德方面的善良风俗，即国家、社会存在和延续所必需的普适性伦理道德，是特定社会所应遵守的基本道德要求，体现了"社会的正当性"或"社会的妥当性"，与上文所引述《礼记·礼运篇》的"公利"思想有着一脉相承的道德伦理基础。公序良俗原则作为近代民法的基本原则，《法国民法典》《德国民法典》《日本民法典》等都将其作为维护国家利益和社会秩序的基本制度加以规定，如《法国民法典》规定当事人的约定不得违反有关的公共秩序和善良风俗的法律，否则无效。《德国民法典》也有违反善良风俗的法律行为无效的规定。[①] 虽然公序良俗原则具有"公利"思想一般意义上的道德伦理基础，但是比起理学倡导的"公利"主义思想，公序良俗只是满足了一种低层次的"公利"要求。理学的"公利"思想则有更高的道德追求，即"大道之行也，天下为公"。

由上文分析，我们可以发现理学的"公利"思想与"尚公"的经济伦理的确蕴涵了近代民法中诸如诚实信用、公序良俗等因素。但是我们在分析中发现，这些所谓的近代因素其实是一种"普遍的善"，它们可以包含在任何时代和不同人类文明的道德体系中，例如上文分析诚实信用所提到的"几乎历史上所有的人类文明和种族都将诚实信用作为人们立身处世的标准之一"，而公序良俗则是一种基本的道德底线，是伦理要求。因此不管是古代、近代还是现代的民法，不管是中国还是西方公序良俗都是民事法律必不可少的伦理基础和要求，但不是近代民法的核心所在。近代民法之所以称为近代民法，其核心标准是其建立在个人主义之上，将个人主义作为其哲学基础，奉行的是个人本位和权利本位的思想。近代民法要求个人要具有强烈的权利意识，常常敏感地意识到其权利的不可侵犯性，并总有勇气去维护自己的权益，近代民法中的"所有权绝对"原则就是个人主义财产观在法律上的体现。所谓诚实信用、公序良俗等都是建立在近代民法个人主义与私法自治基础上具有平衡价值的伦理原则。本节分析的理学的"公利"思想与"尚公"的经济伦理所蕴含的诸如诚实信用、公序良俗等因素则完全与近代民法的基础相背离，它建立在家族主义和国家主义之上，以群体主义作为其哲学基础，奉行的是家族本位或国家本位、义务本位的思想。至于这种基础

---

① 赵万一：《民法的伦理分析》，法律出版社2011年版，第166—170页。

迥异所造成的完全不同的发展路径笔者将在后文进行深入论述,此处就不再赘言。

第四节　小结

本章是从思想文化领域中寻找阻碍宋代民事法律发展进步的因素,就是宋代理学所倡导的"公利"思想和"尚公"的经济伦理。从宋代的新儒学——理学的"公利"思想入手,分析了宋代士大夫阶层"息讼"的原因。以宋代理学集大成者朱熹的思想为例,从他的"存天理,灭人欲"的理欲观和"贵义贱利"义利观中,得出了朱熹的公私观,即"尚公灭私""大公无私"。与朱熹一样,程朱理学的理学家们都极力推崇公的地位和价值,把作为"万善之源"的仁也直接解释为公,私则成了"万恶之源"。将天理与人欲、义与利、仁与不仁、善与不善的对立都最终归结到公与私的对立上。这使公私关系的涵盖面急剧扩大、变得异常重要的同时,也使公的价值和地位得到了进一步的强化和突显。即使是重视"利"价值的功利主义理学家也提倡尚公灭私的观点。

可见,"尚公"的这种公利主义倾向,是宋代理学各派思想家的共识,也是宋代以至其后的传统中国共同的价值取向,成为中华文化"天下为公"的理论源泉和文化基因。私权以及与其相关的私欲、私利和个人主义等概念,则不断被弱化和漠视,追求私利和私权则必然被认为是不合乎道德标准的,甚至是罪恶的。有宋一代,虽然私权意识已经在民间得以广泛发展,但是在思想家这里似乎从未发生过,而且还更加蔑视。

这些思想家往往以士大夫的身份将这种"公利"思想渗透到法律的适用中,通过劝谕息讼,打压民间讼学与讼师等方法,压抑人们对私欲、私利的追逐以及私权意识的发展,抑制民众对私权的伸张和维护。士大夫之所以能将这种"公利"思想通过法律的适用来推行,是因为他们类似于西方法学意义上的职业法学家阶层——"法律名流"。

宋代统治者对法律的高度关注,必然反映在对朝臣官员的选拔和任用上,士大夫可以说就是官僚的代名词。因此,宋代为培养在朝为官士大夫的法律素养,在科举考试中专门设立明法科,选拔法律人才。要求考中的文武举人和恩荫入官者必须在出官(做官)前进行法律的考试,史称"试法官"

"试法律"等。宋代还在国子监中设立了律学馆，并且设置律学博士专门教授法律。

通过上述强有力的制度保障和法律教育，宋代士大夫成为民众眼中的"名公"，也具有了类似于西方职业法学家群体"法律名流"的功能，他们不仅深谙律令之道，而且能够熟练而巧妙地操控法律。但是，宋代的这些"法律名流"，并没有用他们深谙的法律来响应民间私权的勃兴和维权意识的增强，而是在上述"公利"思想的支配下，通过劝谕息讼、不予受理、拖延审理等"拒绝术"和"拖延术"阻却民众的兴讼之路，还积极打击帮助民众维权的民间讼师。这样，士大夫就代表官方对民众追逐私利、维护私权的意识和行为不断予以打压和抑制，最终导致了中华法系官方"息讼"、民众"厌讼"的法律性格。

通过分析，理学的"尚公"经济伦理其实是将人趋利避害、追求享乐与幸福的基本人性与自私自利的利己主义思想盲目地等同起来，不承认人的客观本性的存在，盲目地强调"利他"的公利主义思想，把人当作"圣人"看待，而不是作为一个世俗的人去看待。这完全与西方个人主义主导的经济伦理背道而驰。西方所奉行的个人主义不是所谓的自私自利的利己主义，而是对人趋利避害、追求享乐与幸福的基本人性的认可和尊重。承认人的现实性和世俗性，而不是用"圣人"的道德标准去衡量每个"凡人"。人们追求个人私利不是一种不道德行为，而是一种人性的自然延伸，因此理应得到社会的尊重和法律的保护。这样我们就会发现，在理学"尚公"经济伦理的笼罩下，"私权"是不会得到社会尊重和法律保护的。

第六章

宋代民事法律嬗变的现代法治价值：培育近现代民法的核心伦理——私法精神

第一节 民事法律的伦理性

一 对中国传统法律"伦理法"提法的评述

通过前几章的论述，我们发现宋代民事法律发展的动力主要来自诸如生产方式的变革、商品经济和商业的繁荣等经济基础的变革。以土地交易为代表的民事财产法律关系得到了前所未有的发展，宋人就叹道：官中条令，唯交易一事最为详备。然而，自宋至明清社会，中国古代民事法律并没有在此基础上取得进一步的发展，没有像西方那样走上民法的近代化之路，而是出现了停滞甚至是倒退的历史现象。究其原因，影响中国古代民事法律发展甚至社会发展的不是商品经济不发达，也不是社会古老，恰恰是中国传统的意识形态——儒家思想，正是瞿同祖所说的中国传统法律的儒家化。更具体地说就是笔者在前文中所分析的儒家伦理——宋明理学所提倡的公利主义经济伦理和宗法家族组织所奉行的宗法伦理。因此，杨景凡、俞荣根就提出儒家的法思想是伦理法思想。[①] 梁治平先生也认为"中国古代法律是伦理法律"，[②] 张中秋也主张"中华法系以伦理为其特质"[③]，范忠信则将亲属伦理

---

① 杨景凡、俞荣根：《孔子的法律思想》，群众出版社1984年版，第178页。
② 梁治平：《法辨——中国法的过去、现在与未来》，中国政法大学出版社2002年版，第19页。
③ 张中秋：《中西法律文化比较研究》，南京大学出版社1999年版，第206页。

视为中华法系的根本精神。① 因此，俞荣根将儒家化的中国古代法律概称为"伦理法"②。"伦理法"的这一概括在21世纪初得到了学界的普遍认同。这里的伦理可以视为道德的同义词，且常"伦理道德"并称。③ 在《辞海》里，伦理也是被看作"道德的同义词使用"的，伦理可以说是道德的理论概括。④ 因此，伦理法也就是道德法。

伦理法是以儒家的伦理道德作为法的精神或灵魂来指导中国古代政治和法律的。⑤ 伦理道德已经渗透到法律运行的各个环节，并得到国家强制力的认可和保障实施。⑥ 伦理法至少包含了以下几个层面：首先，伦理法是把儒家伦理作为大经大法的法文化体系；其次，儒家伦理不仅是法的渊源而且是法的最高价值，伦理价值代替法律价值，伦理评价统率法律评价；最后，伦理与法律没有确切的分界，伦理道德被直接赋予法的性质。⑦ 伦理道德与法律出现了混同，伦理法既是理想法又是实在法。⑧ 可以说，法律的伦理化与伦理的法律化是中国古代法律最鲜明的特征之一。⑨ 当然，伦理法的概括，并不是说儒家伦理的外延与中国传统法律的外延全部重合，而是从法的总体精神意义上而言的，⑩ 即伦理法是中国古代法律的基本精神⑪。但是，正如范忠信先生所言，每个民族的法律传统都是该民族传统伦理的体现。如大陆法系和英美法系所体现的自由、平等、正义等自然法伦理，伊斯兰法系和印度法系所体现的宗教伦理等。从这个意义上

---

① 范忠信：《中华法系的亲伦精神——以西方法系的市民精神为参照系来认识》，《南京大学法律评论》1999年第1期。

② 俞荣根：《儒家法思想通论》，广西人民出版社1992年版，第130页。

③ 魏英敏：《新伦理学教程》，北京大学出版社1993年版，第111页。

④ 徐晓光：《"伦理法"观点的理论缺欠》，《凯里学院学报》2008年第1期。

⑤ 俞荣根：《道统与法统》，法律出版社1999年版，第200页。

⑥ 聂铄：《人性判断及其法律价值——儒家伦理法与基督教教会法之比较》，《太平洋学报》2007年第5期。

⑦ 栾爽：《儒家伦理法的内在精神及其重构》，《河海大学学报》（哲学社会科学版）2005年第2期。

⑧ 同上。

⑨ 彭礼堂、朱思正：《论儒家"伦理法"研究中的几个问题》，《焦作大学学报》2006年第1期。

⑩ 潘丽萍：《"伦理法"概念之辨析》，《闽江学院学报》2005年第1期。

⑪ 耘耕：《儒家伦理法批判》，《中国法学》1990年第5期。

讲，范忠信先生认为："世界各大民族的法律传统未尝不可以说都是伦理法。"① 因此，更为准确的称谓应该是"儒家伦理法"。当然，我们大可不必拘泥于"伦理法"的称谓问题，而是要明白每个民族法律传统中所蕴含的伦理道德一定是该民族法律传统的核心价值，是该民族法律传统的法律精神之所在。这一法律精神与社会的主流伦理道德表现出高度的同质性，才是我们探讨"伦理法"的实质意义所在。当然，这里又涉及伦理与法律之间的关系问题。

二 法律与伦理的关系

关于法律与伦理道德的关系是一个贯穿整个法理学全局的命题。② 耶林认为它们二者的关系是法学中的"好望角"，"那些法律航海者只要能够征服其中的危险，就再无遭受灭顶之灾的风险了"。③ 因此，围绕二者之间的关系这一话题，自然法学派认为伦理与法律有着内在的联系，认为自然法就是伦理道德的代名词。④ 法律如果不体现伦理道德就会"导致一个根本不宜称为法律制度的东西"出现。⑤ 实证分析法学派则否认这一内在联系，主张法律与伦理应分离，认为法律作为一个科学问题，是社会技术问题而不是一个伦理道德问题。⑥ 哈特认为法律虽然反映一定的伦理要求，但不是一个必然的真理。⑦ 社会法学派的庞德则从动态角度论述了伦理与法律之间的关系。他把伦理和法律的关系分成几个阶段来讨论：第一个阶段是伦理与法律浑然一体的时期；第二个阶段是伦理与法律截然对立的时期；第三阶段是法律附属于伦理的时期；第四阶段是伦理与法律再次分离的时期，但不是第二阶段二者的对立，而是既有分别又有联系，而且这种联系在法律运行中又有

---

① 徐晓明：《道德的法律化与法律的道德化》，《华东理工大学学报》（社科版）2002 年第 1 期。
② 同上。
③ ［美］罗科斯·庞德：《法律与道德》，陈林林译，中国政法大学出版社 2003 年版，第 121—122 页。
④ 张鹤、田成有：《儒家伦理法与西方自然法》，《中央政法管理干部学院学报》1998 年第 6 期。
⑤ 沈宗灵：《法理学》，高等教育出版社 1994 年版，第 215 页。
⑥ ［奥］凯尔森：《法与国家的一般理论》，沈宗灵译，中国大百科全书出版社 1996 年版，第 5 页。
⑦ ［英］哈特：《法律的概念》，张文显、郑成良等译，中国大百科全书出版社 1996 年版，第 182 页。

不同的联系。① 博登海默则将三派的观点折中、融合，认为既有联系也有区别。② 的确，从现代法理来看，伦理与法律是既有区分又有联系的关系。

　　伦理和法律都是上层建筑，但又属于不同的范畴。伦理属于意识形态的范畴，法律一般属于国家制度的范畴。然而二者又都是社会规范体系，都具有规制社会主体行为的功能。伦理是通过影响主体的思想观念来调整人的行为，即是行为主体的自律，主要依靠内心的强制来实施，如果违反只是受到良心和社会舆论的谴责，因此是一种事前的防范。法律则是通过设定行为模式的方法来调整人的行为，其实施有国家强制力保障，一旦违反则会遭到制裁，因此是他律的，是事后的救济。从建立和维护社会秩序上说，这两种手段都是不可或缺的，而且是相互补充的。伦理一般解决人们的精神生活或行为主体更高层次的问题，即法律无法调整的"缺德"却不违法的行为，以及不宜通过法律调整的行为。法律规范和调整的是最基本的、公认的社会伦理道德。因此，一般来说，凡是法律所鼓励或限制的行为，也必然是伦理所提倡或谴责的内容。因为伦理是法律的基础，法律必须符合和体现伦理的宗旨和要求。而且，与其他相关的解释方法相比较，道德解读对法律尤其具有吸引力。③ 所以，在文明社会里，如果法律背离了伦理的要求，没有伦理道德作为其支撑，法律只能成为徒具法律空壳僵硬的法条和限制自由的工具，即是"恶法"。④"恶法非法"，是不能够得到人们自觉遵守和信仰的。罗尔斯说法律须基于伦理，其核心是正义，否则就应该被抛弃。⑤ 德沃金也说："国家承认民众有权去做某事，却又加以限制与惩处，这还不是恶的吗？"⑥ 富勒也认为："如果法治不是指这个意思，那就什么意思都没有。"⑦ 他进一步认为法律必须包含着自己固有的伦理道德，并且他还要求：法要公之于

---

① 严存生：《近现代西方法与道德关系之争》，《比较法研究》2000年第2期。
② ［美］博登海默：《法理学：法律哲学与法律方法》，邓正来译，中国政法大学出版社1999年版，第368页。
③ Ronald Dworkin, *Freedom's Law: The Moral Reading of the American Constitution*, 1996, p. 3.
④ 彭君：《道德性：法律与道德的契合》，《河北法学》2009年第9期。
⑤ J. Rawls, *A Theory of Justice*, Harvard University Press, 1971, p. 3.
⑥ Ronald Dworkin, *Taking Rights Seriously*, Gerald Duckworth & Co. Ltd, 1977 new impression, 2005, p. 187.
⑦ Lon L. Fuller, *The Morality of Law* (revised edition), New Haven: Yale University Press, 1969, p. 209.

众，并且法要具有一般性、清晰性、稳定性、不可溯及性以及没有矛盾，法律不可以要求人们做其不可能做到的事，官员的行为也必须与法律规定的准则相一致。① 德沃金也同意这一观点，他认为法律就是法律，法律是它自身而不是法官的想法。② 所以，当法条沉默了、不清晰或模糊时，法律又何以能统摄一切？③ 这些都是法的内在伦理，因为它们提供了评价法律的善恶标准。④ 这样，法律也自然成为传播伦理的有效方法和手段。回到本书所论述的民事法律，其恰恰是在众多的法律部门中最能体现法律伦理性基础的部门法。

三 民事法律的伦理性分析

各民族的民事法律制度与其他法律制度一样，没有一个不是将该民族基本的伦理道德和伦理规则上升为法律的结果，而且民事法律的存在和发展相较于其他法律部门更依赖于伦理道德，并以伦理道德作为评价该民事法律优劣的核心标准。就民事法律自身来说，它虽然也调整和规范财产法律关系，但是从其建立和演变的历史来看，民事法律对人的关注远胜于对财产的关注。对于民事法律法来说，只有人才是目的，财产只是实现这一目的的路径和手段。从这个意义上说，民法就是"人法"。可以说，人与其他生物最大的区别就在于人的伦理性特征。伦理道德又与人性有着密不可分的内在联系，其本身就是对人性的提升与纯化。⑤ 这样，民事法律对人性善恶的不同判断必然会导致民事法律不同的发展方向，因此对人性的假定就成为民事法律的逻辑起点。儒家伦理是传统中国的正统伦理价值，儒家倡导的就是"人性本善"的性善论，认为人性是善的外化。性善论对中国传统文化的影响从少儿启蒙读物《三字经》的开篇之语就可见一斑，即"人之初，性本善"。⑥ 人性既然是善的，那就"皆可为尧舜"，需要的是通过伦理道德的修养和教化来提高人的觉悟，以发掘人的善。因此，在性善论的影响下，中国

---

① [美]富勒：《法律的道德性》，郑戈译，商务印书馆2005年版，第55—97页。
② Ronald Dworkin, *Law's Empire*, Fontana Paperbacks, 1986, reprinted by Hart Publishing Ltd, 2007, p. 94.
③ Ronald Dworkin, *A Matter of Principle*, Harvard University Press, 1985, p. 3.
④ 张文显：《二十世纪西方法哲学思潮研究》，法律出版社1996年版，第406页。
⑤ 赵万一：《民法的伦理分析》，法律出版社2011年版，第46页。
⑥ 郝铁川：《"性善论"对中国法治的若干消极影响》，《法学评论》2001年第2期。

古代民事法律更接近一种礼教，对行为的判定标准也自然是一种"圣人"或"完人"标准。这与西方民法的"中人"标准是不同的，这一不同来源于西方对性恶论的强调。

古希腊的柏拉图虽然早年也有性善论的观点，但晚年就改变了看法，认为人性并没有他想的那样善良，需要法治而不是人治。他的学生亚里士多德则在此基础上直接提出了"人性恶"的论断，需要用法来约束。握有权力的官员更易产生罪恶，所以权力更需要约束。继承这一思想的古罗马，则以此将法律划分为私法和公法。私法是界定每个人权利的界限，以防止个体间的权利滥用和相互践踏，公法则是对国家公权力的约束，以防止其侵害人们的私人权利。古罗马法是以私法为其主体，而私法的主体又是民法，因此就形成了罗马法私法自治和私法优先的法律传统和法治理念。中世纪基督教的"原罪"说、教会权与世俗王权之争，更让西方人坚信"人性本恶"，需要外在法律的制约。近代的启蒙思想家也继承了性恶论的传统，从霍布斯到斯宾诺莎再到孟德斯鸠等思想家都公开主张性恶论，并将其作为法的伦理基础。这样近现代的民事法律兼以性恶论为其逻辑出发点，正是为了抑制人性的恶，才有国家，有了国家制定的法律来确认人的私人占有的合法性，这样民事所有权制度就得以建立；正是对人性恶的承认，人们才需要契约制度来将双方当事人的权利义务确定下来，以防止在一方当事人毁约的情况下，相对方能得到法律的保护。① 可以说，承认人性的恶就是对人自私和利己的固有本性的认可和尊重，这也为近现代民法从"人"出发来构建民法，提供了价值依据和理论基础。

西方法律针对恶的根本特性恰恰体现了一种理性思维，理性就其本质而言就是对人性的不信任。故此，凡是法治论者多是理性主义者。② 亚里士多德率先提出了人是理性的动物，并提出了"良法之治和对法的普遍遵守"的法治基础。③ 继承这一思想的斯多葛派认为理性是遍及宇宙万物的力量，是法律和正义的基础，"恶法非法"。理性又是人区别于其他动物的标志。随着近代卢梭、孟德斯鸠等人的倡导，理性也成为贯穿整个西方法治传统的

---

① 刘云生：《民法与人性》，中国检察出版社 2004 年版，第 327 页。
② 赵万一：《论民法的伦理性价值》，《法商研究》2003 年第 6 期。
③ 《法学词典》，上海辞书出版社 1998 年版，第 652 页。

主线。① 理性与伦理有着密不可分的联系，近现代民法又是理性的结晶，其自然反映了一种近现代的伦理价值，即理性所蕴含的法治理念。这样符不符合理性所要求的法治理念就成为判断某一民事法律优劣的价值标准，即只有符合理性和正义，符合民众基本价值观和伦理诉求的民事法律才是良法。法治所要求和禁止的行为应该是民众合理地被期望去做或不做的行为。② 只有这样，民事法律才能被民众所遵守，再到信任，直至信仰。正如伯尔曼一再强调的那样，"法律只在受到信任，并且因而并不要求强制力制裁的时候，才是有效的"。③ 而且"法律必须被信仰，否则它将形同虚设"。④ 罗马法及继受其的大陆法系民事法律之所以被市民社会所信仰就是其对人本身的尊重，对自由、平等、正义等人类基本伦理要求的追寻，从而闪烁着理性的光辉。正如孟德斯鸠满怀深情地说："在民法的慈母般的眼里，每一个个人就是整个的国家。"⑤ 处在社会转型期的当代中国，大量移植了西方近现代的民事法律制度，民事法律制度体系基本构建完成。但是能不能将西方民事法律中所蕴含的深厚的法治精神和伦理要求扎根于中国，才是民法真正能被遵守乃至信仰的真正基础。

就民事法律的渊源来看，绝大多数是来自伦理性极强的民事习惯。民事习惯就是人们在参加民事活动中所遵守的约定成俗且具有一定约束力的行为规范，主要包括婚姻家庭习惯、继承习惯、交易习惯等内容。民事习惯又是民事法律传统长期积淀的产物。正如上文范忠信先生所言，每个民族的法律传统都是该民族传统伦理的体现。如大陆法系和英美法系所体现的自由、平等、正义等自然法伦理，伊斯兰法系和印度法系所体现的宗教伦理，以及中华法系的儒家伦理等。因此，秉承民事法律传统的民事习惯，也自然是伦理的结晶。可以说，民事习惯在民事法律发展史上有着不可替代的作用。在古代民事活动中，民事习惯是最基本的法律渊源之一。中国古代的民事法律就是伦理习惯上升为法律的结果，同样，西方的民事法律也来自其社会伦理的

---

① 赵万一：《民法的伦理分析》，法律出版社 2011 年版，第 9 页。
② [美] 约翰·罗尔斯：《正义论》，何怀宏、何包钢、廖申白译，中国社会科学出版社 1988 年版，第 235 页。
③ [美] 伯尔曼：《法律和宗教》，梁治平译，三联书店 1991 年版，第 43 页。
④ 同上书，第 8 页。
⑤ [法] 孟德斯鸠：《论法的精神》，张雁琛译，商务印书馆 1963 年版，第 190 页。

固化。梅因说:"万民法是古代意大利各部落各种习惯共同要素的总和。"①市民法也是市民社会各种风俗习惯等长期进化的结晶,可以说习惯法是私法的真正渊源所在。在现代社会,民事习惯依然是各国民事法律的重要渊源之一,可以弥补民事法律的空白,并提升市场的自律水平和效率,降低法律的运行成本。例如交易习惯是在交易过程中,经过多次实践和利益平衡而形成、反映交易主体意思自治并主动遵守具有一定约束力的行为规范。② 交易习惯可以在法律出现空白时为交易主体提供可供选择的行为模式,在法律含义模糊或发生冲突时提供解释法律所需要的事实依据和经验模型。③ 这样,也就决定了在民事法律中,伦理性条款要远远多于技术性条款,并且成为民事法律的主体内容。伦理性条款最大的特点就是民众无须掌握专业的法律知识,完全可以凭借社会常识和伦理道德的判断确定其行为的性质。如公平正义原则、平等自愿原则、诚实信用原则、公序良俗原则、禁止权利滥用原则等都是可以从字面上就能确定其维护公平正义、自由平等、善良风俗等伦理价值的。另一方面,这些民法原则又体现了极强的伦理性。如称为民法"帝王条款"的诚实信用原则,就是为了补救民事法律在适用时可能产生的漏洞和不道德的可能对民事主体伦理上的侵害。禁止权利滥用原则是为了防止权利主体在主张权利时出现相互践踏,从而引起的不道德。作为民法核心原则的司法自治原则是从根本上维护人之所以为人所应具有的主体性和自主性的核心伦理要求。

民事法律不管是从内在价值或外在的表现形式都显示了其强烈的伦理性,可以说,民法文化就是一种伦理性的文化。④ 正如一些学者所言,一切法律问题说到底都是法律文化的问题。⑤ 梅因就曾提出在一国法律文化中,民法和刑法地位的高低,就可以判断出该国的文明程度的高低。凡是民法在其法律文化中居于核心地位的国家,其文明程度就较高。反之,刑法在其法律文化中居于核心地位的国家,其文明程度就低。⑥ 中国和西方的文明进程

---

① [英] 亨利·梅因:《古代法》,中国社会科学出版社 2009 年版,第 129 页。
② 赵万一:《论民法的伦理性价值》,《法商研究》2003 年第 6 期。
③ 梁慧星:《民法解释学》,中国政法大学出版社 1995 年版,第 193 页。
④ 赵万一:《民法的伦理分析》,法律出版社 2011 年版,第 3 页。
⑤ 同上书,第 11 页。
⑥ 李静冰:《民法的体系与发展——民法学原理论文选辑》,中国政法大学出版社 1995 年版,第 3—5 页。

也恰恰证明了这一点。如前文所述，中国传统法律文化所体现的正是"重刑轻民"的传统，西方自罗马法复兴以来，将私法作为法律体系的核心，从而形成了一个完整的民法体系。以《法国民法典》和《德国民法典》为代表的民事法律制度在整个西方世界崛起的过程中，有着无法替代的作用，也造就了近现代以来西方的法律传统，即私法或民法的传统。因此，对民法文化的宣扬成为各国，尤其是后进国家法治现代化的首要任务。任何一项事业的背后都存在着某种决定该项事业发展方向和命运的精神力量。[①] 马克斯·韦伯就将西方世界的兴起中起决定性意义的精神力量归结为新教伦理所导致的"资本主义精神"。同样，在民事法律的背后，也有着决定其发展方向和命运的伦理精神。如上文分析的那样，儒家的伦理精神，决定了中国古代民事法律的发展方向和命运，西方民事法律背后也有着决定其发展方向和命运的伦理精神，我们称之为私法精神，正是这一精神缔造了西方民事法律的现代化，也是民事法律能够良性发展的核心伦理价值。处在社会转型期的当代中国，移植的不仅是西方近现代的民事法律制度，更应该将私法精神深深扎根于中国法律和社会，这是才是我们跳出"历史和传统的轮回"，实现法律现代化和民法良性发展的根本方向和核心价值。接下来笔者将着重对私法精神这一决定民事法律进步的精神力量做详细的论述。

第二节 私法精神的含义

一 私法精神的界定

私法精神这一称谓可以说直接来源于孟德斯鸠关于"法的精神"之论述。孟德斯鸠在其同名巨著《论法的精神》中说道："我不是在讨论法本身，而是法的精神，而且这一精神存在于法与不同事物之间可能有的各式关系中，其是这些重要关系的总和。"[②] 李锡鹤先生认为孟德斯鸠关于法精神的解释虽然深刻，但不够明确，他认为法的精神就是法的宗旨，即调整社会

[①] [德] 马克斯·韦伯：《新教伦理与资本主义精神》，彭强、黄晓京译，陕西师范大学出版社2002年版，第3页。

[②] Baron De Montesquieu, *Spirit of the Laws*, New York: Hafner Publishing Company, 1966, p. 7.

关系和确认与提倡法所蕴含的价值观念。① 更多的学者认为法的精神是观念层面的伦理价值。如张乃根教授就认为法的精神就是指法律所包含的法的观念;② 公丕祥认为法的精神是指支配法律现象和法律文化体系的价值信念系统;③ 刘武俊认为法的精神是蕴含于法律现象和法律制度之中,并对法的发展起支配作用的一种内在的理念、信仰及价值取向;④ 子谦等也说法的精神是法的灵魂、核心、精髓,是渗透在法、法律中的,带有根本性、原则性的东西,而不是法的某些特征,更不是某个或某些具体的条文。⑤

　　从上面的论述来看,私法精神更多的就是指私法所蕴含的核心价值观念。谢怀栻先生曾对私法精神下过一个确切的定义,即承认个人有独立的人格,承认个人为法的主体,承认个人生活中有一部分是不可干预的,即使是国家在未经个人许可时也不得干预个人生活的这一部分。⑥ 这一定义又谈及私法的概念。私法是整体法律制度的一个组成部分,它以个人和个人之间的平等和自觉为基础,规定个人和个人之间的关系。⑦ 这一定义可以说就是对民法的定义,广义的民法就是私法。⑧ 即使从狭义上说,民法也是私法的一般法,是私法的基础。因此,私法精神在一定意义上也可以称之为民法精神。⑨ 关于民法精神,魏振瀛认为民法精神是民法调整社会关系与民法观念的综合反映。⑩ 牟瑞瑾也认为民法精神是民法所体现和追求的法律价值取向,是人们头脑中基于对这种价值取向的认知和认可而形成的理念,是民事立法、司法、执法、守法及法律监督的指导思想。⑪ 又因为私法源自罗马法,罗马法的核心内容就是私法,因此江平先生认为私法精神就是罗马法精

---

① 李锡鹤:《论民法的伦理性价值》,《法学》1996年第7期。
② 张乃根:《论西方法的精神——一个比较法的初步研究》,《比较法研究》1996年第1期。
③ 公丕祥:《法制现代化的理论逻辑》,中国政法大学出版社1999年版,第232页。
④ 刘武俊:《市民社会与现代法的精神》,《法学》1995年第8期。
⑤ 子谦、文娟:《论现代法的精神》,《法学家》1996年第6期。
⑥ 谢怀栻:《从德国民法百周年说到中国的民法典问题》,《中外法学》2001年第1期。
⑦ [德]卡尔·拉伦茨:《德国民法通论》,王晓晔等译,法律出版社2003年版,第1页。
⑧ 李开国:《民法基本问题研究》,法律出版社1997年版,第39页。
⑨ 李先波、杨志仁:《论我国私法精神之构建》,《湖南师范大学社会科学学报》2008年第4期。
⑩ 魏振瀛:《民法》,北京大学出版社2000年版,第20—28页。
⑪ 牟瑞瑾:《法律观念、民法精神与精神文明建设》,《法制与社会发展》1998年第1期。

神。① 而且他认为，在本质上罗马法精神的核心就是私法精神。② 这样，我们还可以推出，因为私法的哲学基础是自然法，私法精神自然也可以称为自然法精神。同样，按其发展的历史进程来看，私法精神一开始可以被称为自然法精神，罗马法出现后可称其为罗马法精神，近代民法出现后，则又可以叫作民法精神。可见，理解私法精神的关键是理解私法的含义，理解私法必须从公私法的划分说起，因为没有公法，又何来私法呢！正如《布莱克法律辞典》对私法解释一开头就说："私法是公法的对立词。"③ 公私法的划分不仅在于明确私法的概念，更在于其体现了私法的价值和意义，在下文论述中还要不断涉及二者的关系。因此，公私法就像足球世界中，米兰之于国米、皇马之于巴萨的"足球德比"一样，少了公法的存在，私法及私法精神将失去它的精彩。

二 公私法的划分及其意义

（一）公私法划分标准的主要学说

公私法的划分一般来说源自古罗马五大法学家之一的乌尔比安。④ 但是据学者进一步考证，公私法的划分可以追溯到更早的古希腊。不光是因为在柏拉图的著作中已经有了公共事务与私人事务的分野，而且在城邦的诉讼中，已经有了公共诉讼和私人诉讼的区别。⑤ 由于历史条件的限制，古希腊城邦的私法还没有发展起来，因此对所谓公私法的划分只是萌芽意义上的区别。只有私法较为发达的古罗马才有划分公私法的基础和必要，所以乌尔比安的公私法划分便应运而生。在乌尔比安看来，私法是调整私人之间的关系，涉及个人福利并为个人利益确定条件和限度；公法是有关罗马国家稳定的法，涉及城邦的组织结构并见于国家管理机构、宗教机构和宗教事务之中。⑥ 这种"利益说"或"目的说"也为此后的查士丁尼《法学总论》所继承，认为私法涉及个人利益，而公法涉及国家的政体。⑦ 自此，目的说的

---

① 江平：《罗马法精神与当代中国立法》，《中国法学》1995 年第 1 期。
② 江平、米健：《罗马法基础》，中国政法大学出版社 2004 年版，第 55 页。
③ ［古罗马］查士丁尼：《法学总论》，张企泰译，商务印书馆 1995 年版。
④ H. F. Jolowicz, *Roman Foundations of Modern Law*, Oxford: Clarendon Press, 1957, pp. 49-51.
⑤ A. R. W. Harrison, *The law of Athens*, Oxford: Clarendon Press, 1957, pp. 115-121.
⑥ ［意］彼德罗·彭梵得：《罗马法教科书》，黄风译，中国政法大学出版社 1996 年版，第 9 页。
⑦ ［古罗马］查士丁尼：《法学总论》，张企泰译，商务印书馆 1995 年版，第 1—2 页。

划分标准,成为历史上影响力最悠久的学说。但是随着社会的发展,私人利益和公共利益的区分已经不能像古罗马时代那样明晰,二者往往相互交织在一起难以区分。法律往往是对多方利益的通盘考虑,在保护私益的同时也间接地保护了公益,保护公益的最终目的也是在保护私人的利益。为了弥补目的说的缺陷,后世的学者便探索出其他的划分标准,有代表性的便是主体说和性质说。

  主体说是德国公法学者耶律内克提出的,并得到法国和日本的一些学者的支持,如美浓部达吉就赞成这一学说,并对这一学说进行了修正。该学说的标准是以参与法律关系的主体为标准来区分公私法的,即法律关系主体中至少有一方是国家公权力主体,则构成公法关系,否则即为私法关系。① 相对于目的说,这一区分更为明晰,但是这一学说有一个明显的硬伤就是国家公权力主体也可能成为交易的一方,而成为私法主体。因此便有了性质说。所谓性质说,就是以法的内容是否涉及国家权力关系作为公私法划分的标准,即公法调整的是权力服从关系,私法调整的是平等主体之间的关系,又可以称为权力说或关系说。这一学说的代表是德国学者拉班德。但是这一学说并没有注意到对于两个平级的国家机关,他们是一种平等协商关系,不存在谁服从谁,但是也适用公法,而不是私法。这样就出现了将上面各种学说综合而论的学说,称为综合说或折中说,即私法是调整私主体间利益关系并体现平等关系和意思自治的法律;公法是涉及公共利益和公共权力并体现服从关系的法律。② 20世纪80年代以来,关于公私法划分的反思和二者相互影响的讨论受到学者们关注。③ 据郑玉波统计,讨论公私法划分的学说竟然多达十七种。④ 就连没有公私法划分传统的英美法系也对公私法划分进行过探讨。如有类似主体说的机构标准,以及还有一种称为功能标准的分类,类似于综合说,就是将上述学说混合在一起,认为公共功能的认定要考察其行使所涉及的权利和利益范围,看这个范围是只涉及私人之间还是影响到第三人或社会公益。⑤

---

① [德]卡尔·拉伦茨:《德国民法通论》,王晓晔等译,法律出版社2003年版,第1页。
② 张曙光:《法理学》,中国人民大学出版社2003年版,第43页。
③ Dawn Oliver, "The underlying Values of Public and Private Law", in Michael Taggart ed., *The Province of Administrative Law*, Hart Publishing, 1997.
④ 郑玉波:《民法总则》,中国政法大学出版社2003年版,第4页。
⑤ Peter Cane, *An Introduction to Administrative Law*, Oxford: Clarendon Press, 1996, p.21.

(二) 公私法划分的意义——确立私法优位的价值导向

尽管公私法的划分，使得私法的概念得以明晰，但是却模糊了其界限。正如拉伦茨所说："在公私法之间，并不能像我们切苹果那样用刀子就能把它们准确无误地分割开来。二者就像是双子座的孪生兄弟一样，可能永远也无法将它们完全区分开来。"但是，公私法划分的价值并不仅仅是明晰概念意义，而是要确立一种价值导向，即私法优位于公法。公法之所以能够产生并兴起，也在于其对私法的保护，即公法是对公权力的限制，以防止其对私权及私领域的不当干预。可见，公法是服务于私法的。这一点，从其产生和兴起的过程就可以看出。公私法的划分是源自古罗马时期的法学家乌尔比安，但是相对于私法的发达和繁荣，公法却极大滞后于私法，而且鲜有学者问津。这一点从查士丁尼时期的《学说汇纂》采用的学说中就可以看出。在《学说汇纂》中，大多都是关于私法的学说，公法的学说极少。[①] 罗马公法中并没有我们理解的行政法和宪法，刑法也只是在私法周围发展。因此，只有私法才是罗马人所关注的对象，公法仿佛是"徒有虚名"的。[②] 我们所谓的罗马法复兴，也主要是私法的复兴，公法的存在可以说仍停留在概念的基础上，由于受当时君权神授的影响，公法的研究被认为是"非常危险"的。直到法国大革命后，公法才真正发展起来。《人权宣言》作为一个影响深远的公法性文件，就是法国大革命的直接产物。它在序言中就直言："不知人权，忽视人权或轻蔑人权是公众不幸和政治腐败的唯一原因。所以决定把自然的、不可剥夺的神圣的人权阐明于庄严的宣言之中"，并宣布"在权利方面，人是生而自由和平等的；财产是神圣不可侵犯的权利；主权属于国民，自由是指有权从事一切无害于他人的行为；在刑罚时要体现罪刑法定、法律不溯及既往和无罪推定原则"。很明显，《人权宣言》的目的就在于对国家公权力的限制和对公民私权及政治权利的保护。[③] 从此，便确立近代以来私法优位（优先）主义的传统。

私法优位就是在处理私法与公法之间的关系时，私法居于优越地位，公法应当服务或服从于私法。公法所规定的原则与内容不能伤害到私人权利和利益。私法是整个法律的基础与核心，在诸如宪法这样的公法产生之前，私

---

① 郑玉波：《罗马法要义》，汉林出版社1985年版，第8页。
② 沈宗灵：《比较法总论》，北京大学出版社1987年版，第95页。
③ 钟瑞友：《对立与合作——公私法关系的历史展开与现代抉择》，《公法研究》2009年第0期。

法就是宪法；而在宪法产生后，私法就成为宪法的原型和基础。① 这与源自卢梭社会契约的宪政主义不谋而合，与法治观念息息相关，可以说没有私法的优位，我们就不能够实现真正的法治。这一点对于缺乏公私法划分传统，历史上公权力独大的中国法治现代化建设来说，尤为重要。正如梁慧星先生所呼吁的那样："今天我们在讨论市场经济与法制现代化问题时，有一个观念必须转变，即在公法与私法相互关系上，必须从公法优位主义转变到私法优位主义上来。"他还断言："只有彻底抛弃公法优位主义，确立私法优位主义，才能实现我国法制现代化。"②

由上可知，私法优位主义也必然是私法精神的应有之义，而且公私法的划分也从外延上对私法精神给予了界定，即私法精神是一种维护私人权利和私人利益，并限制公权滥用，凸现私法独立性的伦理价值。当然，公私法的划分及其意义是从外延上对私法精神的一种界定，那么私法精神的核心内涵又是什么呢？这就需要从私法精神成长和发育的历史中去寻求答案了，因为私法精神的内涵正是从其不断发展的进程中形成的。

三 私法精神的成长与内涵的形成

私法精神的成长史，就是私法的成长史，二者的发展壮大几乎可以说是同步进行的。那私法又是什么时候出现的呢？我们知道，私法的概念主要是出现在大陆法系里，大陆法系与普通法系的区别就在于有没有成文法。③ 因此，私法的产生也必然与成文法有关。的确是这样，以私法为核心的罗马法的产生一般认为是《十二表法》。梅里曼认为大陆法系的起源可以追溯至公元前450年的古罗马《十二表法》，并直接来源于公元6世纪查士丁尼的《国法大全》。④ 但是，梅因并不认同这一观点，他从《荷马史诗》中法律女神的提法和梭伦的《阿提喀法典》得出，最起码在古希腊便有法律现象了，并认为《十二表法》的编纂者曾得到希腊人的帮助。这一观点得到了一些学者的支持，如张乃根认为在《十二表法》起草过程中，曾有人赴希

---

① 程燎原：《从法制到法治》，法律出版社1999年版，第157页。
② 梁慧星：《市场经济与法制现代化——座谈会发言摘要》，《法学研究》1992年第6期。
③ René A. Wormser. *The Story of the Law-And the Men Who Made It-From the Earliest Time to the Present*, Simon and Schuster, 1962, p. 222.
④ John Henre Merryman. *The Civil Law Tradition*, 2nd edn., Stanford University Press, 1985, pp. 2-6.

腊考察梭伦的法制和其他法律资料。① 周枏教授的研究也得出了相似的论断。② 随着《格尔蒂法典》从克里特岛被发掘，这些推断得到了证实。《格尔蒂法典》于公元前5世纪前期被制定出来，主要以私法即民事法律为主，因此，关于私法的产生和私法精神的孕育我们还必须把思绪拉回到更为古老的古希腊文明去。

据学者对《格尔蒂法典》的研究发现，该法典已经基本上放弃了初民社会法律中所惯有的人身刑罚，是代之以财产罚。这体现了一种对人自身尊重的早期人本主义思想的萌发，以及对财产权利的重视而萌生的权利本位思想。受到苏格拉底、柏拉图、亚里士多德和斯多葛学派自然法思想以及古希腊城邦的民主政治影响，《格尔蒂法典》中还体现自由、平等的原则。③ 例如，在古希腊商业贸易非常发达，因此这方面的规定本应较多，但《格尔蒂法典》中除了对较为复杂的投机、保证、抵押、合伙等做出规定外，其他事项交给当事人自己约定，可以说体现了契约自由的萌芽。即使是在具有惰性的婚姻家庭传统领域内，也体现了自由和平等的精神。如结婚方面的内容也大都留给了婚姻双方自行处理，妇女在一定条件下有选择婚姻的自由，也有离婚等方面的自由。家长权也开始被削弱了，子女在一定年龄可以得到相应的权利，意味着身份等级的人身依附关系受到冲击，平等、自由观念在身份法中萌芽。④

虽然我们把私法的产生追溯到古希腊，但是真正实现私法繁荣的还是古罗马。罗马人的法律哲学和理论大多继受自古希腊，⑤ 这一点西塞罗和盖尤斯都予以了肯定。⑥ 但恰恰是罗马法使得私法摆脱了狭隘的城邦气息，具有了巨大的包含性和宽容精神。⑦ 这体现在市民法与万民法的融合，并最终形成了一套完整的私法体系。这一私法体系的出发点是尊重私人财产权利，基

---

① 张乃根：《西方法哲学史纲》，中国政法大学出版社1993年版，第49页。
② 周枏：《罗马法原》（上册），商务印书馆1994年版，第35页。
③ [美]摩尔根：《古代社会》，杨东等译，商务印书馆1977年版，第247页。
④ 易继明：《〈格尔蒂法典〉与大陆法私法的源流》，《外国法评译》1999年第1期。
⑤ Peter de Cruz, *Comparative law: in a changing world*, 2nd ed., Cavendish Publishing Limited, 1999, p. 11.
⑥ Ibid..
⑦ 易继明：《私法精神与制度选择——大陆法私法古典模式的历史含义》，中国政法大学出版社2003年版，第127页。

础是民事交往的平等原则。罗马法学家还发展了演绎推理和类推技术,产生了极度复杂与先进的罗马法学。① 这里,罗马私法所取得的辉煌成就本书不再冗述,需要论述的是罗马法学家对古希腊私法萌发的私法精神和对斯多葛学派自然法精神的继承和发扬。斯多葛学派的论说属于伦理学,他们宣扬的自然法被认为纯粹是人类理性的体现。② 因此,自然法被认为是实践理性在追求人性之善过程中一种合乎真正善的逻辑选择。③ 斯多葛学派要求人们必须遵守自然法的伦理秩序,宣扬人的精神自由和人与人之间的平等,并希望建立一个人人平等的世界。正是自然法的这一精神内核,为私法精神的最终产生提供了理论和伦理基础,将自然法精神真正转化为一种私法精神的则是以西塞罗为代表的罗马法学家。西塞罗首先认为自然法是无处不在、永恒不变的至高无上的法则。法律则是源自自然法的最高理性,因此所有的人都要服从同样的法律,不会在不同的地方或不同时间出现不同的法律。④ 如果人订的实在法违背了这一自然理性,即不正义,"则理所应当地不配被称为法律"。⑤ 所以在西塞罗看来,法就是关于善良和公平的艺术。⑥ 在西塞罗等罗马法学家的努力下,自然法平等、自由等精神被逐渐引入罗马法,成为罗马法的核心精神,而私法又是罗马法的核心内容,因此这一精神自然为私法所承接,成为私法精神。正如后世学者将近代私法典的编纂视为自然法法典的编纂。⑦ 由此,私法精神可以说在古希腊萌芽后,正式在古罗马产生了。

历史发展到了中世纪,以私法为核心的罗马法在中世纪隐没了。然而几百年后,在通过包括注释法学派、评论学派和人文主义法学派延续不断地研究和创新中,罗马法又在西欧大陆复兴了,而且15世纪左右兴起的人文主

---

① Alan Rodger, "Labeo and the Fraudulent Slave" in A. D. E. Lewis & D. J. Ilbetson, *Roman Law Tradition*, Cambridge: Cambridge University Press, 1994, pp. 15-31.

② Robert P, George. *Natural Law-Contemporary Essays*, oxford: Clarendon Press, 1992, p. 31.

③ John Finis, *Natural Law and Natural Rights*, Oxford University Press, 1980, pp. 125-127.

④ Cicero, *The Republic and the Laws. In William Eberstein*, *Great Political Thinkers*, NewYork: Holt, Rinehart and Winston, 1969 (4th ed.), p. 136.

⑤ [美] 博登海默:《法理学:法律哲学与法律方法》,邓正来译,中国政法大学出版社1999年版,第15页。

⑥ Alan Waston, *The Digest of Justinian*, trans. by Charles Henry Monro. Cambridge: Cambridge University Press, 1904, D. 1, 1, 1 pr.

⑦ Franz Wieacher,*Privatrechtsgeschichte der Neuzeit*, 1.*Aufl.*, 1952.197; 2.*Aufl.*, 1967, p. 323.

义也契合了私法精神早期的人文精神，很快成为私法精神的核心内容。与此同时，基督教虽然禁锢人们的思想，但是他们却发展了罗马法，中世纪第一所大学——博洛尼亚大学，对罗马法的研究，确实是在教会支持下进行的。在奥古斯丁和阿奎那的努力下，基督教教义吸收了自然法精神，使罗马法成为适用于所有基督徒的普世性法律，而且应用经院哲学和逻辑分析法，使得罗马法成为具有高度形式理性的法律体系。"上帝使人生而自由""上帝面前人人平等"等超验信仰最终发展为"人生而自由""法律面前人人平等"等法律信条。正是在这样的前提下，中世纪欧洲的自治城市应运而生。在自治城市里每一个市民都是平等和自由的，他们只受到城市法律的约束。由此，便开启了西方市民社会和市民法的勃兴。随着罗马法的复兴、文艺复兴、宗教改革的"3R"运动的胜利，西方便笼罩在人文主义的光辉之下。启蒙思想家们在人文主义的指引下，为私法精神的最终形成"燃起了最后的火焰"。格劳秀斯提出了自然权利思想，主张生命、身体和自由是不可侵犯的。对于自然权利来说，所有的政治舞台兼是为其而搭建，所有的政府都是为其而生。[①] 在这一思想的影响下，霍布斯开始提倡人权思想，将人从宇宙、神学和政治中分离出来，成为独立的自然存在物。人的权利是高于国家权力的，国家只是为了保障个人的权利而存在的。这一思想经过卢梭、孟德斯鸠和洛克等人的继承和发展，形成了社会契约论，并为法国大革命提供了指导思想。最终这些思想都凝结在大革命的结晶——《法国民法典》之中，成为以民法为代表的私法的精神内核。

通过上文对私法精神成长史的论述，我们已经找到了私法精神的基本内涵，其由：自由、平等、权利本位和人文主义等关键词组成的伦理价值体系。首先，我们就来考查私法精神的基本价值追求：自由和平等。

四 私法精神的基本内涵——自由与平等

(一) 自由

从上文的论述中，我们发现，自由可以说贯穿于私法精神的始终，从古希腊到罗马，再到中世纪和人文主义勃兴的近代，自由可以说是私法精神最为基本的价值追求。从中我们也看出，所谓人类解放的历史，其实就是不断实现人自身自由的历史。正如马克思所言："（人类）文化上的每一个进步，

---

① J. Waldron, *Theories of Rights*, Oxford: Oxford University Press, 1984, p. 21.

都是迈向自由的一步。"① 然而，自由却是一个非常宽泛的概念，据学者统计，关于自由的定义有将近二百多种的解释。而且，不同领域对自由解释也各不相同，如自由主义的鼻祖洛克就提出了知识自由与经济自由的两个自由概念，知识的自由又包括道德自由，经济自由则意味着享有与行使财产上的权利。古典政治经济学鼻祖亚当·斯密也看到了自由对社会经济巨大的促进作用，因此提出了自由放任主义的自由经济学。孟德斯鸠也对自由提出了两个基本概念，政治的自由与哲学的自由。在他看来政治的自由是要有安全，或者至少自己相信有安全；哲学的自由是要能够行使自己的意志，或者至少自己相信在行使意志。② 19 世纪自由主义理论集大成者约翰·密尔也将自由分为了社会自由和哲学自由。③ 本书无法如此宽泛地去论述自由，只能将重点放在法律领域的自由理念。我们还是回到历史中去，回到古希腊和古罗马那里去探寻。

　　古希腊关于自由的思想还处于萌芽阶段，如伊壁鸠鲁的自由思想是包含在其快乐主义伦理思想中，阿尔基达马则将自由归结为神和自然的赐予。到了亚里士多德那里，对自由的认识则相对成熟起来，他认为自由应该被法律所拯救而不是奴役。④ 古罗马的西塞罗则继承了这一思想，认为："我们是法律的奴隶，因此我才是自由的。如果没有法律对自由的约束，每个人都随心所欲，那必然会造成自由的毁灭。"⑤ 这一论断，虽然在字面上与亚里士多德的说法相反，但其实都在说明法律对自由的维护。查士丁尼的《法学总论》中，就采用了西塞罗的观点，认为自由是除了受物质力量或法律约束外，人可以不受阻碍地为任何事情的权利。⑥ 这一论断对后世西方自由主义的影响比较大，成为思想家们论述自由的思想基础。历史发展到"黑暗的"中世纪，一般认为是对自由压抑与扼杀的时期。其实在基督教的圣经里自由是一个不断被提及的内容，基督教认为人的精神生活是自由的、独立的，无须外在国家权力的干预，这可以说与古希腊古罗马的自由观念是一脉

---

① 《马克思恩格斯选集》第 3 卷，人民出版社 1995 年版，第 456 页。
② [法] 孟德斯鸠：《论法的精神》，张雁琛译，商务印书馆 1963 年版，第 223 页。
③ [英] 约翰·密尔：《论自由》，于庆生译，中国法制出版社 2009 年版，第 1 页。
④ [古希腊] 亚里士多德：《政治学》，中译文，商务印书馆 1965 年版，第 276 页。
⑤ [英] 彼得·斯坦、约翰·香德：《西方社会的法律价值》，王献平译，中国人民公安大学出版社 1980 年版，第 176 页。
⑥ [古罗马] 查士丁尼：《法学总论》，张企泰译，商务印书馆 1995 年版，第 12 页。

相承的。黑格尔认为在基督教的教义里，所有的人在上帝面前都是自由的，不依赖于人的出身、地位和文化程度。① 布莱克则认为基督教给人们在自由观念上的改变是革命性的。② 这样，随着西方人文主义的复兴，上述的自由理念在近代得到了继承，并发扬光大。

  自由主义鼻祖洛克认为自由是人的天赋权利，是不能被侵害的。当然，洛克所说的自由自然不是人们"爱怎样就怎样的那种自由"，而是在法律许可的范围内的自由。因此，他进一步认为："哪里没有法律，哪里就没有自由"，并强调法律之目的不在于否定或限制自由，而在于维护并进一步扩大自由。③ 自由主义的另一代表人物斯宾诺莎也认为自由是天赋的权利，强调自由比任何事物都为珍贵，如果没有自由，敬神之心无由而兴，社会治安也无法巩固。④ 与他们同时代又同属英国的霍布斯也认为自由就其本意而言，是指一种物理状态，即没有阻碍或拘束的自为自在的状态。⑤ 因此，只要是法律未加规范的一切行为中，每个人都有自由去做自己认为最有利的事。此后法国和德国的启蒙思想家们，也提倡他们的自由理念。伏尔泰认为自由就是做一切法律许可的事的权利。孟德斯鸠则将自由分为了两个方面，即自由是做法律所认可的所有事情，以及一个人能做他应做的事，而不被强迫去做其不应该做的事。⑥ 孟德斯鸠的不朽名著——《论法的精神》从某种意义上讲，就是一部自由主义的巨著。卢梭也在其《社会契约论》中阐述了他对自由的理解。在卢梭看来自由不仅是天赋人权，而且是人的本质所在。他留下一句法律名言：人是生而自由的，但却无时不在枷锁之中。⑦ 受卢梭的影响，德国的康德指出："自由是独立于别人的强制意志"，"它是每个人由于他的人性而具有的唯一的、与生俱来的权利"。⑧ 他还将自由与意志结合起来，形成了自由意志的理论。他认为一个理性存在者的意志，只有在自由的

---

① ［德］黑格尔：《哲学史讲演录》第1卷，贺麟等译，商务印书馆1981年版，第52页。
② Antony Black, *Guilds and Civil Society in European Political Thought*, from the Twelfth Century to the Present, Methuen & Co. Ltd, 1984, p. 42.
③ J. Locke, *Two treatises of Government*, Cambridge: Cambridge University Press, 1960, p. 348.
④ ［英］斯宾诺莎：《神学政治论》，温锡增译，商务印书馆1982年版，第12页。
⑤ ［英］霍布斯：《利维坦》，黎思复等译，商务印书馆1985年版，第162页。
⑥ ［法］孟德斯鸠：《论法的精神》，张雁琛译，商务印书馆1963年版，第44页。
⑦ ［法］卢梭：《社会契约论》，何兆武等译，商务印书馆1980年版，第8页。
⑧ ［德］黑格尔：《法的形而上学原理》，沈叔平译，商务印书馆1991年版，第50页。

观念中，才能算作是自己的意志。黑格尔发展了这一理论，并将其纳入到他绝对理性的辩证法体系中。他认为自由是意志的根本定在，法又是自由意志的定在。他说道："任何定在，只要是自由意志的定在，就叫作法。因此，从一般意义上说，法就是作为理念的自由。"① 近代思想家对自由的阐述，直接影响到了近代法典，尤其是民法典的制定。法典是自由的圣经，是保障自由的"宪章"。②

到了现代，自由理念得到了发展，代表性的人物就是哈耶克。哈耶克认为历史上对自由的界定都不够"精当"。为了"精当"，他将自由定义为"约束与强迫的不存在"。此后，他自己又否定了这一"精当"的定义。③ 但他还是给自由下了一个大概性的定义，即一个人不受制于另一人或另一些人因专断意志而产生的强制状态。他还进一步强调自由是指个人自由而不是集体自由。因为在他看来自由本来就预设了个人享有某种需要得到保障的私域，同时也预设了他的生活环境中存在一系列的情形是他人所不能加以干涉的。④ 另一位倡导自由的思想家便是罗尔斯，他的《正义论》可以说是现代西方自由主义的代表作之一。在《正义论》中，他认为：当个人不再受制于某些限制而做或不做某事时，同时又受到保护而不受他人的侵犯时，就可以说他们是自由的。⑤ 与他同时代的德沃金也认为人们有自由的权利，有温和不服从的权利，而且"自由是不容侵犯的"。⑥ 当然，现代自由主义学者中最具创新精神的当属赛亚·伯林了，他创造性地把自由分成了积极自由和消极自由两种自由。其中，积极自由就是个人做自己想要做的事，而不是给别人去做某事，即自己成为自己的主人。而消极自由就是上文哈耶克对自由的定义，即一个人免受他人的限制或干涉。⑦ 柏林对积极自由与消极自由的区分，其实就表现为民法中的私法自治的理念。即私法自治既保障个人自主

---

① G. W. F. Hegel, *Elements of the Philosophy of Right*, Cambridge: CambridgeUniversity Press, 1991, p. 58.
② Cfr., Th. Ramm, Die Freiheit der Willensbildung, *Arbeits-und sozialrechtliche Studien*, fasc. 1, 1960, p. 46. cit. da Raiser, op. cit., 310. nt. 3.
③ [英]哈耶克：《自由秩序原理》，邓正来译，生活·读书·新知三联书店1997年版，第8页。
④ 同上书，第4—6页。
⑤ J. Rawls, *A Theory of Justice*, Harvard University Press, 1971, p. 200.
⑥ Ronald Dworkin, *Sovereign Virtue*, Harvard University Press, 2000, p. 120.
⑦ I. Berbin, *Concepts and Categories*, London: Hogarth Press, 1978, p. 95.

决定为某事或不为某事的积极自由,又使得私人免受公权力不正当干预的消极自由。因此,可以说自由之精神体现在私法上就是私法自治的理念,私法自治就是私法上的自由。私法自治的内容将会在后文中着重论述,此处则不多冗述。

(二) 平等

平等理念可以说是与自由理念相伴相生的概念,自由的成长史也是平等的成长史。卢梭在探讨什么才应该是一切立法体系最终目的全体最大的幸福时,就将其归结为两大主要目标——自由与平等。① 法国的《人权宣言》就继承了这一思想,第一次将自由与平等列为人类两大最主要的政治宣言,明确宣布:平等、自由是人类不可剥夺的最基本的自然权利,同时也是最神圣的民主原则。哈贝马斯强调:"自由原则意味着对所有人进行平等的保护。"② 弗里德曼认为自由和平等应当是同一个基本概念,就是应当把每个人看作是目的本身的两个方面。③ 德沃金指出自由与平等是两种基本的美德,如果自由不存在,那么平等也就无法界定,损害自由的政策,在平等方面也无法取得改进。同样,平等也是自由实现的保障,哈耶克说:"一般性法律规则和一般性行为规则的平等,乃是有助于自由的唯一一种平等,也是我们能够在不摧毁自由的同时确保的唯一一种平等。"④ 卢梭强调,没有平等,自由便无法存在。因此,在一定程度上,卢梭的学说就是关于平等的学说。⑤

平等与自由一样,乃是一个具有多种不同含义的多形概念。⑥ 即使是在法学范围内,也有不同的学说解释平等。梅因认为平等是来自然法的一种推定,是自然法赋予的,因为在自然的状态下,人和人是完全平等的;格劳

---

① [法] 卢梭:《社会契约论》,何兆武等译,商务印书馆 1980 年版,第 69 页。
② Jurgen Habermas, *Between Facts and Norms: Contributions to a Discourse Theory of Law and Democracy*, trans. W. Rehg. Polity Press, 1996, p.401.
③ [美] 米尔顿·弗里德曼、罗斯·弗里德曼:《自由选择》,胡骑等译,商务印书馆 1982 年版,第 131 页。
④ [英] 哈耶克:《自由秩序原理》,邓正来译,生活·读书·新知三联书店 1997 年版,第 102 页。
⑤ 韩伟:《私法自治研究——基于社会变迁的视角》,山东人民出版社 2012 年版,第 55 页。
⑥ [美] 博登海默:《法理学:法律哲学与法律方法》,邓正来译,中国政法大学出版社 1999 年版,第 286 页。

秀斯和霍布斯等则将平等归结于人的理性，是正当理性命令下的自然权利；卢梭将平等视为人的本性使然。因此，平等是一种与生俱来的天赋人权，只要生命得以维系，那就意味着其获得和享有这份平等的天赋之权。① 勒鲁又认为平等是一种先于所有法律的法律，是可以派生出各种法律的法律。② 博登海默指出，人对平等的追求是来自人希望得到尊重和不愿受他人统治的欲望，人一旦遇到不平等的待遇时，人就会产生一种挫折感，所以人的平等感是来自心理根源的欲求。德沃金将平等视为蕴藏着正义的美德，并且把平等当作正义的同义词来使用。正如恩格斯所言：平等是正义的表现。③ 当然，无论怎样去解释平等，其本身和自由一样，是一个历史的产物。早在古希腊时代，就产生了平等观念的萌芽，如斯多葛学派强调人们应该一律平等，伯里克利说："解决私人争执的时候，每个人在法律上都是平等的。"④ 古罗马受到自然法思想的影响，已初步产生了法律面前人与人平等的思想。但是正如马克思所言："如果认为希腊人和野蛮人、自由民和奴隶、公民和被保护民、罗马的公民和罗马的臣民，都可以要求平等的政治地位，那么在古代人看来必定是发疯了。"⑤ 这是因为古希腊和古罗马时代，奴隶制生产方式的存在，决定了其并没有广泛意义上的平等，有也只是在罗马帝国时期，产生了自由民之间的平等，但是自由民与奴隶之间的身份不平等仍然存在，因此，罗马法时代的平等只是一种"序列性"的平等。当历史进入中世纪，则更是一个强调封建等级的时代，人们之间没有平等关系，只有依附关系。⑥ 就是在这样一个时代里，平等的观念却在基督教的教义里得以保留，基督教的平等观首先来自它的"原罪说"。"原罪说"认为人都是罪人，不考虑他的地位、财产等一切外在的因素。只有信仰耶稣基督才能洗清自己的罪过。正如恩格斯所说的那样，基督教只承认原罪的平等，这与其作为奴隶

---

① 周仲秋：《平等观念的历程》，海南出版社2002年版，第170页。
② ［法］皮埃尔·勒鲁：《论平等》，商务印书馆1988年版，第1页。
③ ［德］恩格斯：《〈反杜林论〉的准备材料》，《马克思恩格斯全集》（第20卷），人民出版社1971年版，第668页。
④ ［古希腊］修昔底德：《伯罗奔尼撒战争史》（上册），谢德风译，商务印书馆1960年版，第130页。
⑤ 《马克思恩格斯选集》（第3卷），人民出版社1972年版，第143页。
⑥ ［美］蒙罗·斯密：《欧陆法律发达史》，姚梅镇译，中国政法大学出版社1999年版，第157页。

和广大受压迫者的宗教来说,是"完全合适的"。① 其次,基督教的平等观还来自"上帝面前人人平等"的超验信仰。这一信仰不仅成为英法等国资产阶级革命反对封建特权的思想武器,也成为近代思想家提出"法律面前人人平等"的直接依据。这样,随着文艺复兴、罗马法复兴和宗教改革的推动,以及启蒙思想家们的极力倡导,终于使我们看到了《人权宣言》中宣扬的人人生而平等、神圣不可侵犯的政治宣言。平等观念反映在私法上就集中表现为人格平等。

(三) 人格平等

人格平等,就是民事主体资格的平等。这里的人格是人成为法律上主体资格的一种抽象。如经济学中对理性经济人的抽象一样,人格人的基础是理性能力,剥离了人的性别、年龄、智力、心态、职业、阶级、民族、信仰、财富、地位、文化程度等伦理学上的特征,只剩下了权利能力的特征。主体的权利能力就是人格。② 所以,民事主体资格和权利能力实质上是一回事。③ 因此,人格平等就是不去考虑人的性别、年龄、体貌、才能、智力、心态、职业、阶级、种族、信仰、财富、地位、文化程度等差异,而是将每个人作为一个理性的主体在法律上一律平等对待和保护,都能以平等的身份参与各项民事活动,平等地享有权利和承担义务。可以说,人格本身就蕴含着主体平等性要求,法律必须抽象地、形式地给予每个人平等的法律地位,任何主体都不能享有超越法律的特权,也不能被要求承担与其权利不相对等的义务和责任;任何主体不得将自己的意志强加于其他主体人,不能随意限制或剥夺民事主体的这一平等性要求。人格平等将每个人都视为具有同等价值的人,让每个都获得极大的尊严。所以,人格平等是一种形式上的平等,而不是实质意义上的平等。同时,它也是一种机会上的平等,它给所有的法律主体提供了同一条起跑线,为所有人开放机会,所以其又不是条件上的、结果上的平等。④ 近代私法的特色首先就在于其承认所有人的完全平等的法律"人格"。⑤ 这种马克斯·韦伯所说的法律的形式理性,构成了近代私法的基

---

① 《马克思恩格斯选集》(第3卷),人民出版社1972年版,第143页。
② 徐国栋:《再论人身关系》,《中国法学》2002年第4期。
③ 马俊驹、余延满:《民法原论》(上),法律出版社1998年版,第79页。
④ 彭礼堂:《论市场体制下中国私法文化的构建》,《社会科学研究》1995年第6期。
⑤ [日] 星野英一:《私法中的人》,梁慧星主编《为权利而斗争》,中国法制出版社2000年版,第332页。

本特征和根本原则。如 1804 年的《法国民法典》，在第八条中就明确规定："所有法国人均享有民事权利。"① 1900 年的《德国民法典》中创造性地应用"权利能力"代替了人格的概念，在第一条中规定："自然人的权利能力，始于出生的完成。"《瑞士民法典》中移植了权利能力的概念，在十一条中规定了人都享有权利能力，"均有同等之能力，有其权利与义务"。

这样，近代民法就形成了以强调自由和形式平等为其主要特征的形式理性的精神。这也就与更强调平等价值、更看重实质平等的现代民法形成了鲜明的对比，这一点笔者将在下文中论述，此处则不再赘言。

我们这里谈论的平等和上文谈论的自由，都是基于一个前提，即自由和平等是人的自由和平等，是以人为基础的，体现了一种人文主义的关怀，是对人自身价值与尊严的尊重和终极关怀。人文主义的基本特点就在于其将焦点集中在人本身，强调人的尊严和精神自由。因此，如果私法精神没有人文主义的这一根本内核，将无法避免地发生异化甚至走向它的反面，成为压制人、束缚人、扼杀人的精神枷锁。所以，私法精神必须把人作为其所有价值的中心，一切从人出发，一切以人为目的，尊重人、爱护人、发展人，将人作为其价值的根基和最终指向。因此，从根本意义上说，私法精神就是一种人文主义精神。

五 私法精神的基本内涵——人文主义

（一）人文主义的发展历程

人文主义，往往和西方文艺复兴相联系，《美国百科全书》《大英百科全书》《中国大百科全书》中都将其与文艺复兴联系起来，认为人文主义是文艺复兴时代的文学风尚和思想潮流。如《大英百科全书》对人文主义的解释是"尊重人和人的价值，是文艺复兴时代文明的重要内容"。② 然而，早在古希腊时代就有了人文主义的萌芽，布洛克说："古希腊思想最吸引人的地方之一就是它以人为中心，而不是上帝。"③ 荷马可以说是人文主义之父，在他那里，已经在神性中发现了人性，使神具有了人性，并与人同

---

① 《法国民法典》，罗结珍译，中国法制出版社 1999 年版，第 3 页。

② *Encgclopedia Britannica*, *Micopedia vol.* v., Fifteenth edition, 1982, p. 199.

③ ［英］阿伦·布洛克：《西方人文主义传统》，董乐山译，生活·读书·新知三联书店 1997 年版，第 145 页。

形。① 将人们的视线从神那里转向人的，是古希腊的"智者"们。普罗泰戈拉创造性地提出："人是万物的尺度，存在时万物存在，不存在时万物不存在。"② 这样，人的地位首次得到提升，成为万物的核心和衡量的标准，继承这一思想的是苏格拉底。正如西塞罗所言，是苏格拉底将"哲学从天上带到了地上"。苏格拉底认为人已经代替自然而变成了思辨的中心，因此哲学应当以人的自身问题为其探讨的命题，"人文主义者不断反复要求的就是，哲学要成为人生的学校，致力于解决人类的共同问题。"③ 苏格拉底可以说为了人能过上"有德行的幸福生活"而耗其一生。在他的影响下，到柏拉图和亚里士多德时代，古希腊的主流哲学已经从早期自然哲学转变为人的哲学了。如柏拉图将人作为其政治哲学的起点和落脚点，并先后提出并设计了"哲学王"的人治和法治两种国家治理方式，最终实现人的各种利益和确保人的幸福生活。古希腊这种一脉相承的人文主义精神也为古罗马所继承，其中西塞罗通过他的自由精神和对人理性的肯定及赞赏的法治思想，使得罗马法中渗透着人文主义的关怀，如在其人法、私犯等制度中已或多或少地出现了对自由人的关照和爱护。④

但是，古希腊古罗马人文主义光辉却在中世纪被"神之光"所取代，人们完全生活在神的"护佑"下，只能按照上帝基督的教条去生活，没有自己的思想，欲望被压抑，人性被扭曲。因此，为了恢复古希腊古罗马人文主义的光荣，将人从封建教规中解救出来，16世纪的欧洲兴起一场通过对古希腊古罗马文化的回归，将人从"神"的禁锢中解放出来的文艺复兴运动，文艺复兴使人回归人之为人的荣耀，将人从神那虚无缥缈的彼岸世界拉回到现实的世俗世界中。恢复人的世俗本性，反对禁欲主义和来世观念；肯定人的价值和尊严，反对以抬高神的地位来贬低人；提倡人的个性自由、个性解放和自我实现，反对宗教的束缚和封建等级制度；推崇人的感性经验和理性思维，反对教会的经院哲学和蒙昧主义。可以说，文艺复兴运动从这一意义上讲，就是一场人文主义的运动。因此，近代意义上的人文主义，即真正的"人的发现"过程，还是从文艺复兴运动开始逐渐形成的，并为延续

---

① 黄伊梅：《希腊古典人文主义的内涵与特质》，《学术研究》2008年第12期。
② 北京大学哲学系：《古希腊罗马哲学》，生活·读书·新知三联书店1957年版，第138页。
③ [英] 阿伦·布洛克：《西方人文主义传统》，董乐山译，生活·读书·新知三联书店1997年版，第14页。
④ 王利明：《民法的人文关怀》，《中国社会科学》2011年第4期。

至今的西方人文主义的传承和发展建立了标准和方向。① 此后高扬自由、平等、博爱、民主、人权旗帜的近代启蒙运动，可以说是将古希腊古罗马萌发的人文主义以及文艺复兴运动恢复的人文主义推向了成熟。正如布洛克认为的那样，启蒙运动只是人文主义传承的一个阶段，其可以回溯到古代世界与文艺复兴时期"对这个世界的发现"。② 在18世纪的启蒙运动中，休谟开创了以理性为导向，以人为主体，以科学方法为手段的近代学术思想体系，使得以人为本的知识哲学得以升迁，并彻底同以神为本的宗教哲学"分道扬镳"。③ 康德的"人是目的而不是手段"的论断，开启了以人为目的的康德人性哲学。④ 康德认为不管是在什么情况下，不管对待任何人，包括自己在内，人都永远是目的，决不仅仅是手段。⑤ 费尔巴哈也强调人是目的而不是工具，强调人自身的价值，并提出了"人是人的最高本质"的命题。⑥ 启蒙运动传播的人文主义精神唤起了人们对私法精神的追求，《法国民法典》《德国民法典》《奥地利民法典》等民法典的诞生正是启蒙思想的产物，它们必然包含着人文主义的精神，正如孟德斯鸠满怀深情地说道："在民法的慈母般的眼里，每一个个人就是整个的国家。"⑦ 因此，伯尔曼才非常肯定地认为一部西方法治的兴衰史无疑也就是人文精神的历史。其实中国传统中也有类似于西方人文主义价值体系，一般称为"人本思想"或"民本思想"。

（二）西方人文主义与我国古代"民本"思想的辨析

中国早在周初就将"人德"从宗教观念中抽离出来，成为与"天德""地德"并列的三德之一。老子继承了这一观念，认为"道大，天大，地大，人亦大。域中有四大，而人居其一焉"。正是这一思想，引领了春秋战国各派重视人的思想观念。其中直接提出以人为本的是管仲，他认为国家能

---

① ［英］约翰·密尔：《论自由》，于庆生译，中国法制出版社2009年版，第1页。
② ［英］阿伦·布洛克：《西方人文主义传统》，董乐山译，生活·读书·新知三联书店1997年版，第270页。
③ 杨春苑、李春荣：《论西方人文主义》，《西安电子科技大学学报》（社会科学版）2011年第2期。
④ ［德］康德：《实用人类学》，邓晓芒译，重庆出版社1987年版，第4页。
⑤ ［德］康德：《道德形而上学探本》，唐钺译，商务印书馆1959年版，第43页。
⑥ 《马克思恩格斯全集》（第1卷），人民出版社1956年版，第467页。
⑦ ［法］孟德斯鸠：《论法的精神》，张雁琛译，商务印书馆1963年版，第190页。

否长治久安、能否成为强国,必须"以人为本"。此外,管仲还提出了"以民为本""以民为贵"的民本思想。当然,提倡这种人本或民本思想最多的还是儒家创始人孔子开创的"仁学"。"仁学"的核心思想就是"仁者爱人",即一种尊重人、爱护人的仁爱之心。其思想的继承人孟子则将这一思想进一步发展为一种"仁政"的思想,提出了"民为贵,社稷次之,君为轻"的民本思想。他还要求君王们要与民同乐、推恩于民,否则将失掉民心,从而丧失君位。随着西汉"罢黜百家,独尊儒术"的实行,这种以民为本的思想成为正统的意识形态,并逐渐融入了中国传统文化的血液之中,影响了中国数千年。但是,我们也明显地看到,上述这些对"人本思想"或"民本思想"的论述,都是从维护统治者的统治出发的,即重视人民是为了更好地统治,民只不过是统治者统治国家的手段和工具而已,这和西方"人是目的而不是手段"的人文主义正好是相悖的。因此,儒家所谓的"人"或"民"只是统治者眼中的"子民""臣民",而不是近现代意义上作为权利主体的"市民""公民"。而且我们可以发现中国传统的民本思想是建立在一种群体主义基础上的,人在这里只是团体的一个分子,而不是一个独立的人,其主体性往往淹没在群体之中,甚至被忽略。而那些所谓的自由、平等、人权根本无从谈起,完全被传统社会所漠视。正如梁漱溟先生不无惋惜地说:"中国传统文化的最大偏失就在个人永远不被发现这一点上。"[1] 近现代意义上的人文主义,恰恰是在"发现真正的人",这里的人是一定个体意义上的人,即我们所说的个人主义。因此,近现代的人文主义是建立在个人主义基础之上的。

(三)人文主义的个人主义基础

个人主义,或称个体主义,就是以个人为价值本位的思想体系,完全认可个人作为目标的最终决断者的地位,强调个人应尽可能以自己的意图去支配自己的行动,实现个体的独立性。在社会和个人群体和个体的关系上,主张个人享有不可置疑的优位性,社会或群体只是保障个人自由、权利等价值的工具或手段。因此,在韦伯看来,所谓文化、阶级、民族、国家之类的划分只不过是"个人的现实或可能的社会行动的某种发展"。[2] 可见,个人主

---

[1] 梁漱溟:《东西文化及其哲学》,商务印书馆1999年版,第45页。
[2] Max Weber, *Economy and Society—an Outline of Interpretive Sociology*, New York: Bedminster Press, 1968, p. 14.

义是要求国家与社会作为一组实际的或可能的机制，或多或少地要对于个人的需要做出回应。[①] 在哈耶克看来，个人主义的基本特征就是把个人当作人来尊重，就是在他自己的范围内承认他的看法和趣味是至高无上的。[②] 由此，我们可以发现，个人主义就是要求我们尊重人的主体性。主体性就是人作为活动主体的质的规定性，是在与客体相互作用中得到发展的人的自觉、自主、能动和创造的特性。[③] 主体性强调人是命运的主人，是自己的主人，而不是神；而且人是世界的主人，是现实世界的核心所在。这就要求我们首先对人性、对人的尊严和价值给予尊重。人性就是人的本性，尊重人性就是尊重人趋利避害、追求享乐与幸福的本性，承认人是现实的人、世俗的人，而不是圣人；反对盲目地将人的这一本性归为自私的利己主义中去。人的尊严是与人自身所固有的价值相联系，任何人都有保有自身尊严的权利和维护自身尊严的义务。[④] 因此，尊重人的尊严，就是要承认人，只要是一个人就毫无例外地享有尊严，要求任何人不得以任何借口漠视甚至践踏人的尊严的神圣性、至上性、不可替代性和不可侵犯性。尊重人的尊严还要尊重人的隐私，保证每个人都具有自己私密的私人空间，而不受外界干涉。[⑤] 尊重人的价值就是每个人的价值不再从神、集体、他人等其自身之外的事物中来判断，而是源自其自己，并进一步肯定了人是世界的最高价值和经济社会发展的最终目的，也是法律价值体系的根本所在。其次，尊重人的主体性还要求我们尊重人的独立自主性，即个人不依附于任何人或集团，成为一个有自身内在独立价值的存在，其思想和行为不被他人所限制或束缚，而是成为自己的主宰。这样，每个人都是自由平等的人，可以自己决定自己，自己依赖自己，自己成为自己的根据。最后，促进人的全面充分地发展和不断进步，也是尊重人主体性的必然要求。人的发展进步作为人自身的一种信念、追求与理想，是人内在本质的体现。人的发展进步也是人自主的发展，通过发挥自己的内在潜力，实现自我的价值和尊严，成为一个完整的独立人格。因此，这种发展使人感到愉悦与幸福，满足人类最大的物

---

① Steven Lukes, *Individualism*, Oxford: Basil Blackwell Publisher Limited, 1973, p.73.
② [英] 哈耶克：《通往奴役之路》，王明毅、冯兴元等译，中国社会科学出版社 1997 年版，第 21 页。
③ 郭湛：《主体性哲学：人的存在及其意义》，云南人民出版社 2002 年版，第 30 页。
④ [德] 康德：《实践理性批判》，关文运译，商务印书馆 1960 年版，第 30 页。
⑤ [法] 卢克斯：《个人主义》，阎克文译，江苏人民出版社 2001 年版，第 115 页。

质、心理和精神需求。

由上可见，人文主义所要体现的正是个人主义的要求。私法精神是以人文主义作为其根基的，所以，人始终处于私法的核心地位，私法必须要体现对私人利益的维护和发展，每一项民法制度的设立从其立法所遵循的价值来看，都或多或少地渗透着以个人主义为核心的人文主义精神。孟德斯鸠说："民法是以私人的利益为目的的。"① 从这个意义上说，民法对于人来说，具有极其重要的价值。正如胡光志教授所说："是民法把每一个人当成了独立、自由和无差别的人，是民法让每一个人真正地站立起来并拥有了做人的尊严。""没有一部能像民法那样离人是那么地近，而且对人是那么地尊重，那样地把人真正地神圣化了。"② 由此可见，民法的终极价值就是一种人文主义的关怀。这种人文关怀的实质是对社会个体价值与尊严、人格与精神、生存与生活、现实与理想、命运与前途的真诚和深切的关怀，是对人的尊严和价值、个人独立自主地追求幸福生活的各种努力的肯定、赞同与支持，因此，其根本指向是每个人能幸福地生活。③ 将这一人文主义的终极关怀反映在民法上，就是以权利为基础构建起的私权体系。可以说，民法是以界定与保护私人权利为其使命的。④ 民法中全面地规定了权利的主体、权利的内容、权利的客体、权利的类型、权利的行使、权利的保护和救济等。从这个意义上说，民法就是完全以私人权利为中心的权利之法。⑤ 一旦将权利从民法中抽离，整个民法将崩塌，这一现象被学者们称为"权利本位"。⑥

六 私法精神的基本内涵——权利本位

（一）权利本位的内容

在西方文化里，权利和法可以说是同源的，是对社会现象不同角度观察的结果。法，特别是私法是由各种权利构成的权利体系，自然是应该以权利

---

① [法] 孟德斯鸠：《论法的精神》，张雁琛译，商务印书馆 1963 年版。
② 胡光志：《民法与人性的哲学考辨》，《法律科学》（西北政法大学学报）2011 年第 3 期。
③ 姚建宗：《法治的人文关怀》，《华东政法学院学报》2000 年第 3 期。
④ C. Brookfield, *Dukheim Professional Ethics and Civil Marals*, Routledge and Kegan Paul, 1957, p. 143.
⑤ 易军：《个人主义方法论与私法》，《法学研究》2006 年第 1 期。
⑥ 李永军：《私法中的人文主义及其衰落》，《中国法学》2002 年第 4 期。

为本位的。① 权利本位是实现自由、平等、人文主义等私法精神所追求价值的根本保障，也是国家和社会真正实现法治的依托所在。正如德沃金所言："权利是使法律成为法律的东西。"② 所以，对权利的尊重与保护是建设私法文明和法治文明必不可少的内在要求。这样，不管是私法精神还是法治精神，都必须确立以权利为本位的价值理念，在整个法律体系中确立以权利为起点、以权利为核心、以权利为主导的核心思想，这也是权力本位的基本要义。③ 权利本位首先就表现为在法律体系内部，权利和义务的关系上。在权利和义务的关系中，权利本位的要求就是在权利和义务的比较中，确立权利本源性的地位，权利是义务得以设立的依据，义务是由权利派生的，而且这种关系是不可逆的。因此，权利是第一性的，义务是第二性的，只有权利才是法律的目的，义务只是为了保障权利实现的手段和工具，义务只有通过权利才可以表现其存在的意义，在一般情况下，义务应处于被动待命的状态。对于绝大部分人来说，权利远比义务的号召力要大得多。④ 因此，要摒弃传统人治社会中义务本位思想对人主体意识和权利意识的压制，尊重人的权利和自主性，这也是现代法治社会的应有之意。其次，权利本位还表现在权利和权力的外部关系上，即个人私权利和国家公权力的关系。正如前文在私法优位的论述中所分析的那样，在权利和权力的关系上，要树立权利是权力的基础和来源，权利优位于权力的指导思想。权力是为了保障权利的有效行使而存在的，因为权利本身缺乏自我保障机制，所以需要外界的公权力来保障权利的行使，以及协调和制止权利之间的相互冲突和相互侵害。但是，权力却有着充分的自保能力，而且从本质上说权力又是一种极易膨胀而且不宜监管的用来支配他人的力量，所以公权力存在极易滥用的风险。因此，权利本位就要求我们要控制和制约公权力，防止权力滥用造成对私人权利的不当干涉和侵害。通过权力法定的原则，将权力"关进制度的笼子里"，只有法律上有明确的规定，公权力才可以行使，否则将构成违法。在权利这方面，实行权利推定的原则，即只要法律没有明文规定限制什么、禁止什么，权利就可以自主、自由地行使，不受包括国家在内的任何主体的干预，否则将要

---

① ［日］川岛武宜：《现代化与法》，申正武等译，中国政法大学出版社1994年版，第148页。
② ［美］罗纳德·德沃金：《认真对待权利》，信春鹰、吴玉章译，中国大百科全书出版社1998年版，第21页。
③ 张文显：《市场经济与现代法的精神论略》，《中国法学》1994年第6期。
④ 卓泽渊：《法治国家论》，中国方正出版社2001年版，第69页。

承担侵权责任。同时,也要求我们从传统社会中的权力本位、官本位或国家本位的封建思想禁锢中解放出来,使权利摆脱权力的压制和束缚,为权利"松绑",真正实现政治国家与市民社会的分离和政治、经济的现代化。但是,我们也看到,现实的中国社会还存在着义务本位、官本位的残留,为此,我们要确立权利本位的观念,不仅要在法律运行中落实权利优位的原则,而且更要树立权利神圣且不可侵犯的权利意识。

(二) 权利意识与权利神圣不可侵犯

权利意识,简单来说就是每一个公民在参与各种政治、经济、社会活动中,都能时刻意识到权利是人与生俱来的。要时刻意识到自己是一个权利主体,时刻意识到自己有平等自主地行使权利的权利,时刻意识到在自己权利受到侵害时用法律来维护自己的合法权益。当然,不是怂恿人们去斤斤计较、睚眦必报,说到底是在维护人之所以为人的尊严和荣耀,也是私法精神必然的要求和基础所在,要求我们树立一种权利神圣且不可侵犯的权利意识。

说到权利神圣,我们从一个著名的法谚说起,即"风能进,雨能进,国王不能进"。这是英国18世纪威廉·皮特首相在一次演讲中表达的关于个人财产性权利对哪些贫苦人们是多么重要和神圣。内容大体是这样的:就算是最贫苦的人,只要是在他的"寒舍"中,就敢于与国王的权威相抗衡。他的"寒舍"可以让风吹进来,让雨打进来,甚至会在风雨中飘摇,但是国王不能踏进他的"寒舍",国王的千军万马也不敢踏进这间门槛破烂的破房子。[①] 这话出自首相之口,真是听了让人感动,也让人发自内心地体味到个人权利是多么的神圣和光荣。西方权利神圣的传统观念早在古希腊古罗马时代就已经萌芽,柏拉图就有类似上文法谚的表述。他说只要他能照顾得过来,他就不会让任何人触碰他的财产或未经其同意而使其财产受到最轻微的干扰,而且他还会用相同的方式对待其他任何人的财产权利。可见,对权利神圣的认可在西方有多么久远。在古希腊的许多城邦中,已经有了关于财产权范围与性质的界定,以及不动产产权交易的规定。古罗马进一步发展了古希腊的财产制度,并对后世产生了深远的影响,正如恩格斯曾讲过的那样,罗马法之后的一切法律都无法对其做出任何实质意义上的修改。对权利的重视在中世纪沉默了一段时间后,又在文艺复兴和启蒙运动倡导的自由、平

---

① Tibor R. Machna, *Individuals and Their Rights*, La Salle: Open Court, 1989, Chapter V.

等、博爱、人权等理念的促进下得以复兴并为其提供了理论的支持。洛克认为财产权是源自自然法，而不是实定法。① 财产权是个人运用其自然能力而占有劳动之物的自然权利，因此，每个人劳动所得的产品理所应当地归属他自己，不以他人的同意或某种政治权力的外在规定为条件。可以说，财产权神圣理念通过近代洛克等人自然权利思想的论证获得了法哲学上的理论支持，由此，便有了1789年法国的《人权宣言》中对财产权神圣且不可侵犯的宣誓。

当然，上文主要论述了以所有权为代表的财产性权利的神圣，其实权利的神圣性还必须包括人格权的神圣性，人格权的神圣性更具有终极意义，因为人格权对于人来说，才是具有终极意义的人文关怀。正如洛克所言：每个人都是自己人身的所有者，不依赖于任何外在的社会政治条件。因此，人格权神圣就是要求必须对人的生命、身体、健康、尊严、自由、名誉、荣誉、隐私、姓名、肖像等人格权给予特别的尊重并不可侵犯。其中，生命权可以说是最神圣的权利。霍布斯认为每个人都有尽其可能地保有他生命的权利，而且他还赋予了生命权的绝对优先性。因为，在他看来每个人最为强烈的情感就是对生的渴望和对死的恐惧。因此，生命权成为霍布斯推导出各项自然权利的逻辑前提。②

七 宋代民事法律私法精神的缺失

从上文的分析中我们发现私法精神追求自由与平等，以权利为其本位，最为核心的伦理价值便是建立在个人主义基础上的人文主义精神，这也是私法精神具有近代性或现代性的根本之所在，从而奠定了西方世界民法的近代性或现代性。中国古代民事法律甚至整个法律体系从汉代起就开始了儒家化的过程，即以儒家伦理来统摄法律制定与运行，这一过程在唐代达到了成熟的样态，形成了以儒家的伦理道德作为法的精神或灵魂指导中国古代政治和法律的"伦理法"体系。

宋代法制基本继承了唐代的法律系统，《宋刑统》基本上承袭了《唐律疏议》的内容。宋代在中国法律史上最大的贡献就是民事法律的勃兴，

---

① 申建林：《自然法理论的演进》，社会科学文献出版社2005年版，第145页。
② 刘美希：《论私法理念的法哲学思想基础》，《深圳大学学报》（人文社会科学版）2009年第4期。

从民事立法到运行都有了前所未有的发展，这与当时商品经济的发展和阶级结构的调整有着内在的联系。这样，物权的行使和契约的订立比以往任何一个朝代都更具有自主性和自由度。从前无法成为民事主体的部曲、奴婢等"贱民"，成为国家的"编户齐民"，女性的权利也有所增多。这样，反映在民事法律人身关系上，就是各民事主体的法律地位有了一种更为平等的趋势。社会经济的变迁也带动了思想领域的变革，整个社会变得更为功利，儒家传统"重义轻利"的"义利观"，在宋代则变为"义利相合"的社会思潮。在这一"义利观"的带动下，民间大众的思想得以"解放"，开始公开追逐"私利""私财"，并萌发了朴素的维权意识，从而掀起了有宋一代的"好讼"之风。由此，我们的确依稀"嗅到"了近代的"气息"。就民事法律制度而言，虽然仍以儒家伦理为其价值基础，但正如笔者在前文中提到的那样，从汉末一直到宋代初期长达几个世纪的时期里，儒家思想及其伦理价值一直处于一种不断衰落的状态中，可以说儒家伦理的正统地位曾一度处于衰微的态势，尤其到了宋代初期，随着倡导儒家伦理的门阀士族瓦解更使得儒家伦理地位岌岌可危。广大民众不再受世家大族和其所奉行的儒家伦理的束缚，思想和行为更加自由，人与人之间的身份更趋于平等，没有了以前的士庶之别，主体意识萌发，平民的财富也有了前所未有的增加。这些转变也呼应了宋代民事法律的勃兴。可以想象，如果这一态势能够继续得以持续，从量变走向质变，中国并不是没有"进化"出私法精神的可能性。

但是，随着宋代中后期新型平民家族的重构与"新儒学"——理学的兴起，一度衰微的儒家思想及其伦理重新主导了传统中国社会的发展模式，也将儒家伦理进一步固化为中国古代民事法律的核心伦理价值，儒家伦理指导下的中国古代民事法律为什么不具备私法精神的近代性或现代性，是因为儒家伦理中与民事法律发展最为密切的宗法伦理和经济伦理与私法精神的核心价值——个人主义为基础的人文主义完全相悖离。这里笔者不在于否定儒家伦理中所具有的人文主义精神，而是要说明这种群体主义为基础的人文主义精神与私法精神的个人主义的人文主义精神是有本质上的区别的。在这一伦理价值的影响和支配之下，个人并不是一种独立的存在实体，而是一种社会性的存在物，即个人不是以独立的个体而存在的，他只是被看作为某个团体（如宗族、帮派等）的成员，这是个人所具有的最基本的身份。个人无法与团体分离，一旦没有团体的这一身份背景和这一身份衍生出的其他社会关系，个人在社会上将难以立足，更不用说有其他的发展。个体的个性、思想、行为、态度甚至情感都被置于这一伦理支配下的规范体系之中，所谓的个人的主体性、自觉性根本不可能存在。

同时，个人不是传统社会的经济单位，也没有实质意义上的私有财产，财产一般都属于一个个的团体所有，故而个人不会产生真正独立的人格和主体意识。这样，个人就无法通过自己设定权利义务关系、体现自己的独立性和个人价值，更遑论什么个人财产权、人身权了。① 因此，个人主义意义上的个人在中国传统社会里是根本无法生存的，这也必然导致近代民法意义上的私权的羸弱。因为，中国传统社会里所谓的民事法律，维护的是一种群体主义为基础的身份等级秩序和诸如宗法家族等团体为本位的社会秩序，权利和地位都被赋予了团体及其代表人，个人不会被赋予太多的权利，反而承担了各种不对等的义务。在这样的权利体系中，私权根本无从谈起，发达的却是公法、公权力，国家重要的法典是刑法典和行政法典，民法这样的私法不被重视，推给宗族制定，宗族制定出的民法也自然不会维护什么"私权"，其必然维护的是宗族整体的"公益"。② 可见，个人及其私人权利是不被重视的，正如学者林剑鸣所说的那样，中国古代私法不发达最根本的原因是个人所应有的地位始终没有得到承认。③ 外加上理学家"公利"思想和对宗法伦理的极力倡导，宗法伦理将家族、社会的整体利益作为个人利益的唯一参照物，所以那些诸如"私利""私权""个人主义""个人利益"等观念自然无法与如"公利""公权""集体主义""群体利益"等价值相提并论了。④ 同时，理学又将"公"作为与天理相一致的概念，将"私"与人欲归为同类。由此，公与私被截然对立起来，并将这种对立提升到善与恶这样根本的道德对立上来。如果要追求利，就要追求"利他"的公利，这样才是善的，是"君子"的行为。否则，追求私利就是恶的，是自私自利的"小人"行为，故此要以公灭私、大公无私。理学的这一"尚公"经济伦理其实是将人趋利避害、追

---

① 王玉亮：《漫谈西周宗法伦理下的社会格局及其法律影响》，《廊坊师范学院学报》2003 年第 1 期。
② 沈小明：《儒家文化影响下的家族法》，《中山大学研究生学刊》2002 年第 2 期。
③ 林剑鸣：《法与中国社会》，吉林文史出版社 1988 年版，第 249 页。
④ 杨丽娟：《宗法伦理对现代中国法治社会建设的影响》，《广西师范大学学报》（哲学社会科学版）2004 年第 2 期。

求享乐与幸福的基本人性与自私自利的利己主义思想盲目地等同起来，不承认人的客观本性的存在，而是盲目地强调"利他"的公利主义思想，把人当作"圣人"看待，不是作为一个世俗的人看待。这完全与西方个人主义主导的经济伦理背道而驰。由此，这种以群体主义为基础的伦理价值自宋代再次得以加强，并进一步发展壮大，最终成为影响中国传统社会与民事法律发展的核心伦理价值。梁漱溟先生曾不无惋惜地说："中国传统文化的最大偏失就在个人永远不被发现这一点上。"①

综上所述，我们发现支配宋代民事法律的儒家宗法伦理与"尚公"伦理与近代民法的私法精神在其核心价值上是存在本质性区别的。与私法精神追求自由平等、权利本位不同，儒家伦理强调的是通过等级上的不平等主义与义务本位的思想束缚人和控制人。儒家"亲亲""尊尊""不以亲亲害尊尊"的宗法伦理的核心就是维护一种"上下之分，尊卑之义"的伦常秩序、等级服从和权力崇拜②，而且从根本上否认社会是整齐平一的。③ "换算"成法律语言，就是要维护人与人之间的身份地位。个人主要依靠身份关系，而不是契约关系来分配自己的权利和义务④，即孔子的"名不正则言不顺"。这样，家族就根据血缘关系的尊卑长幼、嫡庶亲疏等身份关系来确定社会成员的地位和相应的权利义务，不同的人因为身份地位的不同而享有不同的权利、履行不同的义务。那些社会底层、地位低下的社会成员以及家中的卑幼几乎没有任何权利可言，完全处于一种无权状态。

将这种权利义务关系反映在国法和家规上就是我们看到的对家长或族长权利的竭力维护，对卑幼或族众的权利却极少提及，反而令其承担了各种不对等的义务。在这样的法律体系中是不存在近代意义上的平等和个人权利本位的，人们总是互相依附着而没有自由，例如在宗族里，家长和卑幼、族长和族员、男与女、夫与妻之间在权利义务上的差别已由众多的法律史料证实无须赘言。瞿同祖先生总结了古代法律中的种种不平等现象，包括：贵贱间的不平等，即"礼不下庶人，刑不上大夫"；官民间的不平等，即法律给予官吏以种种实体性上和诉讼上的特权，法律否认官民之间的平等地位；良贱

---

① 梁漱溟：《东西文化及其哲学》，商务印书馆1999年版，第45页。
② 甘德怀：《论中国传统法律的伦理属性》，《法制现代化研究》1999年第0期。
③ 瞿同祖：《中国法律与中国社会》，中华书局2003年版，第270页。
④ 曲秀君、王松涛：《略论从身份到契约的转变——兼论其对中国身份社会的影响》，《枣庄师范专科学校学报》2003年第6期。

间的不平等，即法律规定了同处社会底层百姓间的种种不平等，无疑加重了整个社会的等级分化倾向。此外，在特定的历史时期如元代与清代，法律规定了种族或民族间的不平等地位。在政治系统内，宋代以后的古代中国是由权力的锁链织成垂直的金字塔形状，专制帝王一人大权独揽，各级官僚分享大小不均的特权，并一致对皇帝负责。

中国古代的法律体系是以身份等级观念和义务为本位的宗法伦理为主导的法律体系。这里的义务与私法精神中的义务在性质上是有本质上的区别的，即在这一伦理秩序中，只有国家、宗族等团体的利益被肯定，个人的利益则完全被忽视，因此这种义务是具有绝对性的，其核心原则就是孝和忠。孝意味着卑幼对家长没有任何是非价值判断，就算是家长犯错卑幼也应当无条件地服从权威，不存在理性的价值判断。同时，在中国特有的"家国同构"家国相通的社会治理模式中，对父母绝对服从的孝常常转化为政治领域臣民对君主的无条件顺从的忠，在家为孝子入朝为忠臣的二者合一是非常自然的过程，与义务本位紧密连在一起的便是权力崇拜。中国传统社会森严的等级秩序是一个由权力关系织成的庞大无比而又异常坚固的权力网络，这一网络几乎笼罩了每个生活在其中的社会成员，上述的依赖关系则导致了以支配与服从为主的权力关系依附这一权力网笼罩于社会之上，催生了权力崇拜的观念。其表现便是上述忠孝的向对方——家长或者君主的权力与威严是无与伦比的，必须绝对服从。家长或者君主的意志是衡量一切是非的绝对标准。权力崇拜一方面表现为上述对家长或君主的绝对服从，另一方面又回到了这一伦理价值的核心内容，即其意味着个体独立意识的丧失。正如黑格尔所说的那样："这里不存在主观性的因素，即要求发表意见，并把个人意志的自身反省与实体的对抗作为消灭个人的意志的权力，或者把这种权力的法律存在作为它本身认为自由的存在。普遍的意志直接通过个人意志来行动。"

第三节　私法精神的现实图景——限制私法自治的妥当性分析与私法精神的培育

一　私法自治的内涵及其主要表现形式

（一）私法自治的内涵

私法自治可以说在私法中占据着非常重要的地位，有学者用"龙头"

"私法体系之恒星"来形容其地位，这源于私法自治的含义。正如上文所言，私法自治就是私法上的自由，私法又是以自治为其"精髓"的，因此，私法精神经常被称为私法自治精神。私法自治可以说是私法精神的生命力之所在。[①] 当然，私法自治的内容，还是要从其含义说起。关于私法自治的含义，德国和日本学者论述较多，如弗卢梅认为私法自治的含义是"每个人按照自己的自由意志而形成的法律关系之原则"。[②] 石田穰认为私法自治是指法律关系以人的意思而改变，也是因为人的意思而产生与此相应的法律效果的原则。由此，国家公权力要尊重法律关系当事人的意思表示，不能予以干预。[③] 我国学者对私法自治含义的界定多来自梁慧星先生，即在民事生活领域，要获得权利、承担义务，进行一切民事行为，完全取决于当事人自己的意思，不受国家和他人的干预，是近代民法的根本原则。[④] 由这一定义出发，又有学者认为私法自治主要表现为意思自治。[⑤] 尹田则直截了当地认为意思自治只是私法自治的另一种表达而已。笔者认同这一观点，私法自治其实就是私法主体的意思自治。可以说意思自治在私法自治的称谓还未出现之前，就是私法自治。

我们需要理清一下私法自治的历史。私法自治早在罗马法时代就已萌芽，早在《十二表法》中就有关于财产所有权的遗嘱处分具有法律效力的规定，这个规定表现了一种遗嘱自由的价值取向。当然，正式提出私法自治理念的是16世纪法国的查理·杜摩兰。他首先将意思自治的原则适用在契约关系中，主张契约关系当事人有权按照其意志做出自主的选择，当事人的自我意志可以而且应该成为约束其契约关系的准则。由此，当事人也就可以而且应该对按照其意志做出的选择承担相应的责任，[⑥] 也可以说是契约自由的一种表达。这样，该学说逐渐被社会认可和接受，形成了法国法律中的私法自治理念，即意思自治的理论。1804年的《法国民法典》直接将这一理论继承，并体现在法律条文中。如第1134条规定："依法成立的契约，对缔结该契约的人，有相当于法律之效力。此种契约，仅得依各当事人相互同意

---

① 王春梅：《关于俄联邦新民法典的一点思考》，《求是学刊》2006年第3期。
② Werner Flume, Allgemeiner Teil des Bürgerlichen Rechts II, *Das Rechtsgeschäft*, 4. Aufl., 1992, p. 1.
③ [日] 石田穰：《民法总则》，悠悠社1992年版，第258页。
④ 梁慧星：《从近代民法到现代民法》，《民商法论丛》，法律出版社1997年版，第238页。
⑤ 赵万一：《民法的伦理分析》，法律出版社2011年版，第112页。
⑥ 刘凯湘：《权利的期盼》，法律出版社2003年版，第35页。

或法律允许的原因撤销之。"① 在《法国民法典》中，意思自治的理念不仅体现在契约自由上，而且还反映在继承法、亲属法等内容中，即遗嘱自由、婚姻自由等。私法自治的称谓出现在 19 世纪中期的德国，称为"私的自治"，主要用以强调市民社会在社会经济中的自律性。1900 年的《德国民法典》通过法律行为的创设，作为实现人类社会全方位私法自治理想的工具。我国学者通过日语对德国法的翻译正式确立了私法自治的称谓。由此，我们也知道了私法自治主要包括契约自由、遗嘱自由等内容。对私法自治所涵盖的内容，梁慧星先生做过最为广泛的界定，即合同法中的契约自由，侵权中的过错责任，物权法中的所有权自由，婚姻法中的婚姻自由，继承法中的遗嘱自由，以及商法中的营业自由等。② 当然，其中私法自治最典型的表现形式便是契约自由。

（二） 私法自治的主要表现形式

契约自由可以说是与私法自治理念同生共长的思想，其萌芽于古代的罗马法，罗马法中的契约之债不仅影响了后世的欧洲大陆法系，而且英美法系的契约自由精神也渊源于此。在罗马法中，契约就是当事人之间就作为或不作为某一行为的法律效果达成合意的一种协议，其基础就在于当事人的合意，即只要当事人同意，合同就能成立，无须其他所谓的"仪式"，如缔约文书、交付某物等。这可以从《法学总论》中对买卖契约、委托契约、合伙契约，以及租赁契约等契约形式中得出，只要当事人之间达成合意，契约即告成立。当然，这些都主要表现在诺成合同中，因此契约自由和私法自治一样，正式形成和完善还是在十八、十九世纪的法国、德国和美国。

《法国民法典》可以说是契约自由的代表作。如上文中引用的第 1134 条，就是完全尊重当事人的意思自治。第 1119 条"任何人，原则上仅得为自己承担义务，以其本人的名义订立契约"③ 的规定，则是从排斥他人和国家公权力的角度对契约自由的维护。《德国民法典》在对契约自由的认可上，与《法国民法典》类似。正如拉伦茨所说："《德国民法典》是以原则上由平等的当事人自由商定的单个合同为出发点的。"④ 美国虽然没有民法

---

① 《法国民法典》，罗结珍译，中国法制出版社 1999 年版，第 287 页。
② 梁慧星：《民法总论》，法律出版社 2001 年版，第 40 页。
③ 《法国民法典》，罗结珍译，中国法制出版社 1999 年版，第 284 页。
④ ［德］卡尔·拉伦茨：《德国民法通论》，王晓晔等译，法律出版社 2003 年版，第 80 页。

典，但就对契约自由的追求来说，是有过之而无不及的。在自由主义者斯宾塞社会进化论的倡导下，19世纪被美国称为契约自由世纪。斯宾塞将达尔文的进化论移植到契约法中，使得自由竞争、适者生存等生物进化理论成为美国契约自由的基础。他的这一社会进化论在当时被认为是不可动摇的科学规律，自由放任主义充斥美国契约法，对于契约自由的任何限制都将是不合理、违反美国宪法的。因此，在这样的社会和法律氛围中，契约自由作为一种法律原则，成为当时全部法律的基础和判断标准。

契约自由的精神还渗透到了婚姻家庭法领域，成为私法自治理念在这一领域的主要体现，即婚姻自由。如大陆法系的法国就在其民法典第146条中规定："未经同意，即无婚姻"；① 第1387条规定："有关夫妻之间的财产关系，仅在夫妻没有特别约定时，始适用法律之规定；夫妻之间的特别约定，只要不违反善良风俗与以下各项规定，如其认为适当，得随其意愿订立之。"② 英美法系中，传统理论一般也认为婚姻是一种建立在契约基础上的法律关系。虽然婚姻自由是建立在经婚姻双方自愿结合之上的，类似于契约自由的合意特质，但毕竟是一种具有强烈的身份法性质和伦常性质的法律关系，不能用契约自由完全涵盖婚姻自由的全部。正如梅因所说的那样，所有进步社会的运动，都是一个"从身份到契约"的运动。社会关系和人际关系的契约化，就意味着人之人之间不再是一种依附的关系，是自由和平等的个人。婚姻自由的发展史就是婚姻主体不断突破家长或家族的束缚，不断追求婚姻的自主性和男女之间的平等的历史。从这一点上看，契约自由和婚姻自由在精神内核上是完全一致的，在婚姻关系中，还会涉及许多法律不适合或无法进行干预的事务，只能依靠婚姻当事人双方自由协商解决，这也正是私法自治的必然要求。既然在身份法中私法自治的身影无处不在，那么在物权法领域里"发现"私法自治便是很自然的事，这一表现就是所有权绝对原则。

法国《人权宣言》和美国《独立宣言》都开宗明义地宣布：所有权是一种与生俱来的自然权利，是神圣不可侵犯的。这些宣誓性的宪法文件对所有权的强调，形成了近代民法中所有权绝对原则。如《法国民法典》中第

---

① 《法国民法典》，罗结珍译，中国法制出版社1999年版，第60页。
② 同上书，第335页。

544 条就规定："所有权是指,以完全绝对的方式,享有与处分物的权利";① 第 537 条第 1 款还规定:"个人得自由处分属于其本人的财产"。②《德国民法典》也有"得自由处理其物之权利"的规定,其后的《瑞士民法典》和《日本民法典》也沿用了这一原则。③ 可见,所有权绝对就是所有权自由,即人能够自由行使所有权的自由,即所有权人可以行使所有权也可以不行使,完全由权利人自主决定,而且还包括对行使时间、方法和后果等选择的自由,并排斥包括国家在内的任何主体的干涉。所有权绝对原则在继承关系中的自然延伸就是遗嘱自由。用梅因的话来说,遗嘱就是被继承人用来宣告其意思的工具,也即被继承人对其身后财产的自由处分,体现了被继承人的意志自由,也体现了一种一以贯之的私法自治之精神。如《法国民法典》第 967 条就规定:"任何人均得或以指定继承人的名义,或者以遗赠名义,或者以其他适于表示其意思的名称,经嘱处分其遗产。"④ 遗嘱自由早在古罗马时代就已出现,在整个罗马法中,遗嘱继承的重要性仅次于罗马法的契约制度,对后世西方私法自治理念的形成有着深远的影响。遗嘱自由的不断发展,可以说是一场对封建嫡长子继承制的革命。⑤

如上所述,私法自治是成熟于近代的一项价值理念和制度设计,它的社会背景是自由经济的繁荣和市民社会的成熟,因此它是一个与近代经济社会密切相关的上层建筑,反映了当时人们崇尚自由的社会思潮和价值追求,并与私法中人格的形式平等一起构筑了近代民法的法律形式主义理性。随着经济社会发展,当时代跨入了人类的现代社会后,不管是从民法之内或之外,都开始了对私法自治以及与其相关的人格形式平等等理念和制度的限制,究其原因,我们还得从现代经济社会的背景说起。

二 对私法自治的限制

(一) 限制私法自治的社会经济背景

20 世纪,大概是人类史上最为纷繁复杂的世纪,人类好像突然从 19 世纪简单、平稳的经济社会进入一个动荡不安、剧变频发的"多事之秋"。首

---

① 《法国民法典》,罗结珍译,中国法制出版社 1999 年版,第 172 页。
② 同上书,第 171 页。
③ 郑玉波:《民商法理论之研究》,三民书局 1988 年版,第 3 页。
④ 《法国民法典》,罗结珍译,中国法制出版社 1999 年版,第 257 页。
⑤ 韩伟:《私法自治研究——基于社会变迁的视角》,山东人民出版社 2012 年版。

先便是人类历史上最为悲惨的两次世界大战的爆发。生灵涂炭、哀鸿遍野，多少见证人类辉煌文明的城市成了"人间地狱"，战争对人类良知、尊严、文明的践踏可谓是亘古未有。而自20世纪30年代以来席卷人类社会的数次世界性的经济危机，又使多少人一次又一次陷入苦难、饥饿和贫穷。世纪末的社会主义阵营与资本主义阵营两大经济社会模式的对抗，造成了人类社会的分裂。当然，这些事件都是这个时代最为显著的"阵痛"，然而在这些历史大背景之后，真正变革的却是整个的经济和社会。

随着社会生产力的不断提高和科学技术的突飞猛进，催生了现代工商业的迅猛发展，创造了空前巨大的社会物质财富。然而，近代以来经济领域所采取的自由放任的自由经济理念，以理性经济人和社会分工为基础，奉行市场经济，自由竞争，优胜劣汰法则，来实现个人利益的最大化，从而带动社会利益的实现。与自由放任经济相适应的近代私法领域的私法自治与形式上的人格平等，保证了自由竞争的实现，政府只是一个"守夜人"的角色。这样，我就看到了在经济生活领域"马太效应"的发生，即通过自由竞争，除了少数优胜者在竞争中得以存活，其他绝大多数都是失败者，而且资源和财富还会向胜利者处聚集甚至垄断。这时的市场也成了弱肉强食、你死我活的战场，最后的结果就是一个或几个寡头对市场的垄断，所谓的自由经济也发展到了它的垄断阶段。由此，在经济社会中，人便因为贫富的悬殊及能力的强弱出现了两极分化，造成了人实质上的不平等。而且这种差距越拉越大，强者越来越强，弱者越来越弱，弱者只能依附于强者，受其控制和剥削，最终形成了以资本家与无产者为代表两大阶级的对立，从而加剧了各种社会矛盾冲突的发生和社会的剧变。

市场竞争的事实告诉我们，自由经济所奉行的理性经济人并不理性，形式意义上的人格平等其实并不真正平等，因为他们都不约而同地忽视了人与人之间实质上的差异性。形式理性法律的提倡者马克斯·韦伯也承认：形式理性法律所造成的阶级支配的正当化，明显是与社会正义所不符合的。① 对个人自由绝对的奉行，导致了自由主义的极端化，人们各自为政，只顾及自己的个人利益，而不考虑他人和社会的利益，生产无秩、疾病流行、环境污染、企业事故、安全事故、产品缺陷等频频发生，混乱、饥饿、贫穷、失业等时时笼罩着人们的生活，被近代市民社会视为"完美"的市场却无法应

---

① Kronman, Max Weber, London: Edward Arnold, 1983, p.185.

对如此繁多而又复杂的社会"顽疾",出现了"失灵"的现象。我们所看到的一次又一次地席卷全球的经济危机和经济大萧条以及世界上那些规模浩大的工人运动、反歧视运动、女权运动、环保运动、消费者运动等都是对这一经济基础的深刻反映。这时所谓"守夜人"的政府,面对如此"混乱不堪"局面,已经无法"置身事外"了。他们必须积极而且深刻地介入人们的经济社会,安定经济社会的秩序和稳定,维护社会的公共利益和社会弱势群体的利益,建立"福利国家",增进社会大众的福祉。

政府突破了传统"有限政府"的职能,开始向经济社会生活的各个方面扩张。[1] 这也就是我们看到的自"罗斯福新政"以来政治国家对市民社会积极而又全面干预的兴起。其在经济领域的表现就是凯恩斯所提倡的政府对经济的宏观调控和行政干预,保证社会大众的充分就业和社会财富的合理分配;在法律领域的表现就是公法及公权力的迅速扩张,几乎深入到经济社会生活的各个层面,这必然会对传统私法调整的领域以及私权的行使造成实质意义上的挤压或限制。这种挤压或限制往往被学界称为"私法公法化"现象,从外部来看就是诸如经济法、劳动法、社保法、环境法、消费者权益保护法、产品质量法、食品安全法、反不正当竞争法、反垄断法等主要由近代私法调整的社会经济关系,从私法中分离并独立成法;从内部来看就是公法性原则在私法中大量出现,表现最为显著的就是对私法自治中契约自由、所有权绝对等的限制。

(二) 对契约自由的限制

所谓对契约自由的限制,其实就是对实质平等、实质正义的追求,也即梁慧星先生所说的现代民法中平等性与互换性的丧失。在梁慧星先生看来,平等性与互换性是近代民法的基本判断,平等性其实就是形式意义的平等,这种形式平等又与近代主体性差异较小的现实相符合。在近代,民事法律主体主要是一些农民、手工业者、小业主等,而不是像现代这样存在着大量具有强大经济实力的诸如企业、公司等经济组织,因此在缔约的过程中,当事人双方的缔约能力相差不会太大。就算一方会在某次交易中处于优势地位,但是这种优势不会总是存在,可能在别得交易中处于劣势。主体之间地位的不断交换,也淡化了主体之间的差异,这就是所谓的

---

[1] James M. Buchanan, *Liberty, Market and state*, Oxford: Distributed by Harvester Press, 1986, p. 14.

交换性。① 在这样的前提下，交易双方订立的契约只要达成合意即可成立，不会出现不公平的现象。然而，社会经济不会一成不变，随着整个社会经济的变革，人与人之间在财富、地位、能力等方面的差距越来越大，尤其是大企业、大公司等具有强大实力的经济组织的出现，这种形式意义上的平等性和互换性已经无法回应时代的变迁。契约双方经常会因为当事双方信息不对称、缔约能力的强弱，出现对一方当事人实质上的不公平。如在生产者与消费者之间，由于生产技术和生产过程的高度复杂化，生产者与消费者之间对产品的信息处于严重不对称的状态，双方之间的缔约能力显然不对等，消费者处于弱势地位。双方的地位无法出现交换的可能，消费者是无法完成高度复杂的产品生产的。这也是现代消费者权益保护法、产品质量法、食品安全法等出现的现实依据。又如劳资双方，二者在缔约能力上实质性的差异，必然导致劳动者在契约关系中的弱势地位，无法形成与资方讨价还价的合意形式。绝大多数情况下，劳动者介于生存的压力都会屈从于资方不利于自身的契约。正如施瓦茨所说："在经济上不能自立时，人们是不自由的。"② 因此，各国纷纷出台劳动法、劳动合同法来维护劳动者的合法权益。在私法内部，如果继续强调契约自由、强调契约严守以及形式平等，显然已经不合时宜，而且将进一步造成社会不公。因此，私法中出现了对契约自由的限制，首先就是在民法中规定了诸如诚实信用原则、公平原则、公序良俗原则等民法原则，从私法总体上对契约自由进行限制，同时，在债法或单行法上规定信赖原则、缔约过失、显失公平、情势变更、强制订约等原则和制度来维护合同当事人的权益，尤其是处于弱势地位一方的合法权益。同时，法律还有关于保障弱者权益和社会公益的强制性合同条款的规定，当事人不得加以排除适用，否则将一律无效。同样对于格式合同中有损消费者、劳动者等处于弱势地位当事人的人身权、财产权的条款，法律会直接认定其为无效条款。

（三）对所有权绝对的限制

对所有权绝对的限制其实是对极端自由主义的限制和对公共利益的维护。自由当然是人类的永恒追求，但是过度的个人自由，对于他人和社会来说，就是不自由。因此，现代民法对所有权的保护从近代民法的绝对保护，

---

① 梁慧星：《从近代民法到现代民法——二十世纪民法回顾》，《现代法学》1997年第2期。
② 田喜清：《私法公法化问题研究》，《政治与法律》2011年第11期。

发展为一种相对的保护，以防止权利人的权利滥用。正如耶林所说的那样：世上没有那种无须考虑公共利益的绝对所有权，这已经随着社会的进步内化为民众心中的道德准则。① 现代民法更为强调所有权的社会性和社会义务，德国 20 世纪初的基本法，就明确规定了所有权是负有义务的，其行使不仅要考虑自己的个人利益还应考虑并服务于社会的公共利益。这一立法理念不仅在德国，而且在后来的各国民法中成为一项基本的物权法原则，逐渐取代近代以来所有权绝对的观念。这样，所有权附有社会责任的道德理念，就上升到法律的有效性领域了。② 所有权的行使再不能为所欲为，需要在尊重他人利益与维护社会利益的前提下进行，如在建筑物区分所有权中，各区分所有人要考虑到其他所有人的利益，共同维护区分所有人的生活基本准则。随着生产社会化的发展，一些涉及广大民众公共利益的诸如道路交通、城市规划、各种管线等公共产品的提供，政府必然会对部分权利人的土地、房屋等财产予以使用或征收，这时权利人的所有权就受到了来自政府公权力的限制。但是这种限制，必须如 1919 年德国《魏玛宪法》中规定的那样："仅限于裨益公共福利及有法律根据时，始得行之。"③ 另外，所有权人还要尊重社会的生态环境，不能为了个人利益而破坏生态，任意倾倒垃圾和废弃物，污染空气、水源、土地、海域等人类共存的环境基础。对于所有权自由的自然延伸的遗嘱自由，民法中也有限制。这一限制，主要是针对在遗嘱的自由处分中要考虑到诸如未成年子女、生活不能自理等特殊主体利益需求，要给弱者留有维系生活的"特留份"。同时，还要考虑社会的公序良俗，以维护社会的良好风气和社会秩序。如社会上出现了将财产遗赠给"第三者"，甚至是"宠物"的社会现象，引起了社会舆论的极大争议。因此，正如曹诗权所言："遗嘱内容表面上是一种财产处分，在深层次则直接影响着社会经济秩序、生活秩序、婚姻家庭关系和男女平等、人口生育、养老育幼等社会公共利益，与家庭稳定、亲属自然伦理更是关系密切，而这正是社会公序良俗在遗嘱中的表现和要求。"④

---

① Rudolph von Jhering, *Der Geist des Rmischen Rechts auf den Verschiedenen Stufen Seiner Entwicklung*, 4. Aufl., Teil. 1, Breitkopf und H·rtel, Leipzig, 1878, p. 7.
② ［德］拉德布鲁赫：《法哲学》，王朴译，法律出版社 2005 年版，第 145 页。
③ 由嵘等：《外国法制史参考资料汇编》，北京大学出版社 2004 年版，第 371—372 页。
④ 曹诗权：《婚姻家庭继承法》，北京大学出版社 2006 年版，第 317 页。

三 限制私法自治的妥当性分析

(一) 对私法自治进行限制的价值所在

所谓对私法自治的限制其实是对其自身的矫正，而不是否定。这种限制使其能在新的时代条件下更好地维护个人的自由。如对私法自治中契约自由的限制，有学者就认为不应对其做"表面化"的理解，因为这种限制主要是针对"优者、强者、胜者"单方面支配"劣者、弱者、败者"那种"异化"了的契约自由的限制。只有这样，当事人之间的缔约能力才能回到过去相对平衡的层面上来。这种限制其实是实现了人们真正意义上的平等和契约自由，真正地实现了"小限制、大自由"的理想。正如梁慧星在论及现代民法与近代民法的关系时所说的那样，现代民法就是现代社会的近代民法，是近代民法在 20 世纪的延续和发展。[1] 对诸如契约自由、所有权绝对等私法自治的限制也只是在近代民法价值前提和基本构架上，现代民法对其在时代基础上的修正和扬弃。因此，某项法律原则很难涵盖到所有历史时期的法律，因为法律是在不断地创新和发展之中的。[2] 这种限制本身就是对自由和平等实质意义上的维护，体现了人文主义对人的极大尊重和终极关怀，因此，从维护私法精神的核心价值来看，这种限制是应当被认可的。那些担忧私法自治已走向衰落，甚至惊呼"契约死亡"的学者，笔者认为大可不必如此"杞人忧天"，而那些强调"契约再生"的学者也不必"画蛇添足"。因为从古希腊古罗马至近现代一脉相承的私法精神的实质内核与价值追求依然是人文主义，乃至整个法治的价值根基所在。针对所谓"私法公法化"的现象，只是说明了法律系统是一个动态的系统，而不是一个固守着公私法边界的"僵死"系统。公私法自从其被区分以来，就没有任何一个学说和规准将其准确和清晰地分开。而且这种彻底意义上的区分既不可能，也没有必要。法律系统是一个动态的"有机体"，如果私法能够通过一些公法的原则和规范更好地维护其核心价值和私法精神，就应该去借鉴公法中的合理成分为其所用，这也应是私法以及整个法律得以良性发展的应有之义。至于说"私法公法化"是公法逐渐取代私法，并突破私法优位的价值

---

[1] 梁慧星：《从近代民法到现代民法——二十世纪民法回顾》，《现代法学》1997 年第 2 期。

[2] Stand fordLevison, *Taking Rights Seriously: Reflection on "Thinking like a lawyer"*, stanford law Review, 1978 (30), p. 105.

追求，笔者认为只是一些学者的"一厢情愿"。因为就在"私法公法化"出现的同时，也出现了"公法私法化"的趋势。

(二) 公法私法化

"公法私法化"是个概括性的说法，主要内容就是在公法领域，政府在制定国家和公共政策以及在社会的管理过程中更多地借鉴和应用诸如非强制命令的行政指导、通过市场谈判或协商等方式制定行政合同等私法性原则和手段来更好地履行政府职能等治理方式的转变。另外在刑事领域也采用了如恢复性司法、辩诉交易等体现契约自由、平等协商精神的私法性原则。[1] 这一"舍公就私"的潮流以二十世纪七八十年代以来席卷几乎整个西方世界的公共行政改革为代表。英、法、美、德等主要发达国家都加入了这场行政改革的浪潮，而在90年代，一些如韩国、菲律宾等新兴经济体和发展中国家也加入了这一公共行政改革的大潮。[2] 其实，这一潮流的兴起是对20世纪以来西方国家对国家干预与福利国家政策中诸多不利后果的反思和重新审视，也是新宪政主义对20世纪中前期立宪主义哲学中过分抬高整体利益而忽视个体权利的一种批判。因此，反对国家的过宽干预和倡导个人主义和自由主义复归的新自然法思想成为20世纪中后期的学术主流思想。[3] 市场的活力再次受到青睐，在经济全球化的进程中，市场的力量会更加凸显，一种几乎不受限制的自由化也正在全球兴起。[4] 受到市场对自由价值的强烈要求，各国又重新开始强调私法自治作为私法的基础性价值。[5] 同时，市场还强调行为主体的意志在确定和调整当事人之间利益格局上的基础性作用，以尽量减少来自国家的干预。[6] 这样，强调个人选择、尊重个人自由的私法自

---

[1] 钟瑞友：《对立与合作——公私法关系的历史展开与现代抉择》，《公法研究》2009年第0期。

[2] 金自宁：《"公法私法化"诸观念反思——以公共行政改革运动为背景》，《浙江学刊》2007年第5期。

[3] 韩伟：《私法自治研究——基于社会变迁的视角》，山东人民出版社2012年版，第167页。

[4] G. P. Calliess, *Reflexive Transnational law*: *the privatization of civil law and the civilization of private law*, in Zeitschrift für Rechtssoziologie 2002 (23), Heft 2, 187.

[5] Cfr., A Somma, *Tutte le strade portano a fiume. linvoluzione liberista del diritto comunitario*, in Rivista critica del diritto private, 2002, p. 263.

[6] Cfr., C. Castronovo, *Un contratto per l' Europa*: *prefazione all' edizione italiana*, in O. Lando ect., Principi di diritto europeo dei contratti (PartcI e II), versione italiana a cura di C. Castronovo, Milano, 2001, XIIIss.

治精神又得以回归其本身的荣光。

(三) 第三法域——社会法的价值

如果说"私法公法化"是一种公法取代私法主体地位的趋势的话，那么"公法私法化"又意味着什么？其实，不管是"私法公法化"还是"公法私法化"都不存在谁去"化"谁的问题，它是一种法律的互动和相互借鉴的过程，没有什么谁取代谁的必然趋势，如果说有什么趋势的话，就是法的社会化趋势，体现为诸如经济法、劳动法、社保法、环境法、消费者权益保护法、产品质量法、食品安全法、反不正当竞争法、反垄断法等社会立法迅速崛起。这也是所谓第三法域——社会法出现的法律依据。社会法以英国1802年的劳动法《学徒健康与道德法》为其先河，并以1919年德国《魏玛宪法》的颁布和《钾素经济法》与《煤炭经济法》的制定为其正式形成的标志，至今以达百年之久，社会法部门和以经济法为代表的社会法学学科，也早已兴盛起来，然而时至今日，仍然有一些学者不同意关于"社会法"的提法，固守着公私法的划分不放，用"私法社会化"或"公法社会化"来"搪塞"法律对经济社会发展的自然反映，从某种意义上来说就是一种"反动"。因为就像公私法的划分一样，它是社会经济发展的时代产物，社会法法律部门的出现也是社会经济发展的时代产物，没有必要"视而不见"，"闪烁其词"地非要"避而不谈"。因为毕竟任何事物都不是完美无缺的，私法和公法有其自身的固有边界，有其力所不及或无法涉及的社会关系，需要有其他的法律部门去调整，社会法的出现如果说对于更强调个人主义、个人自由的近代来说是"生不逢时"，那么对于法律社会化趋势明显的现当代社会来说，可谓"正当其时"。正如赵红梅教授所言，固守传统的私法才是真正意义上的私法，私法虽可以在某些形态上社会化，但其基本定位还是一面捍卫个人（自由）主义价值观的传统旗帜和一套体现这一价值观的形式理性工具。[①] 公法更应该做限制性解释，因为公法从其诞生的那天起就是为了限制公权力的扩张和保障私权的初衷而形成的，笔者觉得公法更应该固守传统才是。既然如此，承认社会法第三法域的地位自然不会影响"固守传统"的私法和公法的适用，有其应用的调整领域。社会法的出现也可以使公私法的划分处于一种较为清晰和稳定的状态，使得法律出现"三足鼎立"的三角稳

[①] 赵红梅：《私法社会化的反思与批判——社会法学的视角》，《中国法学》2008年第6期。

定状态，以及个人利益、社会利益和国家利益三者之间的平衡状态。同时，这也防患那些"别有用心"的人，意图借"私法公法化"之名，行干预民众私人生活和空间之实。让私法回归其安详如慈母般守护庶民之私域和自由之净土上来。这样，也使得保护个人私利的私法和维护社会公益的社会法之间的"谁包含谁"的紧张关系得以舒缓。民法继续坚持其抽象人格和形式理性为其逻辑和建构的基础，无须为了将诸如劳动者、消费者等具体人格"硬塞"进民法，使得民法在逻辑和结构上出现不应有的紊乱局面。可以将这些无法用民法理论很好涵盖的具体人格"托付"给社会法来调整。不管是私法还是社会法，其根本的价值内核是一致的，那就是对人的尊重，对人价值的认可，关心人、爱护人、发展人，体现对人深切和终极的人文关怀以及"爱"。只不过一个是母亲对儿子的"私爱"，一个是社会对庶民的"博爱"，正如佛家所言：大爱、小爱，都是爱！

综上所述，现代以来对私法自治的限制反倒更有利于适应社会的发展和私法精神的弘扬。但是，我们这里谈论的对私法自治的限制主要是基于西方社会的历史发展所做出的判断，那么对私法自治的限制是否也适合正处于社会转型期的中国呢？回答这一问题当然需要考察一下当代中国社会的现实图景是如何的，看是否适合对私法自治进行限制。这里，笔者先给出自己的观点，即在私法精神阙如的中国社会，不宜过度强调对私法自治的限制，反而应该限制借"公共利益"之名不当干预私人生活的公权力。

（四）私法精神"阙如"的当代中国不具备限制私法自治的妥当性

①社会转型期的当代中国国情。中国自宋代，或者可以说整个传统社会，没有孕育出西方世界所强调的诸如自由、平等、主体性、权利本位为内涵的私法精神的伦理价值，反而正如东西两个相背的方向一样，以中国为代表的传统东方世界的伦理价值反而是强调尊卑贵贱、强调身份等级，任公而不任私，完全忽视个人主体性价值和权利的宗法精神，而且这种伦理精神随着儒家成为中国传统社会正统的意识形态，整整影响了中国两千年之久，宋代以来的理学和儒学的复兴，更是把这种伦理诉求推上了极致。这种尚公抑私、义务本位的文化传统成为中华文化的文化基因，巨大的文化穿透力甚至影响着现当代中国人的心理状态和思维方式。这种历史文脉又与中华人民共和国成立后"一大二公""大公无私"的伦理要求所契合。中华人民共和国成立初期，受苏联影响，实行"纯粹"的公有制和高度集中的计划经济体制，实行政企合一，产权高度集中，完全否认市场经济的价值和自由交易、

自由竞争的意义。经济生活中几乎没有政府不控制的领域，个人也几乎没有可以自主处分私人财产及相关财产的平台。与市场经济和私人交易密切相关的私法自然不可能在这样的经济境遇中发展起来。而对"一大二公""大公无私"的过分追求，使得追求私人利益成为人们一直"唾弃"的行为，同时，将社会主义、公有制与公法等同起来，将资本主义、私有制与私法等同起来，认为社会主义只能有公法，私法是罪恶的资本主义的东西，私权是自私自利的利己主义表现，因此要坚决地抛弃。私法要求的个人权利自主和人格的独立、平等，自然是被否定的。这种看法直到改革开放甚至是邓小平南方谈话后，才真正被大多数中国人所重新认识。整个国家的运行是以政府公权力为核心、为先导的，公权力几乎渗透到社会经济的各个领域和人们生活的每个角落。不管是从文化传统还是中华人民共和国成立以来对"私"和"私法"的打压，在改革开放之前，中国几乎是没有私法精神存在的文化土壤和现实环境的，更遑论什么对私法自治的限制了。随着改革开放的来临，百废待兴的中国迎来了久违的"春天"，私法的建设也得到了前所未有的重视。改革开放的三十多年间，通过移植西方发达国家先进的私法制度，我国私法建设取得了迅速而又长足的进步，规章制度部分可以说是已经完成了基本的框架和体系建设，但是作为私法价值内核的私法精神是不能光靠移植和这短短的三十年就可以实现的。要知道，西方世界私法精神的孕育、发展和成熟走了近千年之久，才形成了一种文化基因，根植于西方的私法文化之中，成为人们的一种法律信仰，不可动摇。如果我们认为移植了法律制度就移植了被尊重被信仰的精神内核，那么我们就不会看到当今中国社会法律尤其是私法的尴尬境遇——我们有了私法，但是我们可曾感觉到私法"慈母般的爱"，民众似乎从未真真切切地感觉到它的存在，更遑论什么被信仰了。所以正如伯尔曼所说的那样："法律必须被信仰，否则它将形同虚设。"我们的社会里还大量地存在着以下一些现象：

频频发生的强拆事件、城管打人事件等反映的就是人没有得到应有的尊重和保护，就算他是一个劣者、弱者、败者，只要是一个人就应该被当作人来尊重和保护，这正是私法精神的根本所在。这些事件也反映了没有私法精神所要求的权利本位的权利意识。这种权利意识不是一个简单的维权问题，而是一个思维起点的问题，即那些以公共利益为名实施强拆的人或是那些打人的城管他们自己就没有意识到自己是一个权利主体，别人是不能随意侵犯他的权利和尊严的。既然他们意识不到自己是一个权利主体，又怎么能意识到被强拆人或小摊贩会有什么权利呢？就算他们是依法行事，他们同样没有意识到他们拆的房子是"人"住的房子，是别人的私有财产，其所有权是不可侵犯的，他们打的小商贩是"人"，是应当被尊重和保护的对象，而不是"打"的对象。相对这一方被强拆的人也没有"风能进，雨能进，国王不能进"的所有权不可侵犯的意识。那些所谓的"钉子户"倒似乎有了这种意识，但是我们也看到了"钉子户"的处境，被断电、断水、断路甚至要了人命，我们根本看不到什么来自私法的人文关怀，那些小摊贩们自然也没有意识到他们这些社会的"底层人"还能被尊重，还能有人来维护他们的利益。他们除了像"老鼠见了猫"似地东躲西藏，还有什么安全可言。这些小贩又不得不去路边摆摊，以挣些微薄的收入维持生计，他们根本没有资格去正规的市场去经营，因为他们没钱也没"关系"，要知道一个"开宝马坐奔驰"的人，即使是一般人，都不会放下尊严，每天风吹日晒，还要随时躲避城管的"追捕"去摆什么摊。还有我们已经"司空见惯"的食品安全问题、婴幼儿奶粉问题，所透射的还是对人的不尊重，对人的权利的蔑视。对人的尊重，对人的深切关怀，才是我们所有事业的出发点，这也是我们私法必须蕴涵私法精神的根本要求所在。

②私法精神阙如下，如何看待对私法自治的限制。从上文对中国现实国情的考查来看，在私法精神如此"稀缺"的中国社会，我们要谈对私法自治的限制，真是不知道从何谈起。西方社会之所以出现了对私法自治限制的提法，是西方自现代以来，自由主义有走向极端化的倾向，如果不加以限制，最终会损害到每个人的自由。可见，自由只有为了自由本身，才可以被限制，通俗地讲就是"自由过了头"，如果不限制就要"过犹不及"了。中国改革开放才几十年，自由、平等、权利、人本等诸项私法精神的内容才刚刚在社会中萌发起来，社会上还充斥着诸如上文提到的不自由、不平等，权利不被尊重，人的尊严不被尊重的种种社会现象。在这样的背景下，我们要又好又快地建设现代化国家，对私法自治精神这样的现代社会的基础价值且不说要"拔苗助长"，怎么还能谈限制呢？当然，中国社会的转型是一个非常复杂而又漫长的社会变革，中国的经济改革使得中国用了三十多年就"跑完"了西方用数百年才实现的经济财富，国家的GDP已经跃居世界第二。这种跨越式的发展，使得像中国这样的发展中国家出现了一种"时代叠加"的现象，即既有自由经济的成分又有垄断经济的成分，既有传统的成分又有现代的成分，既要求个人主体性和独

立自主性价值的张扬以及对权利神圣不可侵犯的维护,又要扶贫济弱,维护社会大众的公共利益。随着经济全球化的进程,这种"叠加"现象就更为显著。因此,在当代的中国既要培养以私法自治为集中体现的私法精神,也要扶危救困、维护社会的公共利益。笔者认为二者并不必然矛盾,就看怎么处理二者之间的关系。

③私法自治与公共利益关系的协调。首先,因为私法精神是法治现代化的基础,因此要首先考虑以私法精神为核心的私法的建设,对诸如诚实信用、公序良俗、禁止权利滥用等民法原则的适用,一定要从维护公益角度出发,一定要慎用,一定不要做扩大性的解释。其次,对于政府公权力的行使,要秉承私法优位的私法自治要求,政府公权力能不介入的领域就不要介入,能由私人和社会处理的问题,公权力就不要插手,对于社会公益的维护,也最好交给社会法部门来完成。最后,只有在上述法律确实无法或不能及时、全面、合理解决问题时,政府公权力才可以介入进来,而且这种介入必须是以扶危救困、维护社会公共利益为根本出发点的。这里就需要解决一个很现实的问题,就是在私法精神还"稀缺"的中国社会,私法自治观念还没有深入人心的情况下,我们还是要正视现实,对确实是以公共利益为出发点的公权形式,给予正面的评价。这里就需要我们对"公共利益"给予一个合理的界定。因为,所谓的公共利益是一个模糊而又宽泛的概念,而且很容易被赋予各种内含,因此很容易被公权力借其名来实施所谓的合法干预,其实多数情况下是在侵犯私权。对于公共利益,我国很多法律都有涉及,有代表性的有《宪法》《民法通则》《物权法》《合同法》《土地管理法》《著作权法》《保险法》《证券法》《信托法》等,都有关于行使公权力或私权利不能损害公共利益的规定,但是上自《宪法》下至一些部门规定,都没有对公共利益给出界定。的确,在法律条文中用凝练和准确的法律语言给公共利益做出明确的界定,是一件极为困难的事情。因为公共利益是一个宽泛而又动态的概念,会随着历史的发展变化和社会的变迁不断地扩大或缩小其内涵和外延,因此有学者就称应维持《宪法》中对于公共利益的抽象表述,不必采用正面界定和反面排除的方法来界定公共利益内涵。但是,笔者认为,在当下中国,如果不给其一个正面的具体的界定,公共利益将极易被滥用。因此,笔者建议在私法精神阙如的现今中国,通过列举的方式,尽量在立法中将所有涉及公共利益的事项给以穷尽式的列举,然后给予公共利益一个宏观上的限制,并将可能出现争议的具体事项或新的涉及公益的内

容，委任给各级人大或司法机构通过一套公正、合理的程序做出是否是公共利益事项的界定，把不确定的价值问题判断，转化为确定的程序问题来处理。这也许是最符合现实之举，也是无奈之举。

四 私法精神在中国的培育——对未来《中国民法典》的期许

当然，尽管上述的做法可以使公共利益变得明晰起来，但是一旦有新的内容出现我们要将其付诸正当程序去解决，显然是一个耗费时间而又没有效率的权宜之计，想要在未来真正使中国社会走上法治现代化的轨道，我们必须要将私法精神深植于中国社会的土壤里。然而，私法精神是西方通过数百年甚至千年的积淀才固化于西方法律文化之中的，并成为法律现代性的核心部分。因此，私法精神作为"精神"的东西，是不能像制造"物质"的东西那样一蹴而就的，需要时间和耐心让它慢慢成长。然而中国的现实告诉我们，想要在中国这样没有私法精神传统和现实土壤的氛围中孕育出私法精神显然是一个过于困难和漫长的事业。因此，既然孕育有困难，我们就去培育和助推这种精神，在笔者所能想到的各种途径中，民法典的制定应该是一条培育私法精神较为可靠的路线。正如马克思所言，法典是人民自由的圣经，对民众而言有一部法典的存在，既给民众一种现实的安全感和隆重感，又符合我国一直以来继受大陆法系的传统作风，因此也就有逻辑和体系上的优势。通过民法典的制定来培育本国的私法精神也不乏成功的例子，如日本、韩国。

当然，中国通过民法典来培育私法精神的难度可能很大，一者儒家文化在中国的根基极为深刻，而且中华人民共和国成立以来，还经历了一段公权力极度膨胀，私权利被严重打压的阶段。因此，要通过民法典来实现私法精神在中国的养成，确属不易。但是，俄联邦已经做出了良好的尝试，其新民法典虽然还有一些不足，但是该法典却体现了以私法自治为核心的私法精神的回归。[①] 可见，要通过民法典的制定来培育我国的民法典，其根本要求是该民法典的核心价值是不是建立在私法精神的基础之上的。正如王利明先生所言："要制定贴近实际、面向未来的民法典，不能仅局限于对具体制度和规则的设计，更应当关注其价值理念。"[②] 而且，民法典不仅是民法现代化

[①] 王春梅：《关于俄联邦新民法典的一点思考》，《求是学刊》2006年第3期。
[②] 王利明：《民法的人文关怀》，《中国社会科学》2011年第4期。

的标志和载体，更是民法现代化的目标。因此，在 21 世纪制定一部"伟大"的民法典不仅是广大民法学者的梦想，也是我国进行的一项伟大的社会工程和事业。正如梁慧星先生所说的那样，我国民法典承担着回归和重建近代民法及超越近代民法和实现民法现代化的双重使命。在笔者看来，要实现私法精神在中国的勃兴，民法典的制定将是"最优路径"。从中国社会的发展趋势来看，我们正走在这样一条正确的路径上。从改革开放以来，我们就对私有制进行了重新认定，以及对市场经济的充分认可，自党的十五大以来，依法治国方略和社会主义法治理念已经在中国得以提出和实施。上海自由贸易区的开放、户籍和劳教制度的改革，特别是十八届三中全会提出的"市场在资源配置中起决定性作用""把权力关进制度的笼子里"，以及多次关于"群众路线""惠及全民"的提法，让我们"嗅到了"法治现代化和私法精神的"气息"。同时，我们的民事法律建设也在向这一方向稳步迈进。如果说 20 世纪 80 年代制定的《民法通则》还渗透着大量公权干预和意识形态的内容，那么自 1999 年的《合同法》、2007 年的《物权法》、2010 年的《侵权责任法》的制定，以及 21 世纪初对《婚姻法》等民事基本法的修订，则体现了一脉相承的价值理念——私法精神在中国的萌发和勃兴。关于民法典的制定也早已提上了议事日程，而且已经有了梁慧星、王利明和徐国栋等学者关于民法典草案的专家建议稿，这些建议稿都无不以私法精神作为民法典的价值前提和核心理念。

可以想象，在不远的将来或是未来，在《中国民法典》的推动下，中国将出现一个私法精神勃兴的时代，我们也许会有这份荣耀去细细体味那个时代。不管怎样，《中国民法典》一定是一项造福子孙后代的"千秋伟业"并彪炳史册，亦如当年的《法国民法典》和《德国民法典》。那样，我们将真正继受那份来自私法"慈母般的爱"，也将真正继承宋人那份"为天地立心，为生民立命，为往圣继绝学，为万世开太平"的拳拳爱民之心。

第四节 小结

我们发现，宋代民事法律发展的动力主要是来自诸如生产方式的变革、商品经济和商业的繁荣等经济基础的变革。但是，中国古代民事法律并没有在此基础上取得进一步的发展，没有像西方那样走上民法的近代化之路，而是出现了停滞甚至是倒退的历史现象。究其原因，恰恰是中国传统的意识形态——儒家伦理思想，包括宋明理学所提倡的"公利"主义经济伦理和宗法家族组织所奉行的宗法伦理影响的结果。因此，俞荣根就将儒家化的中国古代法律概称为"伦理法"。正如范忠信先生所言，每个民族的法律传统都是该民族传统伦理的体现，世界各大民族的法律传统未尝不可以说都是伦理法。因此，我国古代的法律更为准确的称谓应该是"儒家伦理法"。

民事法律制度与其他法律制度一样，没有一个不是将该民族的基本伦理道德和伦理规则上升为法律的结果，而且民事法律的存在和发展相较于其他法律部门更依赖于伦理道德，并以伦理道德作为评价该民事法律优劣的核心标准。因此，民法更具有强烈的伦理性。正如任何一项事业的背后都存在着某种决定该项事业发展方向和命运的精神力量，马克斯·韦伯就将西方世界兴起中起决定性意义的精神力量归结为新教伦理所导致的"资本主义精神"。同样，在民事法律的背后，也有着决定其发展方向和命运的伦理精神。西方民事法律背后就有着决定其发展方向和命运的伦理精神，我们称之为私法精神，正是这一精神缔造了西方民事法律的现代化，也是民事法律能够良性发展的核心伦理价值。

私法精神是一个内涵丰富的概念，从其外延来看，涉及公私法的划分及其意义，即私法优位于公法。私法优位就是在处理私法与公法之间的关系时，私法居于优越地位，公法应当服务或服从于私法，而且公法所规定的原则与内容不能伤害到私人权利和利益。这与源自卢梭社会契约的宪政主义不谋而合。其与法治观念息息相关，可以说没有私法的优位，我们就不能够实现真正的法治。从其形成的过程来看，私法精神萌发于古希腊与古罗马时期的人本主义思想和自然法的伦理精神。虽然在中世纪，私法精神的成长受到了阻碍，但是在罗马法复兴和文艺复兴运动的带动下得以继续发展，并在启蒙思想家人文主义思想的指导下，日趋完善，最终凝结在《法国民法典》《德国民法典》等法典之中。

通过对私法精神的外延和成长史的论述，我们便已经找到了私法精神的基本内涵，即由：自由、平等、权利本位和人文主义等关键词组成的伦理价值体系。其中自由和平等是其基本的价值追求，人文主义则是私法精神的根本内核与价值根基所在。所以，私法精神必须把人作为其所有价值的中心，一切从人出发，一切以人为目的，尊重人、爱护人、发展人，将人作为其价值的根基和最终指向。因此，从根本意义上说，私法精神就是一种人文主义精神。权利本位则是对上述诸伦理价值追求的保障，同时我们要树立一种权利神圣不可侵犯的权利意识。

自从进入现代社会，西方世界开始对作为私法精神核心内容的私法自治进行限制。这里所谓对私法自治的限制，主要是针对私法自治中契约自由、所有权绝对等的限制。对契约自由的限制，其实就是对实质平等、实质正义的追求，也即梁慧星先生所说的现代民法中平等性与互换性的丧失。随着整个社会经济的变革，人与人之间在财富、地位、能力等方面的差距越来越大。近代形式意义上的平等性和互换性已经无法回应时代的变迁，契约双方经常会因为当事双方信息不对称、缔约能力的强弱，出现对一方当事人实质上的不公平。因此，私法中出现了对契约自由的限制，首先就是在民法中规定了诸如诚实信用原则、公序良俗原则等民法原则，从私法总体上对契约自由进行限制，同时，在债法或单行法上规定信赖原则、缔约过失、显失公平、情势变更、强制订约等原则和制度来维护合同当事人的权益，尤其是处于弱势地位一方的合法权益。

对所有权绝对的限制其实是对极端自由主义的限制和对公共利益的维护。自由当然是人类的永恒追求，但是过度的个人自由，对于他人和社会来说，就是不自由。因此，现代民法对所有权的保护从近代民法的绝对保护，发展为一种相对的保护机制，以防止权利人的权利滥用。这样，所有权的行使再不能为所欲为，需要在尊重他人利益与维护社会利益的前提下进行。另外，所有权人还要尊重社会的生态环境，不能为了个人利益而破坏生态，任意倾倒垃圾和废弃物，污染空气、水源、土地、海域等人类共存的环境基础。对于所有权自由的自然延伸的遗嘱自由，民法中也有限制。

所谓对私法自治的限制其实是对其自身的矫正，而不是否定。这种限制使其能在新的时代条件下更好地维护个人的自由。如对私法自治中契约自由的限制，有学者认为不应对其做"表面化"的理解，因为这种限制主要是针对"优者、强者、胜者"单方面支配"劣者、弱者、败者"那种"异化"了的契约自由的限制。只有这样，当事人之间的缔约才能回到过去相对平衡的层面上来。这种限制其实是实现人们真正意义上的平等和契约自由，真正地实现"小限制、大自由"的理想。正如梁慧星在论及现代民法与近代民法的关系时所说的那样，现代民法就是现代社会的近代民法，是近代民法在20世纪的延续和发展。

对于中国，既没有孕育出西方世界所强调的诸如自由、平等、主体性、权利本位为内涵的私法精神的社会传统，又在建国初期实行了"一大二公""大公无私"的伦理要求，而且即使在改革开放后民法制度得以大踏步发展的今天，我们亦未曾感受到私法"慈母般的爱"，民众似乎也从未真真切切地感觉到私法的存在，更遑论什么被信仰了。所以正如伯尔曼所说的那样："法律必须被信仰，否则它将形同虚设。"因此，在这样的社会背景下，我们要谈对私法自治的限制，真是不知道从何谈起。西方社会之所以出现了对私法自治限制的提法，是西方自现代以来，自由主义有走向极端化的倾向，如果不加以限制，最终会损害到每个人的自由。可见，自由只有为了自由本身，才可以被限制，通俗地讲就是"自由过了头"，如果不限制就要"过犹不及"了。中国改革开放才几十年，自由、平等、权利、人本等诸项私法精神的核心内容才刚刚在社会中萌发起来，社会上还是充斥着诸如上文提到的不自由、不平等，权利不被尊重，人的尊严不被尊重等种种社会现象。在这样的背景下，我们要又好又快地建设现代化国家，对私法自治精神且不说要"拔苗助长"，怎么还能谈限制呢？

因此，我们真正要限制的反而应该是经常借"公共利益"之名不当干预私人权利和私人空间的公权力，而且这一论断完全契合党的十八届三中全会提出的"把权力关进制度的笼子里""市场在资源配置中起决定性作用"等提法，也与近期一系列诸如"自贸区"的建立、户籍制度的改革、劳教制度的改革等政策措施具有一脉相承的价值追求。当然，想要在未来真正使中国社会走上法治现代化的轨道，我们必须要将私法精神深植于中国社会的土壤里。然而，私法精神是西方通过数百年甚至千年的积淀才固化于西方法律文化之中的，并成为法律现代性的核心部分。可见，作为"精神"的私法精神是不能像"物质"一样被一蹴而就地就制造出来的，我们需要用时间和耐心让它慢慢成长。然而中国的现实也告诉我们，想要在中国这样一个没有私法精神传统和现实土壤的国家孕育出私法精神，显然是一个相当困难和漫长的事业。因此，既然孕育有困难，我们就去培育和助推这种精神，在笔者所能想到的各种途径中，民法典的制定应该是一条培育私法精神较为可靠的路线。

第七章

结论与展望

本研究"缘起"于"唐宋变革论"之启示,"辗转"于古今中外之社会与法律,"开悟"于伦理性之于民法的核心价值,"皈依"于对私法精神之向往与追寻。可以说这一研究本身就是一个"探索·发现之旅"。"唐宋变革论"启示笔者用一种社会变革的视野去重新审视宋代民事法律的发展变化。在梳理、分析文献资料和写作的过程中我们发现,宋代的民事法律随着社会的变革,的确发生了前所未有的进步。随着商品经济和生产方式的变革,财产法领域的物权制度和契约制度都得到了前所未有的发展,物权的行使和契约的订立比以往任何一个朝代都更具有自主性和自由度。而阶级结构的调整,使得从前无法成为民事主体的部曲、奴婢等"贱民",成为国家的"编户齐民",女性的权利也有所增多。这样,反映在民事人身法上,就是各民事主体的法律地位有了一种更为平等的趋势。同时,社会经济的变迁也带动了思想领域的变革,整个社会变得更为功利,传统"重义轻利"的"义利观",在宋代则转变为"义利相合"的社会思潮。在这一"义利观"的带动下,民间大众的思想得以"解放",开始公开追逐"私利""私财",并萌发了朴素的维权意识,从而掀起了有宋一代的"好讼"之风。这样,我们的确依稀"嗅到了"诸如"唐宋变革论"所论证的经济社会其他领域的那种趋向于近代的"气息"。因为,近代民法的理念和制度基础,就是建立在诸如财产权绝对、契约自由、人格平等和私权神圣不可侵犯等伦理价值要求之上的。因此,宋代民事法律显现出的这些进步,已经有了近代化的倾向和萌芽。

但是,不管是宋代以后的中国社会,还是我们所讨论的民事法律,都没有从自身"进化"出类似于西方的近代性或是现代性,而是出现了停滞甚至是倒退的现象。究其原因，自然是一个非常复杂而且难以完全说透的探索过程。就民事法律来说，上文也提到因为近代民法是建立在财产权绝对、契约自由、人格平等和私权神圣不可侵犯等伦理价值要求之上，这才使其具备了与近代社会相适应的近代性。但是，恰恰就是在这一点上，宋代民事法律所萌发出来的近代因素并没有得以延续和发展壮大。原因又何在呢？学者们众说纷纭，给出了许多答案。但在笔者看来，宋代及其后朝代的民事法律之所以没有最终"进化"出近代性，是因为自宋代以来形成的理学思想倡导的"公利"经济伦理和儒家宗法等级伦理倡导的身份等级观念，以及其对人的主体性和价值的漠视，使得尚处于"褪褓"之中的宋代民事法律的近代因素被"扼杀"，并成为宋代以后中国民事法律的核心价值观，从而最终使中国古代民事法律走上了一条与近代民法宗旨完全相背离的路径。

因此，有学者就基于中国传统法律伦理性的核心价值，将中国传统法律称作为"伦理法"。应该说这一论断的确看到了中国传统法律的核心内容。正如范忠信先生所说的那样，每个民族的法律传统都是该民族传统伦理的体现，从这个意义上讲，世界各大民族的法律传统未尝不可以说都是伦理法。如大陆法系的近现代民法的价值基础，恰恰是来自古希腊古罗马时期提倡人类伦理著称的斯多葛派的自然法伦理，并最终发展出了近现代民法的核心伦理价值——私法精神。因此，不是近现代民法没有伦理因素，恰恰是具有极强的伦理性。就民法而言，它对伦理性的要求比其他部门法还要强烈，可以说伦理性就是民法的精神系统和生命之所在。所以，本研究的落脚点和现实意义就是希望这种具有现代性的价值伦理——私法精神，能成为指导中国民事法律良性发展的核心价值理念，从而实现真正意义上的"民法现代化"。因此，本书通过大量的笔墨，详细论述了私法精神的内涵、外延、历史和核心诉求等内容，而且着重论述了自由、平等、人文主义和权利本位等私法精神的核心内容和根本价值追求，以昭示其对身处社会转型期的当代中国和中国民事法律的建设有多么重大的价值和意义。

正是基于上述的判断，我们必须对学界一些学者照搬当代西方对私法精神核心内容的私法自治进行限制的论断给予批判。因为在私法精神阙如的当代中国，是不应该强调对私法自治进行限制的。西方社会之所以出现了对私法自治限制的提法，是因为西方进入现代以来，自由主义开始走向了极端化的倾向，如果不加以限制，最终会损害到每个人的自由。可见，自由只有为了自由本身，才可以被限制，通俗地讲就是"自由过了头"，如果不限制就要"过犹不及"了。而中国改革开放才几十年，自由、平等、权利、人本等诸私法精神的核心内容才刚刚在社会中萌发起来，所以社会上还是充斥着诸如不自由、不平等，权利不被尊重，人的尊严不被尊重的种种社会现象。在这样的背景下，我们要又好又快地建设现代化国家，对私法自治精神这样现代社会的基础价值且不说要"拔苗助长"，怎么还能谈限制呢？因此，我们真正要限制的反而应该是经常借"公共利益"之名不当干预私人权利和私人空间的公权力。这一论断完全契合党的十八届三中全会提出的"把权力关进制度的笼子里""市场在资源配置中起决定性作用"等提法，也与近期一系列诸如"自贸区"的建立、户籍制度的改革、劳教制度的改革等政策措施具有一脉相承的价值追求。

当然，想要在未来真正使中国社会走上法治现代化的轨道，我们必须要将私法精神深植于中国社会的土壤里。然而，私法精神是西方通过数百年甚至千年的积淀才固化于西方的法律文化之中的，并成为法律现代性的核心部分。可见，作为"精神"的私法精神是不能像"物质"那样一蹴而就地制造出来的，我们需要用时间和耐心让它慢慢成长。然而中国的现实也告诉我们，想要在中国这样一个没有私法精神的传统和现实土壤的国家去孕育出私法精神，显然是一个过于困难和漫长的事业。因此，既然孕育有困难，我们就去培育和助推这种精神，在笔者所能想到的各种的途径中，民法典的制定应该是一条培育私法精神较为可靠的路线。自1999年的《合同法》、2007年的《物权法》、2010年的《侵权责任法》的制定，以及21世纪初对《婚姻法》等民事基本法的修订，都体现了一脉相承的价值理念——私法精神在中国的萌发和勃兴。梁慧星、王利明和徐国栋等学者的民法典草案的专家建议稿，都无不以私法精神作为民法典的价值前提和核心理念。因此，未来的《中国民法典》一定会带来私法精神在中国大地上的勃兴，它不仅有功于当代的中国，而且必然会像当年的《法国民法典》和《德国民法典》那样为我们的子孙后代们开"万世之太平"、建"千秋之功业"，让每一个中国人都能沐浴在民法那慈母般的"私爱"之下。这便是笔者为此书之最大"期许"，也应该是历代先贤那份"拳拳爱民之心"的最大"期许"吧。

参 考 文 献

一　中文著作类文献

（春秋）左丘明：《左传》，卷五十八，《文渊阁四库全书》商务印书馆 1986 年版。

（宋）陈均：《九朝编年备要》，影印文渊阁四库全书第 328 册，商务印书馆 1986 年版。

（宋）程颢、程颐：《二程集》，中华书局 1981 年版。

（宋）度正：《性善堂稿》，台湾商务印书馆 1986 年版。

（宋）范公偁：《过庭录》，孔凡礼点校，中华书局 2002 年版。

（宋）范仲淹：《范仲淹全集》四川大学出版社 2002 年版。

（宋）黄干：《勉斋集》，台湾商务印书馆 2008 年版。

（宋）陆游：《放翁家训》中华书局 1985 年版。

（宋）陆游：《陆放翁全集》，卷 18 中册，中国书店 1986 年版。

（宋）吕祖谦：《宋文鉴》，中华书局 1992 年版。

（宋）孟元老：《东京梦华录》，中华书局 1981 年版。

（宋）欧阳修、苏轼：《欧阳文忠公文集》，上海古籍出版社 1993 年版。

（宋）释文莹：《玉壶清话》，中华书局 1984 年版。

（宋）沈括：《梦溪笔谈》，李文泽、吴文泽译，巴蜀书社 1996 年版。

（宋）司马光：《温公家范》，天津古籍出版社 1995 年版。

（宋）苏轼：《东坡全集》，影印文渊阁四库全书第 1107 册，商务印书馆 1986 年版。

（宋）王谠：《唐语林》，古典文学出版社 1957 年版。

（宋）吴自牧：《梦粱录》，中华书局 1962 年版。

（宋）叶梦得：《石林家训》，中国书店 1986 年版。

（宋）叶适：《叶适集·水心别集》，中华书局 1961 年版。

（宋）袁说友：《东塘集》，影印文渊阁四库全书第 1154 册，商务印书馆 1986 年版。

（宋）张田：《包拯集》，中华书局 1963 年版。

（宋）张载：《张载集》，中华书局 1978 年版。

（宋）赵鼎：《忠正德文集》，上海古籍出版社 1987 年版。

（明）黄宗羲：《宋元学案》，中华书局 1986 年版。

（明）谢肇淛：《五杂俎》，河北教育出版社 1995 年版。

（清）程树德：《论语集释》，中华书局 1990 年版。

（清）李道平：《周易集解纂疏》，中华书局出版社 1994 年版。

（清）梁启超：《新大陆游记》，《梁启超选集》，上海人民出版社 1984 年版。

（清）阮元校刻：《十三经注疏》，上海古籍出版社 1997 年版。

白凯：《中国的妇女与财产：960—1949 年》，上海书店出版社 2003 年版。

北京大学哲学系：《古希腊罗马哲学》，生活·读书·新知三联书店 1957 年版。

曹诗权：《婚姻家庭继承法》，北京大学出版社 2006 年版。

陈伯海：《中国文化之路》，上海文艺出版社 1992 年版。

陈顾远：《中国法制史》，商务印书馆 1959 年版。

陈智超：《陈智超自选集》，合肥：安徽大学出版社 2003 年版。

陈植锷：《北宋文化史述论》，中国社会科学出版社 1992 年版。

陈志英：《宋代物权关系研究》，中国社会科学出版社 2006 年版。

程燎原：《从法制到法治》，法律出版社 1999 年版。

党江周：《中国讼师文化——古代律师现象解读》，北京大学出版社 2005 年版。

戴建国：《唐宋变革时期的法律与社会》，上海古籍出版社 2010 年版。

董家骏：《试论宋代的诉讼法与土地所有制关系的形式》，邓广铭主编《宋史研究论文集》，上海古籍出版社 1982 年版。

《法国民法典》，罗结珍译，中国法制出版社 1999 年版。

《法学词典》，上海辞书出版社 1998 年版。

范忠信：《中国法律传统的基本精神》，山东人民出版社 2001 年版。

封祖盛：《当代新儒家》，生活·读书·新知三联书店 1989 年版。

费成康：《中国的家法族规》，上海社会科学院出版社 1998 年版。

费孝通：《社会学概论》，天津人民出版社 1984 年版。

费孝通：《乡土中国》，生活·读书·新知三联书店 1985 年版。

蒲坚：《中国历代土地资源法制研究》（修订版），北京大学出版社 2011 年版。

葛金芳：《南宋手工业史》，上海古籍出版社 2008 年版。

葛兆光：《思想史研究课堂讲录》，生活·读书·新知三联书店 2005 年版。

公丕祥：《法制现代化的理论逻辑》，中国政法大学出版社 1999 年版。

关履权：《两宋史论》，中州书画社 1983 年版。

郭东旭：《试论宋代乡村客户的法律地位》，漆侠主编《宋史研究论丛》，河北大学出版社 1990 年版。

郭东旭：《宋代法制研究》，河北大学出版社 1997 年版。

郭东旭：《宋朝法制史论》，河北大学出版社 2001 年版。

郭东旭：《宋代民间法律生活研究》，人民出版社 2012 年版。

郭建、殷啸虎、王志强：《中国文化通志》，制度文化典·法律志：《上海人民出版社 1998 年版。

郭湛：《主体性哲学：人的存在及其意义》，云南人民出版社 2002 年版。

韩伟：《私法自治研究——基于社会变迁的视角》，山东人民出版社 2012 年版。

黄仁宇：《赫逊河畔谈中国历史》，生活·读书·新知三联书店 1992 年版。

贾大泉：《宋代四川经济述论》，四川省社会科学院出版社 1985 年版。

江平、米健：《罗马法基础》，中国政法大学出版社 2004 年版。

姜锡东：《宋代买卖契约初探》，《中日宋史研讨会中方论文选编》，河北大学出版社 1991 年版。

金毓黻：《宋辽金史》，北京商务印书馆 1946 年版。

孔庆明等：《中国民法史》，吉林人民出版社 1996 年版。

李静冰：《民法的体系与发展——民法学原理论文选辑》，中国政法大学出版社 1995 年版。

李开国：《民法基本问题研究》，法律出版社 1997 年版。

李文海：《南窗谈往》，广西人民出版社 1999 年版。

梁慧星：《民法解释学》，中国政法大学出版社 1995 年版。

梁慧星：《从近代民法到现代民法》，民商法论丛》，法律出版社 1997 年版。

梁慧星：《民法总论》，法律出版社 2001 年版。

梁漱溟：《东西文化及其哲学》，商务印书馆 1999 年版。

梁漱溟：《中国文化要义》，上海人民出版社 2005 年版。

梁治平：《清代习惯法：社会与国家》，中国政法大学出版社 1996 年版。

梁治平：《寻求自然秩序中的和谐——中国传统法律文化研究》，中国政法大学出版社 1997 年版。

梁治平：《法辨—中国法的过去、现在与未来》，中国政法大学出版社 2002 年版。

梁治平：《法意与人情》，中国法制出版社 2004 年版。

林剑鸣：《法与中国社会》，吉林文史出版社 1988 年版。

林文勋：《唐宋社会变革论纲》，人民出版社 2011 年版。

刘广明：《宗法中国：中国宗法社会形态的定型、完型和发展动力》，南京大学出版 2011 年版。

刘凯湘：《权利的期盼》，法律出版社 2003 年版。

刘云生：《民法与人性》，中国检察出版社 2004 年版。

柳立言：《宋代的家庭和法律》，上海古籍出版社 2008 年版。

吕志兴：《宋代法律特点研究》，四川大学出版社 2001 年版。

马俊驹、余延满：《民法原论》（上），法律出版社 1998 年版。

《马克思恩格斯全集·第一卷》，中华书局出版社 1956 年版。

《马克思恩格斯选集·第三卷》，人民出版社 1972 年版。

《马克思恩格斯选集·第四卷》，人民出版社 1972 年版。

马小红：《礼与法：法的历史连接》，北京大学出版社 2004 年版。

茅彭年、李必达主编：《中国律师制度研究》，法律出版社 1992 年版。

孟培元：《理学的演变——从朱熹到王夫之戴震》，福建人民出版社 1998 年版。

《名公书判清明集》，中华书局 1987 年版。

潘丽萍：《中华法系的和谐理念》，法律出版社 2006 年版。

漆侠主编：《宋史研究论丛》，河南大学出版社 1990 年版。

漆侠：《知困集》，河北教育出版社 1992 年版。

漆侠：《中国经济通史·宋代经济卷》（上），经济日报出版社 1999 年版。

漆侠：《中国经济通史·宋代经济卷》（下），经济日报出版社 1999 年版。

漆侠：《宋学的发展和演变》，河北人民出版社 2002 年版。

瞿同祖：《瞿同祖法学论著集》，中国政法大学出版社 1998 年版。

瞿同祖：《中国法律与中国社会》，中华书局 2003 年版。

申建林：《自然法理论的演进》，社会科学文献出版社 2005 年版。

沈宗灵：《比较法总论》，北京大学出版社 1987 年版。

沈宗灵：《法理学》，高等教育出版社 1994 年版。

《宋大诏令集》，中华书局 1962 年版。

孙雍长：《老子注译》，花城出版社 1998 年版。

唐凯麟、陈科华：《中国古代经济伦理思想史》，人民出版社 2004 年版。

万俊人：《义利之间——现代经济伦理十一讲》，北京大学出版社 2003 年版。

王曾瑜：《宋朝阶级结构》，河北教育出版社 1996 年版。

魏义霞：《理学与启蒙——宋元明清道德哲学研究》，商务印书馆 2009 年版。

魏英敏：《新伦理学教程》，北京大学出版社 1993 年版。

魏振瀛：《民法》，北京大学出版社 2000 年版。

武树臣：《中国传统法律文化》，北京大学出版社 1994 年版。

徐道邻：《中国法制史论集·宋律中的审判制度》，台湾志文出版社 1975 年版。

徐洪兴：《思想的转型——理学发生过程研究》，上海人民出版社 1996 年版。

徐朝阳：《中国亲属法溯源》，台湾商务印书馆 1973 年版。

薛梅卿、赵晓耕：《两宋法制通论》，法律出版社 2002 年版。

严复：《严复集》，上海中华书局 1986 年版。

杨景凡、俞荣根：《孔子的法律思想》，群众出版社1984年版。

杨一凡主编：《中国法制史考证》，中国社会科学出版社2003年版。

叶世昌：《古代中国经济思想史》，复旦大学出版社2003年版。

叶坦：《叶坦文集：儒学与经济》，广西人民出版社2005年版。

叶孝信：《中国民法史》，上海人民出版社1993年版。

易继明：《私法精神与制度选择——大陆法私法古典模式的历史含义》，中国政法大学出版社2003年版。

由嵘等：《外国法制史参考资料汇编》，北京大学出版社2004年版。

俞荣根：《儒家法思想通论》，广西人民出版社1992年版。

俞荣根：《道统与法统》，法律出版社1999年版。

俞荣根：《寻求法的传统》，群众出版社2009年版。

袁俐：《宋代女性财产权述论》，杭州大学历史系宋史研究室编1988年版。

《袁州府志》，北京图书出版社2000年版。

张邦炜：《宋代婚姻家庭史论》，人民出版社2003年版。

张晋藩：《中国法律史》，法律出版社1995年版。

张晋藩：《中国法制史》，中国政法大学出版社1998年版。

张晋藩：《中华法制文明的演进》，中国政法大学出版社1999年版。

张晋藩、郭成伟：《中国法制通史》（宋），法律出版社1999年版。

张晋藩主编：《中国民法通史》，福建人民出版社2003年版。

张觉：《商君书全译》，贵州人民出版社1993年版。

张乃根：《西方法哲学史纲》，中国政法大学出版社1993年版。

张善文：《周易译诠》，古籍出版社2006年版。

张曙光：《法理学》，中国人民大学出版社2003年版。

张文显：《二十世纪西方法哲学思潮研究》，法律出版社1996年版。

张中秋：《中西法律文化比较研究》，南京大学出版社1999年版。

张中秋：《唐代经济民事法律述论》，法律出版社2002年版。

赵冈：《永佃制研究》，中国农业出版社2005年版。

赵靖：《中国经济思想通史》，北京大学出版社2002年版。

赵万一：《民法的伦理分析》，法律出版社2011年版。

赵晓耕：《宋代法制研究》，中国政法大学出版社1994年版。

赵晓耕：《宋代官商及其法律调整》，中国人民大学出版社2001年版。

郑玉波：《罗马法要义》，汉林出版社1985年版。

郑玉波：《民商法理论之研究》，三民书局1988年版。

郑玉波：《民法总则》，中国政法大学出版社2003年版。

周宝珠、陈振：《简明宋史》，人民出版社1985年版。

周枏：《罗马法原》（上册），商务印书馆1994年版。

周仲秋：《平等观念的历程》，海南出版社2002年版。

朱林、温冠英、罗蔚：《中国传统经济伦理思想》，江西人民出版社2002年版。

朱瑞熙：《宋代社会研究》，中州书画社1983年版。

朱勇：《清代宗族法研究》，湖南教育出版社1987年版。

卓泽渊：《法治国家论》，中国方正出版社2001年版。

［奥］凯尔森：《法与国家的一般理论》，沈宗灵译，中国大百科全书出版社1996年版。

［德］恩格斯：《〈反杜林论〉的准备材料》，《马克思恩格斯全集》第20卷，人民出版社1971年版。

［德］黑格尔：《哲学史讲演录·第1卷》，贺麟等译，商务印书馆1981年版。

［德］黑格尔：《法的形而上学原理》，沈叔平译，商务印书馆1991年版。

［德］卡尔·拉伦茨：《德国民法通论》，王晓晔等译，法律出版社2003年版。

［德］康德：《道德形而上学探本》，唐钺译，商务印书馆1959年版。

［德］康德：《实践理性批判》，关文运译，商务印书馆1960年版。

［德］康德：《实用人类学》，邓晓芒译，重庆出版社1987年版。

［德］拉德布鲁赫：《法哲学》，王朴译，法律出版社2005年版。

［德］马克思：《资本论》，人民出版社2004年版。

［德］马克斯·韦伯：《新教伦理与资本主义精神》，彭强、黄晓京译，陕西师范大学出版社2002年版。

［法］卢克斯：《个人主义》，阎克文译，江苏人民出版社2001年版。

［法］卢梭：《社会契约论》，何兆武等译，商务印书馆1980年版。

［法］孟德斯鸠：《论法的精神》，张雁琛译，商务印书馆1963年版。

［法］皮埃尔·勒鲁：《论平等》，王允道译，商务印书馆 1988 年版。

［法］谢和耐：《蒙元入侵前夜的中国日常生活》，刘东译，江苏人民出版社 1995 年版。

［古希腊］亚里士多德：《政治学》，中译文，商务印书馆 1965 年版。

［古希腊］修昔底德：《伯罗奔尼撒战争史》（上册），谢德风译，商务印书馆 1960 年版。

［古罗马］查士丁尼：《法学总论》，张企泰译，商务印书馆 1995 年版。

［美］博登海默：《法理学：法律哲学与法律方法》，邓正来译，中国政法大学出版社 1999 年版。

［美］伯尔曼：《法律和宗教》，梁治平译，生活·读书·新知三联书店 1991 年版。

［美］富勒：《法律的道德性》，郑戈译，商务印书馆 2005 年版。

［美］格伦顿、戈登、奥萨魁：《比较法律传统》，米健、贺卫方、高鸿钧译，中国政法大学出版社 1993 年版。

［美］罗·庞德：《通过法律的社会控制·法律的任务》，沈宗灵、董世忠译，商务印书馆 1984 年版。

［美］罗科斯·庞德：《法律与道德》，陈林林译，中国政法大学出版社 2003 年版。

［美］罗纳德·德沃金：《认真对待权利》，信春鹰、吴玉章译，中国大百科全书出版社 1998 年版。

［美］蒙罗·斯密：《欧陆法律发达史》，姚梅镇译，中国政法大学出版社 1999 年版。

［美］米尔顿·弗里德曼、罗斯·弗里德曼：《自由选择》，胡骑等译，商务印书馆 1982 年版。

［美］摩尔根：《古代社会》，杨东等译，商务印书馆 1977 年版。

［美］斯塔夫里阿诺斯：《全球通史：1500 年以前的世界》，吴象婴、梁赤民译，上海社会科学院出版社 1999 年版。

［美］约翰·罗尔斯：《正义论》，何怀宏、何包钢、廖申白译，中国社会科学出版社 1988 年版。

［日］川岛武宜：《现代化与法》，申正武等译，中国政法大学出版社 1994 年版。

［日］宫崎市定：《从部曲走向佃户》，刘俊文主编《日本学者研究中国

史论著选译》（第五卷），索介然译，中华书局 1993 年版。

［日］井上徹：《中国的宗族与国家礼制》，钱杭译，上海书店 2008 年版。

［日］仁井田陞：《中国法制史研究——奴隶农奴法·家族村落法》，东京大学出版会 1980 年版。

［日］石田穰：《民法总则》，日本：悠悠社 1992 年版。

［日］星野英一：《私法中的人》，梁慧星主编《为权利而斗争》，中国法制出版社 2000 年版。

［日］滋贺秀三：《中国家族法原理》，张建国、李力译，法律出版社 2003 年版。

［英］阿伦·布洛克：《西方人文主义传统》，董乐山译，生活·读书·新知三联书店 1997 年版。

［英］彼得·斯坦、约翰·香德：《西方社会的法律价值》，王献平译，中国人民公安大学出版社 1980 年版。

［英］崔瑞德：《剑桥中国隋唐史（导言）》，中国社会科学出版社 1990 年版。

［英］哈特：《法律的概念》，张文显、郑成良等译，中国大百科全书出版社 1996 年版。

［英］亨利·梅因：《古代法》，高敏、瞿慧虹译，中国社会科学出版社 2009 年版。

［英］哈耶克：《通往奴役之路》，王明毅、冯兴元等译，中国社会科学出版社 1997 年版。

［英］哈耶克：《自由秩序原理》，邓正来译，三联书店 1997 年版。

［英］李约瑟：《中国科学技术史》（中译本）第 1 卷第 1 册，北京科学出版社 1975 年版。

［英］潘吉星主编：《李约瑟文集》，天津人民出版社 1998 年版。

［英］霍布斯：《利维坦》，黎思复等译，商务印书馆 1985 年版。

［英］斯宾诺莎：《神学政治论》，温锡增译，商务印书馆 1982 年版。

［英］约翰·密尔：《论自由》，于庆生译，中国法制出版社 2009 年版。

［意］彼德罗·彭梵得：《罗马法教科书》，黄风译，中国政法大学出版社 1996 年版。

［意］马可·波罗：《马可·波罗游记》，梁生智译，中国文史出版社

1998年版。

二　中文期刊类文献

毕巍明：《"唐宋变革论"及其对法律史研究的意义》，《上海政法学院学报》2011年第4期。

曹端波：《唐宋户籍制度的变革与社会转型》，《安顺学院学报》2008年第4期。

曹智：《论民间的民事习惯法——宗族法》，《广州大学学报》（社会科学版）2006年第1期。

陈大为：《从社会法律层面看唐宋女子再嫁问题》，《青海师范大学学报》（哲社版）2006年第2期。

陈景良：《两宋法制历史地位新论》，《史学月刊》1989年第3期。

陈景良：《试论宋代士大夫的法律观念》《法学研究》1998年第4期。

陈景良：《讼师与律师：中西司法传统的差异及其意义——立足中英两国12—13世纪的考察》《中国法学》2001年第3期。

陈景良：《《讼学与讼师：宋代司法传统的诠释》》，《中西法律传统》2001年第0期。

陈景良：《讼学、讼师与士大夫——宋代司法传统的转型及其意义》，《河南省政法管理干部学院学报》2002年第1期。

陈景良：《释"干照"——从"唐宋变革"视野下的宋代田宅诉讼说起》，《河南财经政法大学学报》2012年第6期。

陈明光、毛蕾：《唐宋以来的牙人与田宅典当买卖》》，《中国史研究》2000年第4期。

陈思：《周易》中的讼卦与中国传统讼观念》，《中南林业科技大学学报》（社会科学版）2012年第1期。

陈熙：《浅析宋代"先问亲邻"制度》》，《科教文汇》2008年第5期。

陈志：《古代中国父权与古代西方父权的比较》，《江苏警官学院学报》2005年第6期。

陈志英：《宋代民间物权关系的家族主义特征》，《河北法学》2006年第3期。

陈志英：《社会变革与宋代民事法的发展》，《河北法学》2006年第5期。

程德文：《从宗法伦理法到现代理性法——中国法制现代化的一种过程

分析》，《法制现代化研究》1999 年第 0 期。

程民生：《论宋代士大夫政治对皇权的限制》，《河南大学学报》（社会科学版）1999 年第 3 期。

初春英：《也论宋代妇女的离婚、再嫁及其地位》，《黑龙江教育学院学报》2002 年第 3 期。

戴建国：《"主仆名分"与宋代奴婢的法律地位——唐宋变革时期阶级结构研究之一》，《历史研究》2004 年第 4 期。

杜栋：《宋代户绝财产继承制度初探》，《韶关学院学报》（社会科学）2006 年第 2 期。

杜路：《中华法系"重刑轻民"成因研究》，《西北农林科技大学学报》（社会科学版）2013 年第 5 期。

范忠信：《中华法系的亲伦精神——以西方法系的市民精神为参照系来认识》，《南京大学法律评论》1999 年第 1 期。

范忠信：《宗法社会组织与中华法律传统的特征》，《中西法津传统》2001 年第 0 期。

方小芬：《家法族规的发展历史和时代特征》，《上海社会科学院学术季刊》1998 年第 3 期。

费成康：《论中国古代家族法的执行》，《社会科学》1992 年第 12 期。

冯尔康：《秦汉以降古代中国"变异型"宗法社会"试说——以两汉、两宋宗族建设为例》，《天津社会科学》2008 年第 1 期。

冯媛媛：《"士大夫"阶层的二重角色》，《陕西师范大学继续教育学报》（增刊）2005 年第 11 期。

甘德怀：《论中国传统法律的伦理属性》，《法制现代化研究》1999 年第 0 期。

甘德怀：《法制变革与传统宗法伦理关系探析》，《法制现代化研究》2004 年第 0 期。

高婧聪：《"宗法"语词考索》，《青海社会科学》2011 年第 4 期。

高立迎：《从厚嫁风看婚姻商品化对宋代妇女地位的影响》，《太原师范学院学报》（社会科学版）2010 年第 6 期。

顾华详：《论古代土地所有权保护制度的特征》，《新疆师范大学学报》（哲学社会科学版）2009 年第 1 期。

郭东旭：《宋代的诉讼之学》，《河北学刊》1988 年第 2 期。

郭东旭：《论宋代婢仆的社会地位》，《河北大学学报》1993 年第 3 期。

郭东旭：《宋代买卖契约制度的发展》，《河北大学学报》1997 年第 3 期。

郭丽冰：《宋代妇女奁产权的探讨》，《广东农工商职业技术学院学报》2005 年第 2 期。

郭琳：《宋代女使在家庭中的地位——以〈名公书判清明集〉为中心的考察》，《淮阳职业技术学院学报》2010 年第 2 期。

郭尚武：《论宋代保护奴婢人身权的划时代特征——据两宋民法看奴婢的人身权》，《晋阳学刊》2004 年第 3 期。

郭尚武：《论宋代民事立法的划时代贡献》，《山西大学学报》2005 年第 3 期。

郭学信：《科举制度与宋代士大夫阶层》，《山东师大学报》（社会科学版）1996 年第 6 期。

郝铁川：《"性善论"对中国法治的若干消极影响》，《法学评论》2001 年第 2 期。

胡光志：《民法与人性的哲学考辨》，《法律科学》（西北政法大学学报）2011 年第 3 期。

黄启昌、赵东明：《关于宋代寡妇的财产继承权问题》，《文史博览》2006 年第 9 期。

黄伊梅：《希腊古典人文主义的内涵与特质》，《学术研究》2008 年第 12 期。

江平：《罗马法精神与当代中国立法》，《中国法学》1995 年第 1 期。

蒋先福、柳思：《中国古代"富民"理想流产的法律原因——以中国古代家族财产共有制为例》，《海南大学学报》（人文社会科学版）2008 年第 1 期。

金景芳：《论宗法制度》，《东北人民大学人文科学学报》1956 年第 2 期。

金亮新：《略论宋代政府对经济的法律规制》，《兰州学刊》2008 年第 3 期。

金亮新：《宋朝经济立法探析》，《北方经济》2008 年第 9 期。

金自宁：《"公法私法化"诸观念反思——以公共行政改革运动为背景》，《浙江学刊》2007 年第 5 期。

雷家宏：《从民间争讼看宋朝社会》，《贵州师范大学学报》（社会科学版）2001 年第 3 期。

李华瑞：《"唐宋变革"论的由来与发展（上）》，《河北学刊》2010 年第 4 期。

李华瑞：《"唐宋变革"论的由来与发展（下）》，《河北学刊》2010 年第 5 期。

李建国：《略论宋代科举制的发展》，《陕西教育学院学报》2001 年第 1 期。

李交发：《论古代中国家族司法》，《法商研究》2002 年第 4 期。

李交发、原美林：《传统家族司法价值论》，《湘潭大学学报》（哲学社会科学版）2010 年第 6 期。

李静：《论北宋的平民化宗法思潮》，《重庆师院学报》（哲学社会科学版）2002 年第 4 期。

李少伟：《中国传统社会民法缺失的法律文化分析》，《宁夏社会科学》2005 年第 2 期。

李锡鹤：《论民法的伦理性价值》，《法学》1996 年第 7 期。

李锡厚：《宋代私有田宅的亲邻权利》，《中国社会科学院研究生院学报》1999 年第 1 期。

李先波、杨志仁：《论我国私法精神之构建》，《湖南师范大学社会科学学报》2008 年第 4 期。

李永军：《私法中的人文主义及其衰落》，《中国法学》2002 年第 4 期。

郦家驹：《两宋时期土地所有权的转移》，《中国史研究》1988 年第 4 期。

梁慧星：《市场经济与法制现代化——座谈会发言摘要》，《法学研究》1992 年第 6 期。

梁慧星：《从近代民法到现代民法——二十世纪民法回顾》，《现代法学》1997 年第 2 期。

梁治平：《"从身份到契约"：社会关系的革命》，《读书》1986 年第 6 期。

梁治平：《中国法律史上的民间法——兼论中国古代法律的多元格局》，《中国文化》1997 年第 15, 16 期。

林文勋：《中国古代专卖制度的源起与历史作用》，《盐业史研究》2003

年第 3 期。

林文勋：《中国古代专卖制度与重农抑商政策辨析》，《思想战线》2003 年第 3 期。

刘春萍：《南宋田宅交易法初探》，《求是学刊》1994 年第 6 期。

刘广安：《家法族规与封建民事法律》，《法律学习与研究》1988 年第 2 期。

刘美希：《论私法理念的法哲学思想基础》，《深圳大学学报》（人文社会科学版）2009 年第 4 期。

刘武俊：《市民社会与现代法的精神》，《法学》1995 年第 8 期。

刘昕：《宋代讼学与讼师的形成及其影响下的民间好讼风尚》，《邵阳学院学报》（社会科学版）2011 年第 6 期。

刘欣、吕亚军：《兴讼乎？息讼乎？——对〈袁氏世范〉中有关诉讼内容的分析》，《邢台学院学报》2009 年第 3 期。

柳立言：《何为"唐宋变革"？》，《中华文史论丛》2006 年第 1 期。

陆红、陈利根：《简析宋朝土地交易中的物权公示》，《南京农业大学学报》（社会科学版）2008 年第 2 期。

栾爽：《儒家伦理法的内在精神及其重构》，《河海大学学报》（哲学社会科学版）2005 年第 2 期。

罗炳良．宗法制度与宋代社会》，《北方工业大学学报》1992 年第 4 期。

马建兴：《中国宗族制度与封建国法之关系》，《长沙铁道学院学报》（社会科学版）2002 年第 1 期。

马莹莹：《宋代妇女的生活及地位考》，《黑龙江史志》2009 年第 19 期。

马作武：《古代息讼之术探讨》，《武汉大学学报》（哲社版）1998 年第 2 期。

莫家齐：《南宋土地交易法规论略》，《法学季刊》1987 年第 4 期。

牟瑞瑾：《法律观念、民法精神与精神文明建设》，《法制与社会发展》1998 年第 1 期。

穆朝庆：《论宋代土地私有制的特征及其在法律上的体现》，《中州学刊》1985 年第 3 期。

聂铄：《人性判断及其法律价值——儒家伦理法与基督教教会法之比较》，《太平洋学报》2007 年第 5 期。

潘丽萍：《"伦理法"概念之辨析》，《闽江学院学报》2005 年第 1 期。

彭君：《道德性：法律与道德的契合》，《河北法学》2009 年第 9 期。

彭礼堂：《论市场恧制下巾国私法文佗的构建》，《社会科学研究》1995 年第 6 期。

彭礼堂、朱思正：《论儒家"伦理法"研究中的几个问题》，《焦作大学学报》2006 年第 1 期。

璞方平、王芳：《试论儒家"无讼"传统观的当代裂变与释放》，《重庆工学院学报》2007 年第 1 期。

邱汉生：《宋明理学与宗法思想》，《历史研究》1979 年第 11 期。

曲秀君、王松涛：《略论从身份到契约的转变——兼论其对中国身份社会的影响》，《枣庄师范专科学校学报》2003 年第 6 期。

沈小明：《儒家文化影响下的家族法》，《中山大学研究生学刊》2002 年第 2 期。

施由明：《宋代江西的好讼之风》，《文史知识》2008 年第 11 期。

宋东侠：《简析宋代在室女的财产权》，《青海师范大学学报》2002 年第 1 期。

宋东侠：《宋代"女使"简论》，《河北学刊》1994 年第 5 期。

宋东侠：《宋代妇女的法律地位论略》，《青海师院学报》1997 年第 3 期。

苏洁：《宋代家法族规与基层社会治理》，《现代法学》2013 年第 5 期。

田喜清：《私法公法化问题研究》，《政治与法律》2011 年第 11 期。

王爱兰：《北宋商人的社会地位及其历史作用浅析》，《兰州教育学院学报》2009 年第 4 期。

王保顶：《汉代士人阶层的演变》，《江苏行政学院学报》2001 年第 2 期。

王曾瑜：《宋朝阶级结构概论》，《社会科学战线》1979 年第 4 期。

王春梅：《关于俄联邦新民法典的一点思考》，《求是学刊》2006 年第 3 期。

王静雯：《宋代宗法家族制度对诉讼的影响》，《绥化学院学报》2012 年第 3 期。

王静雯：《宋代的宗法家族组织》，《辽宁行政学院学报》2012 年第 7 期。

王利明：《民法的人文关怀》，《中国社会科学》2011年第4期。

王玉亮：《漫谈西周宗法伦理下的社会格局及其法律影响》，《廊坊师范学院学报》2003年第1期。

王云玺、王彦秋：《中国传统功利主义刍议》，《铁道师院学报》（自然科学版）1996年第3期。

王振忠：《老鼠与黄猫儿的官司》，《读书》1999年第6期。

魏天安：《宋代户绝条贯考》，《中国经济史研究》1988年第3期。

魏文超：《宋朝时代变迁与民事法律关系主体变革》，《安徽农业大学学报》（社会科学版）2008年第5期。

吾淳：《宋代：伦理的普遍性何以可能》，《孔子研究》2005年第5期。

武建敏：《"无讼"的理念及其现代诠释》，《西部法学评论》2011年第2期。

谢怀栻：《从德国民法百周年说到中国的民法典问题》，《中外法学》2001年第1期。

邢铁：《宋代的奁田和墓田》，《中国社会经济史研究1993年第4期。

徐国栋：《再论人身关系》，《中国法学》2002年第4期。

徐良梅、朱炳祥：《"宗族弱化"的历史原因探析》，《武汉大学学报》（哲学社会科学版）2005年第6期。

徐晓光：《"伦理法"观点的理论缺欠》，《凯里学院学报》2008年第1期。

徐晓明：《道德的法律化与法律的道德化》，《华东理工大学学报》（社科版）2002年第1期。

许怀林：《宋代民风"好讼"的成因分析》，《宜春学院学报》2002年第2期。

严存生：《近现代西方法与道德关系之争》，《比较法研究》2000年第2期。

杨春苑、李春荣：《论西方人文主义》，《西安电子科技大学学报》（社会科学版）2011年第2期。

杨卉青、崔勇：《宋代土地契约法律制度》，《保定学院学报》2001年第9期。

杨卉青：《宋代社会变革与契约法的发展述论》，《理论导刊》2007年第8期。

杨卉青：《宋代契约中介"牙人"法律制度》，《河北大学学报》2010年第1期。

杨丽娟：《宗法伦理对现代中国法治社会建设的影响》，《广西师范大学学报》（哲学社会科学版）2004年第2期。

杨永林：《〈周易·讼〉卦与中国古代的诉讼观念》，《周易研究》2008年第6期。

姚建宗：《法治的人文关怀》，《华东政法学院学报》2000年第3期。

姚伟钧：《宗法制度的兴亡及其对中国社会的影响》，《华中师范大学学报》（人文社会科学版）2002年第3期。

易继明：《格尔蒂法典》与大陆法私法的源流》，《外国法评译》1999年第1期。

易军：《个人主义方法论语私法》，《法学研究》2006年第1期。

殷啸虎：《试论唐宋以后的财产继承制度》，《法制史研究》1990年第3期。

于游：《解读中国传统法律文化中的无讼思想》，《法律文化研究》2009年

于语和：《〈周易〉"无讼"思想及其历史影响》》，《中国政法大学学报》1999年第3期。

余保中：《宋代科举制对社会分层和垂直流动的作用探析》，《社会学研究》1993年第6期。

袁德良：《中国古代士大夫政治文化传统的两重性分析》，《河南大学学报》（社会科学版）2008年第2期。

岳纯之：《论宋代民间不动产买卖的原因与程序》，《烟台大学学报》（哲学社会科学版）2008年第3期。

耘耕：《儒家伦理法批判》，《中国法学》1990年第5期。

张本顺：《无讼理想下的宋代讼师》，《社会科学战线》2009年第5期。

张本顺：《宋代妇女奁产所有权探析及其意义》，《法制与社会发展》2011年第5期。

张鹤、田成有：《儒家伦理法与西方自然法》，《中央政法管理干部学院学报》1998年第6期。

张乃根：《论西方法的精神——一个比较法的初步研究》，《比较法研究》1996年第1期。

张其凡:《关于"唐宋变革期"学说的介绍与思考》,《暨南学报》(哲学社会科学版) 2001 年第 1 期。

张其凡:《"皇帝与士大夫共治天下"试析》,《暨南学报》(哲学社会科学) 2001 年第 6 期。

张文显:《市场经济与现代法的精神论略》,《中国法学》1994 年第 6 期。

赵红梅:《私法社会化的反思与批判——社会法学的视角》,《中国法学》2008 年第 6 期。

赵万一:《论民法的伦理性价值》,《法商研究》2003 年第 6 期。

赵万一:《中国农民权利的制度重构及其实现途径》,《中国法学》2012 年第 3 期。

赵晓耕:《试论宋代的有关民事法律规范》,《法学研究》1986 年第 3 期。

赵晓耕:《两宋商事立法述略》,《法学家》1997 年第 4 期。

赵晓耕:《两宋法律中的细宅细故》,《法学研究》2001 年第 1 期。

郑定、柴荣:《两宋土地交易中的若干法律问题》,《江海学刊》2002 年第 6 期。

郑定、马建兴:《论宗族制度与中国传统法律文化》,《法学家》2002 年第 2 期。

郑定、闵冬芳:《"良贱之别"与社会演进——略论唐宋明清时期的贱民及其法律地位的演变》,《金陵法律评论》2003 年秋季卷。

钟瑞友:《对立与合作——公私法关系的历史展开与现代抉择》,《公法研究》2009 年。

朱瑞熙:《宋代商人的社会地位及其历史作用》,《历史研究》1986 年第 2 期。

朱瑞熙:《宋代佃客法律地位再探索》,《历史研究》1987 年第 5 期。

朱贻庭:《中国传统功利主义述评》,《时代与思潮》1990 年第 2 期。

子谦、文娟:《论现代法的精神》,《法学家》1996 年第 6 期。

三 英文参考文献

A.R.W.Harrison.The law of Athens[M]. Oxford:Clarendon Press,1957.

Alan Rodger. "Labeo and the Fraudulent Slave" in A. D. E. Lewis & D. J. Ilbetson, Roman Law Tradition[M]. Cambridge:Cambridge University

Press, 1994.

Alan Waston. The Digest of Justinian [M]. trans. by Charles Henry Monro. Cambridge: Cambridge University Press, 1904.

Antony Black. Guilds and Civil Society in European Political Thought, from the Twelfth Century to the Present [M]. Methuen & Co. Ltd, 1984.

Baron De Montesquieu. Spirit of the Laws [M]. NewYork: Hafner Publishing Company, 1966.

BAUMER F L. Intellectual Movements in Modern European History [M]. NewYork: The Macmillan Company, 1965.

Black's Law Dictionary, 5th ed. [M]. Texas: West Publishing Company, 1979.

C. Brookfield. Dukheim Professional Ethics and Civil Marals [M]. Routledge and Kegan Paul, 1957.

Cfr., A Somma, Tutte le strade portano a fiume. linvoluzione liberistadel diritto comunitario, in Rivista critica del diritto private, 2002.

Cfr., C. Castronovo, Un contratto per l' Europa: prefazione all' edizione italiana, in O. Lando ect., Principi di diritto europeo dei contratti (PerteI e II), versione italiana a cura di C. Castronovo, Milano, 2001.

Cfr., Th. Ramm, Die Freiheit der Willensbildung. Arbeits – und sozialrechtliche Studien [M]. fasc. 1, 1960.

Cicero. The Republic and the Laws. In William Eberstein, Great Political Thinkers [M]. NewYork: Holt, Rinehart and Winston, 1969 (4th ed.).

Dawn Oliver. " The underlying Values of Public and Private Law" [A]. in Michael Taggart ed.TheProvince of Administrative Law [C]. Hart Publishing, 1997.

Encgclopedia Britannica.Micopedia vol.v. [M].Fifteenth edition, 1982.

Franz Wieacher. "Privatrechtsgeschichte der Neuzeit" [M]. 1. Aufl., 1952. 197; 2. Aufl., 1967.

Frederic William Maitland and See Sir Frederick Pollock. The History of English Law before the Time of Edward I (Second Edition) [M]. Cambridge: Cambridge University Press, 1968.

G. P. Calliess. Reflexive Transnational law: the privatization of civil law and the civilization of private law [J] in Zeitschrift für Rechtssoziologie 2002 (23).

G. W. F. Hegel. Elements of the Philosophy of Right [M]. Cambridge: CambridgeUniversity Press, 1991.

H. F. Jolowicz. Roman Foundations of Modern Law [M]. Oxford: Clarendon Press, 1957.

Harold J. Berman. Law and Revolution: The Formation of the Western Legal Tradition [M]. the President and Fellows of Harvard College, 1983.

Henry Sumner Maine. Ancient Law [M]. Beijing: China Social Sciences Publishing House, 1999.

I. Berbin. Concepts and Categories [M]. London: Hogarth Press, 1978.

J. Locke. Two treatises of Government [M]. Cambridge: Cambridge University Press, 1960.

J. Rawls. A Theory of Justice [M]. Harvard University Press, 1971.

J. Waldron. Theories of Rights [M]. Oxford: Oxford University Press, 1984.

James M. Buchanan. Liberty, Market and state [M]. Oxford: Distributed by Harvester Press, 1986.

John Finis. Natural Law and Natural Rights [M]. Oxford University Press, 1980.

John Henre Merryman. The Civil Law Tradition, 2ndedn. [M]. Stanford University Press, 1985.

Jurgen Habermas. Between Facts and Norms: Contributions to a Discourse Theory of Law and Democracy [M]. trans. W. Rehg. Polity Press, 1996.

Kronman. Max Weber [M]. London: Edward Amold, 1983.

Lon L. Fuller. The Morality of Law (revised edition) [M]. New Haven: Yale University Press, 1969.

Max Weber. Economy and Society-an Outline of Interpretive Sociology [M]. New York: Bedminster Press, 1968.

Peter Cane. An Introduction to Administrative Law [M]. Oxford: Clarendon Press, 1996.

Peter de Cruz. Comparative law: in a changing world, 2nd ed. [M]. Cavendish Publishing Limited, 1999.

Peter Stein. Roman Law in European History [M]. Cambridge: Cambridge

University Press, 1999.

René A. Wormser. The Story of the Law-And the Men Who Made It-From the Earliest Time to the Present [M]. Simon and Schuster, 1962.

Robert P. George. Natural Law-Contemporary Essays [M]. oxford: Clarendon Press, 1992.

Ronald Dworkin. A Matter of Principle [M]. Harvard University Press, 1985.

Ronald Dworkin. Freedom's Law: The Moral Reading of the American Constitution [M]. 1996.

Ronald Dorkin. Sovereign Virtue [M]. Harvard University Press, 2000.

Ronald Dworkin. Taking Rights Seriously [M]. Gerald Duekworth & Co. Ltd, 1977 (new impression, 2005.

Ronald Dworkin. Law's Empire [M]. Fontana Paperbacks, 1986, reprinted by Hart Publishing Ltd, 2007.

Rudolph von Jhering. "Der Geist des Rmischen Rechts auf den Verschiedenen Stufen Seiner Entwicklung," 4. Aufl., Teil. 1, Breitkopf und H · rtel, Leipzig, 1878.

Stand fordLevison. Taking Rights Seriously: Reflection on "Thinking like a lawyer" [J]. stanford law Review, 1978 (30).

Steven Lukes. Individualism [M]. Oxford: Basil Blackwell Publisher Limited, 1973.

Tibor R. Machna. Individuals and Their Rights [M]. La Salle: Open Court, 1989.